莫友芝全集

六

【清】莫友芝 著
梁光華等 點校

上海古籍出版社

本册目次

郘亭知見傳本書目卷九

子部七　術數類

太玄經十卷

漢揚雄撰，晉范望注。明嘉靖甲申郝梁重刊萬玉堂宋本。明天崇間黄道王僎翻刻萬玉堂本，一依原式，較郝本少脱誤，唯無王涯説玄及音義。萬曆中鄭樸刊本，無注。天啓丙寅趙如淵刊評校本，群書拾補内有校正若干條。今道光辛卯孫澍刊本集注四卷。郝梁本前有陸績述玄一篇，後附唐王涯説玄五篇，侯芭、虞翻等太玄音義一卷，前又有玄圖。拜經樓藏宋本，萬玉堂刊，後附唐王涯説玄五篇。侯芭、虞翻等太玄釋文一卷，每頁十六行，行大小字俱十七，原缺三卷，盧抱經抄補。銕樵記。郘亭曾借觀。梅復齋藏萬玉堂宋刊全本，與銕樵所記同，其十卷後尚有玄圖一紙，次釋文，次王涯説玄，説玄卷末一行云：「右迪功郎充兩浙東路提舉茶鹽司幹辦公事張寔校勘」。

司馬温公太玄經集注十卷

後四卷許翰注，明錢徹藏本。嘉慶戊午吴門五柳居陶氏刊。四庫未收。張金吾書志有抄本太玄集注十卷，云宋司馬光撰，前有讀玄一篇，後四卷則襄陵許翰所注也，仿韓康伯注繫辭例，合温公書爲十卷，末附明徐禎卿等識語。

太玄本旨五卷

明葉子奇撰。明正德刊本作九卷。藝海珠塵焦袁熹太玄解一卷。

元包五卷附元包數總義二卷

北周衛元嵩撰。津逮秘書本。學津討原本。天一閣刊原書十卷，缺下三卷。邵亭有曹秋岳舊藏明刊仿宋本。

潛虛一卷附潛虛發微論一卷

宋司馬光撰。説郛本。唐宋叢書本無發微論，且多脱文〔一〕。天水冰山録有宋板潛虛衍義四册。知不足齋本。焦袁熹潛虛解一卷，藝海珠塵刊。

皇極經世書十二卷

宋邵雍撰。明刊本。邵子全書本。道藏本。

皇極經世索隱二卷

宋張行成撰。路氏有抄本。

皇極經世觀物外篇衍義九卷

宋張行成撰。皇極經世附刊本。

易通變四十卷

宋張行成撰。路小洲有宋刊本。明費宏抄本。汲古閣抄本。

觀物篇解五卷附皇極經世解起數訣一卷

宋祝泌撰。路小洲有舊抄本六十二卷，又附四卷，以校四庫本訛脱甚多，似錢遵王本也。

皇極經世書解十四卷

國朝王植撰。乾隆中刊本。

易學一卷

宋王湜撰。通志堂本。

洪範皇極内篇五卷

宋蔡沈撰。雍正元年張文炳刊。

天原發微五卷

宋鮑雲龍撰。元元貞間鄭昭祖刊本。明天順辛巳刊本三卷。嘉靖刊本。近年刊明鮑寧辨正五卷。

大衍索隱三卷

宋丁易東撰。路小洲有抄本。

易象圖説内篇三卷外篇三卷

元張理撰。通志堂本。

三易洞璣十六卷

明黄道周撰。黄石齋九種本。

河洛精藴九卷

國朝江永撰。乾隆甲午刊本。

右術數類數學之屬

譙子五行志五卷

唐濮陽夏撰。張氏志云：新唐書藝文志、崇文總目著録，言天文占驗事。敏求記曰：譙子，不知何時人，殆未之詳考。舊抄本。丁禹生藏明鈔本〔一〕。

觀象玩占五十卷

唐李淳風撰。四庫存目。又有别本，附物象通占十卷。

乙巳占三卷

唐李淳風撰。四庫未收。影宋抄殘本，半頁十行，行廿四字。

靈臺秘苑十五卷

後周庾季才撰。舊抄本。敏求記十二卷。四庫存目別本百二十卷。

乾坤變異録一厚册

題唐李淳風撰。直齋書録有此書，云一卷，不著撰人。丁禹生藏述古堂舊抄本〔三〕。

唐開元占經一百二十卷

唐瞿曇悉達奉敕撰。昭文張氏有舊抄本。廣東道光中新刊小字本。

天文會元占二十卷

舊抄本，不著撰人。原書卷數無考，今存三垣及畢、觜、參、井、尾、箕、斗、牛、婁、虚、危、鬼、柳、星、張、翼、十六宿，共二十卷。是書諸家無目著録者，唯天一閣書目有天文會元十二册，未知即此否。中引景祐新書、乾象通鑑、增廣天文考異。宋天文家唯乾象通鑑尚有傳本，餘俱久佚，藉此考見大略，疑是宋元人舊帙。張氏志。

天文大成管窺輯要十卷

國朝黄鼎撰。坊刊本。四庫存目。

乾象通鑑一百卷

南宋人撰。平津館有舊抄本。孫馮翼重抄之，今歸豐順丁氏〔四〕。

右術數類占候之屬

宅經二卷

題黄帝撰。説郛本。夷門廣牘本。津逮本。學津本。道藏本。

葬書一卷

晉郭璞撰。明鄭謐注本。明黄慎行訂古本。明張希元注古本。近人刊二十二子本。康熙辛未葉泰刊本，在地理大成山法全書内。學津討原本。借月山房彙鈔本。吴元音箋注。地理大全本。

葬經一卷

題青烏先生撰。金丞相兀欽仄注。入存目。津逮秘書本。

葬經翼一卷附葬圖一卷内篇一卷雜解一卷

明繆希雍撰。津逮秘書本，題緑君亭刊。

地理大成四十五卷

明葉泰編撰。内山法全書十九卷，平陽全書五卷，地理六經注六卷，羅經撥霧集三卷，理氣三訣四卷，刊本。

撼龍經一卷疑龍經一卷葬法倒杖一卷〔五〕

唐楊筠松撰。葉泰刊本。甘福校刊本。地理大全本。平津館目有宋刊疑龍經一卷，每頁二十八行，行二十五字。

青囊奥語一卷青囊序一卷

唐楊筠松撰。葉泰刊本。地理大全本。

天玉經内傳三卷外編一卷

唐楊筠松撰。葉泰刊本。地理大全本。

靈城精義二卷

南唐何溥撰，明劉基注。葉泰刊本。

地理新書十五卷

宋官撰本。宋初因唐吕才叔陰陽書中地理八篇增輯爲乾坤寶典，景祐初命修正舛盭，别成三十篇，賜名地理新書。皇祐三年又詔王洙等勾管删修，事具洙進書序。金世宗大定甲辰，平陽畢履道校正，爲之圖解。章宗明昌壬子當宋紹熙三年，張謙復爲精校以行，此本蓋其時刻也。四庫未收，各家書目亦未著録，亦術數家古笈僅存者。黄丕烈、汪士鐘皆經藏，今歸豐順丁氏。金明昌刊本。

催官篇二卷

宋賴文俊撰。葉刊本。地理大全本。

發微論一卷

宋蔡元定撰。明弘治刊本。謝昌注本〔六〕。地理大全本。

右術數類相宅相墓之屬

黄帝龍首經二卷金匱玉衡經一卷玄女經一卷

并占驗之書。嘉慶中陽湖孫伯淵依道藏本刊，合本行記、軒轅傳爲黄帝五書。

靈棋經二卷

漢東方朔撰。明正德庚辰榮府刊本。嘉靖間刊本。墨海金壺本。珠叢别録本。坊刊通行本。

易林十六卷

漢焦延壽撰。漢魏叢書。津逮秘書本。明周曰校刊本，四卷。嘉慶十二年黄丕烈仿宋刊本，十六卷。宋本有注，絳雲一炬，後遂失傳，黄所據陸敕先校本耳，只四卷。宋本與時本句注不同。

京氏易傳三卷

漢京房撰。錢遵王云：注陸績撰。漢魏叢書本。鹽邑志林本。天一閣本。津逮秘書本。學津討原本。諸刻本多舛，馮定遠、沈杲堂俱有校本。近嚴錢橋重輯本十八卷，未刊。

六壬大占一卷

宋祝泌撰。泌字子涇，德興人，以進士授饒州路三司提幹，以老乞休，元世祖徵，不起。詳江西通志。是書宋志及諸書目未録，此從宋刊本影寫。前有進書序及六壬起例，謂六壬之説古今不宣其旨，惟周禮哲蔟氏掌覆天鳥之巢，以方書十日十二辰、十二月、十二歲、二十八星之號，即壬盤之體，三代之壬書唯此一證。與術家以五行始于水，水生于一，成于六之説異，録以資參考。傳望樓刊本。阮氏以進呈。

六壬大全十二卷

不著撰人。明郭氏刊本。

大易旁通天元賦八卷提綱一卷

元刊本，不著撰人，蓋占課之書也。有建陽鶴田叟蔣易師文父序。昭文張氏所藏。

卜法詳考四卷

國朝胡煦撰。乾隆三十八年胡氏刊附周易函書後。

右術數類占卜之屬

五行大義五卷

隋蕭吉撰。四庫未收。日本佚存叢書本。知不足齋刊本〔七〕。許刊本。阮氏以進呈，提要略云吉字文休，梁武帝兄。江陵陷，遂歸于周，爲儀同。及隋受禪，進上儀同。煬帝嗣位，拜太府少卿，加位開府。事迹具隋書藝術傳。是書自序稱博採經緯，搜窮簡牒，略談大義，凡二十四段，别而分之合四十段。二十四者節數之氣總，四十者五行之成數云云。考隋唐志均不著録，本傳亦不載此書。然史稱吉博學多聞，精陰陽算術，今觀其書，徵引秘緯，多逸亡秘笈，非後人所能僞也。

李虚中命書三卷

題鬼谷子撰。唐李虚中注。墨海金壺本。守山閣本。

玉照定真經一卷

晉郭璞撰，張顒注。劉寬夫有抄本見示，甚庸劣[八]，無稍發明。

星命溯源五卷

不著撰人名氏。路氏有抄本。

徐氏珞琭子賦注二卷

宋徐子平撰。墨海金壺本。守山閣本。昭文張氏有抄宋刊本六卷，王廷光、李仝、釋曇瑩、徐子平四家注，乃原本也。題云「新編四家注解經進珞琭子消息賦注」。

珞琭子三命消息賦注二卷

宋釋曇瑩撰注。墨海本。守山本。宋刻三命消息賦四家注六卷，東方朔疏五卷，藏胡心耘家。

三命指迷賦一卷

舊本題宋岳珂補注。讀畫齋叢書本。知不足齋藏宋本。乾隆間金德輿重刊，板口有「桐華館」三字。

演禽通纂二卷

不著撰人。四庫依天一閣抄本。

天步真原三卷

明西洋穆尼閣撰。與天文類所列之天步真原所出一人〔九〕，而書不全，此書專言禄命。守山閣本。

星學正傳二十一卷首總括圖三卷又玉井奥訣一卷玉照神經一卷末圖說二卷

明楊淙撰。萬曆壬午自序刊。

星學大成十卷

明萬民英撰。明刊本。

三命通會十二卷

不著撰人。明萬曆六年刊本。雍正乙卯蔣國祥補刊本甚多脱訛，闕第十二卷，而以第十卷元理賦以下分爲二卷。英德堂刊袖珍本。

月波洞中記二卷

函海本一卷。

玉管照神局三卷

南唐宋齊邱撰。敏求記有此書十卷。

太清神鑑六卷

後周王朴撰。墨海金壺本。守山閣本。

人倫大統賦一卷〔一〇〕

金張行簡撰。元薛延年注。抄本〔一一〕。

右術數類命數相書之屬

太乙金鏡式經十卷

唐開元中王希明奉敕撰。四庫依抄本。

禽星易見一卷

明池本理撰。四庫依抄本。星一作心。

御定星曆考原六卷

康熙五十二年大學士李光地等奉敕撰。

欽定協紀辨方書三十六卷

乾隆四年莊親王允祿等奉敕撰。内刊本。

三曆撮要一卷

不知撰人，或云宋徐應龍撰。選釋家言以此書爲最古。昭文張氏有影抄宋刊本，志云按月具載嫁娶、求婚、上官、出行等吉日，所引萬通曆、會要曆、百忌曆、具注曆、萬年曆、集聖曆、撮要曆、集正曆、廣聖曆及壇經、彈冠必用等書。今唯集聖曆宋楊可撰，載晁志，百忌曆唐呂才撰，彈冠必用宋周謂撰，載陳録，餘俱無考。是亦選擇家之秘籍也。陳録載此書云，建安徐清叟真翁云，其尊人尚書公應龍所輯，不欲著名。阮氏進呈書載此，題三術撮要。

右術數類陰陽五行之屬

子部八　藝術類

古畫品録一卷

南齊謝赫撰。説郛本。津逮本。硯北偶鈔本。畫苑本。

書品一卷

梁庾肩吾撰。法書要録本。漢魏叢書本。秘笈本。續百川學海本。硯北偶抄本。

續畫品一卷

陳姚最撰。説郛本。津逮本。畫苑本。硯北偶抄本。

貞觀公私畫史一卷

唐裴孝源撰。畫苑本。唐宋叢書本。宋本半頁十一行，行二十字，貞字避缺。

書譜一卷

唐孫過庭撰。百川學海本。説郛本。石刻本。

書斷三卷

唐張懷瓘撰。法書要録本。百川學海本一卷。格致叢書本〔一二〕。

述書賦二卷

唐竇臮撰。四庫依鮑士恭家本。法書要録本。嘉靖乙酉刊本。

法書要録十卷

唐張彦遠撰。王氏畫苑本。津逮本。學津本。

歷代名畫記十卷

唐張彦遠撰。王氏畫苑本。津逮本。學津本。續百川學海本。

唐朝名畫録一卷

唐朱景元撰。畫苑本。學津本〔一三〕。

墨藪二卷附法帖釋文刊誤一卷

唐韋續撰。唐宋叢書本。格致叢書本。明程榮刊本。

畫山水賦一卷附筆法記一卷

唐荆浩撰。明刊本。畫苑本。

翰墨志一卷

宋高宗皇帝御撰。百川本。説郛本。畫苑本。

五代名畫補遺一卷

宋劉道醇撰。明王氏畫苑本。天禄後目有宋刊本，附畫繼後。

宋朝名畫評三卷

宋劉道醇撰。畫苑本〔一四〕。

益州名畫録三卷

宋黄休復撰。説郛本。唐宋叢書本。畫苑本。函海本。讀畫齋本〔一五〕。

圖畫見聞志六卷

宋郭若虚撰。津逮本。學津本。宋本，每半頁十一行，行二十字，遇宋諱皆缺筆。吴門黄蕘圃藏。宋本前半部，元抄後半部，藏汪閬源家〔一六〕。

林泉高致集一卷

宋郭熙撰。説郛本不全。明畫苑本。元至正八年豫章歐陽必學刊本。

墨池編六卷

宋朱長文撰。明隆慶中四明薛晨刊本。萬曆中李時成刊本。康熙甲午朱氏刊本，附印典。汲古有舊抄，云明刊甚誤。

續書斷二卷

宋朱長文撰。長文既爲墨池編，以張懷瓘書自開元以來未有紀録，而唐初諸公或闕略未嘗立傳，用其例掇所聞見，自唐興至本朝熙寧間以續之。熙寧七年八月自序。四庫未收。丁禹生有舊刊本，蓋是元帙〔一七〕。

德隅齋畫品一卷

宋李廌撰。説郛本。秘笈本。顧氏文房小説本。

畫史一卷

宋米芾撰。畫苑本。津逮本。丁禹生有宋刊畫史一册，是菉竹堂葉氏物，末有朱書「康熙癸巳蔣生子範所贈」，乃何義門手蹟。半頁十一行，行二十字〔一八〕。

書史一卷

宋米芾撰。百川本。説郛本。畫苑本。書學彙編本〔一九〕。

寶章待訪録一卷

宋米芾撰。百川本。説郛本。畫苑補益本。又附刊清河書畫舫第九卷。

海岳名言一卷

宋米芾撰。百川本。説郛本。畫苑本。

宣和畫譜二十卷

不著撰人。唐宋叢書本。津逮本。學津本。明有楊升庵刊本。

宣和書譜二十卷

不著撰人。楊升庵刊本。津逮本。學津本。升庵本以嘉靖庚子刊，半頁九行，行十九字。

山水純全集一卷

宋韓拙撰。畫苑本。函海本。讀畫齋本。

廣川書跋十卷

宋董逌撰。書苑本。津逮本。

廣川畫跋六卷〔二〇〕

宋董逌撰。嘉靖中楊慎刊本。王氏畫苑本。張金吾有舊鈔本。

畫繼十卷

宋鄧椿撰。畫苑本。津逮本。學津本。

續書譜一卷

宋姜夔撰。百川本。書苑本。佩文齋書畫譜本。格致叢書本。宋嘉定戊辰天台謝采伯刊本。

寶真齋法書贊二十八卷

宋岳珂撰。聚珍板本。閩覆本。

書小史十卷

宋陳思撰。士禮居有宋刊本四卷，前六卷汲古抄補。路氏有舊抄本。

書苑菁華二十卷

宋陳思撰。汪氏振綺堂刊本。張金吾有舊抄本。

梅花喜神譜二卷

宋宋伯仁撰。伯仁字器之，湖州人，所著西塍集已著録。此譜寫梅花百圖，上卷分五類，下卷分三類，各綴五言絶句，曰喜神者，殆寫生之意。此從宋板影摹，其書初刻于嘉熙戊戌，此其景定辛酉雙桂堂重刻之本也。阮氏曾進呈。知不足齋有刊本。咸豐己卯漢陽葉志詵仿景定本刊于廣州，佳〔二二〕。

書録三卷

宋董更撰。知不足齋本。

竹譜十卷

元李衎撰。説郛本不全。知不足齋本七卷。

畫鑒一卷

元湯垕撰。説郛本。唐宋叢書本。學海類編本。李璵刊羣芳清玩本。

書經補遺五卷

元呂宗傑輯，事蹟未詳。一卷唐太宗御製王右軍執筆圖，二卷法書本象，國子助教汶上陳繹曾著，三卷書法總論，四、五博古體篆釋，乃宗傑自著。阮氏以進呈。

古今集論字學新書七卷

元武夷劉惟志編輯。舊鈔本。

衍極二卷

元鄭杓撰。秘笈本一卷〔二二〕。

法書考八卷

元盛熙明撰。曹楝亭刊本。

圖繪寶鑑五卷續編一卷

元夏文彦撰。續編明韓昂撰。明刊本。津逮本。坊刊本八卷。巾箱本。藝海樓顧氏有元刊本。平津館有元刊本，云可校毛氏之訛。拜經樓有元刊本，爲明廬江王舊藏，有圖記，每頁二十二行，行二十字。臨海洪氏有元刊黑口巾箱本，每頁二十二行，行二十字。前有至正乙巳夏文彦序，抱遺老人楊維楨序，草書極佳，蓋鋏崖手書付梓。

書史會要九卷補遺一卷續編一卷

明陶宗儀撰。續編朱謀垔撰。明刊本。三續百川學海本，無卷數。

寓意編一卷

明都穆撰。梓吴本。稗海本。顧氏四十家小説本。陳眉公刊秘笈本。學海類編本。奇晉齋叢書本。

珊瑚木難八卷

明朱存理撰。提要云未見刊本。路氏有抄本。雍正六年年希堯刊本。

趙氏鐵網珊瑚十六卷

明朱存理撰。嘉靖間刊本。雍正六年年氏刊本。

墨池瑣録四卷

明楊慎撰。明嘉靖刊本三卷。函海本二卷。格致叢書本，讀畫齋刊本二卷〔二三〕。

書訣一卷

明豐坊撰。四庫依抄本。

書畫跋跋三卷續三卷

明孫鑛撰。乾隆中居業堂刊本。

繪事微言三卷

明唐志契撰。明有刊本四卷。

書法雅言一卷

明都穆撰。

寒山帚談二卷拾遺一卷附録一卷

明趙宧光撰。説文長箋内刊本。

書法離鉤十卷

明潘之淙撰。明刊本。惜陰軒叢書本。

畫史會要五卷

明朱謀垔撰。明刊本。

郁氏書畫題跋記十二卷續記十二卷

明郁逢慶編。路氏有抄本。

清河書畫舫十二卷

明張丑撰。知不足齋刊本與清秘藏合刊巾箱本。

真蹟日録一卷二集一卷三集一卷

明張丑撰。知不足齋有别刊單行本，不入叢書。

法書名畫見聞表一卷

明張丑撰。知不足齋别刊本。

南陽法書表一卷南陽名畫表一卷

明張丑撰。知不足齋别刊本。

清河書畫表一卷

明張丑撰。知不足齋别刊本。

珊瑚網四十八卷

明汪珂玉撰。路小洲有抄本。

御定佩文齋書畫譜一百卷

康熙四十七年禮部侍郎孫岳頒等奉敕撰。内府刊本。

秘殿珠林二十四卷

乾隆九年奉敕撰。

石渠寶笈四十四卷

乾隆九年奉敕撰。

讀畫録四卷

國朝周亮工撰。康熙刊本。雲煙過眼堂本。讀畫齋刊本。

庚子消夏記八卷

國朝孫承澤撰。乾隆三十年鮑士恭精刊本十卷。

繪事備考八卷

國朝王毓賢撰。康熙間刊本。

書法正傳十卷

國朝馮武撰。道光戊子刊本。

江村銷夏録三卷

國朝高士奇撰。高氏刊本。

式古堂書畫彙考六十卷

國朝卞永譽撰。路氏有抄本。卞氏仿宋刊本。

南宋院畫録八卷

國朝厲鶚撰。近有刊本。

六藝之一録四百六十卷續編十二卷

國朝倪濤撰。四庫依禮部侍郎金甡家藏濤手稿。

小山畫譜二卷〔二四〕

國朝鄒一桂撰。借月山房彙鈔本。

傳神秘要一卷

國朝蔣驥撰。借月山房彙鈔本。

右藝術類書畫之屬

琴史六卷

宋朱長文撰。楝亭刊本。宋紹定癸巳朱正大刊本。

松弦館琴譜二卷

明嚴澂撰。萬曆甲寅刊。

琴操二卷

漢蔡邕撰。邕字伯喈，陳留圉人，事載後漢書列傳。按唐志有桓譚琴操二卷，無蔡邕琴操。然譚傳云：著書號新論，琴道一篇未成，肅宗使班固續成之。今文選注引甚多，均與此不合。隋唐兩志有孔衍琴操一卷，宋志作三卷，崇文總目、中興書目所説衍書與此頗相近。此從惠棟手抄本過録。今考長笛賦、歸田賦，演連珠善注引蔡邕琴操俱與此同，則在唐世已然，其爲舊題無疑也。阮氏以進呈。琴操有讀畫齋、平津館兩刊本。

琴譜合璧十八卷

國朝和素撰。因明人所輯太古遺音譯，以國語琴譜，以聲爲主，而諧音之妙無過國書十二字頭，故曲折窈杳，無不契律吕之微。松弦館琴譜後提要多此條，湖本簡目亦然，依録于此。

松風閣琴譜二卷附抒懷操一卷

國朝程雄撰。康熙間刊。

右藝術類琴譜之屬

學古編一卷

元吾邱衍撰。説郛本。秘笈本。廣百川學海本。唐宋叢書本。書苑本。學津本。

印典八卷

國朝朱象賢撰。康熙壬寅朱氏家刊本〔二五〕。

羯鼓録一卷

唐南卓撰。説郛本。廣秘笈本。再續百川學海本。墨海金壺本。守山閣本。

右藝術類篆刻之屬

樂府雜録一卷

唐段安節撰。説郛本。古今逸史本。古今説海本。學海類編本。續百川學海本。格致叢書本。墨海金壺本。守山閣本。

漢官儀三卷

宋劉攽撰。舊抄郡齋志題曰漢官儀采選一卷，云劉攽删取西漢之官，而附其列傳黜陟可戲笑者，雜編以爲博弈之一物。張氏藏書志。阮氏進呈書目有之。遂初堂書目亦載。邵亭于滬上收一舊抄，亦依影宋抄繕寫，卷末一行云「紹興九年三月臨安府雕印」。道光四年鮑氏刊本〔二六〕。

元元棋經一卷

宋晏天章撰。説郛本。墨海金壺本。守山閣本作張擬撰。

棋訣一卷

宋劉仲甫撰。墨海金壺本。珠叢別録本〔二七〕。

打馬圖經一卷〔二八〕

宋李清照撰。粤雅堂叢書刊。

右藝術類雜技之屬

子部九　譜録類

古今刀劍録一卷

梁陶宏景撰。百川學海本。説郛本。漢魏本。羣芳清玩本。龍威秘書本。

鼎録一卷

梁虞荔撰。説郛本。漢魏本。秘笈本。羣芳清玩本。龍威秘書本。

考古圖十卷續圖五卷釋音五卷

宋吕大防撰。乾隆十八年天都黄氏刊，無續五卷，附朱德潤集古玉圖二卷。泊如齋刊本。傳是樓有北宋刊本，錢遵王物，曾藏無錫顧宸家，後歸泰興季振宜，乃歸徐氏。遵王後又精抄一本。丁禹生有寶古堂重修考古圖十卷，刊印精絶，有文淵閣印。

嘯堂集古録二卷

宋王俅撰。明刊本。嘉慶壬申張氏醉經堂刊本，附校勘記一卷。

宣和博古圖三十卷

宋王黼等奉敕撰。明嘉靖七年蔣暘翻刻至大重修閣板本。萬曆戊子泊如齋刊本。萬曆三十二年吴公宏本。乾隆間天都黄氏刊本。錢遵王云：宋本題宣和重修博古圖録三十卷，謂之重修者，以采取黄長睿博古圖説在前也。元人翻刻已多删削。

古玉圖譜一百册

宋龍大淵奉敕撰。四庫入存目。乾隆四十四年江氏刊。

宣德鼎彝譜八卷

明宣德中禮部尚書吕震等奉敕撰。姚若有抄本足本二十卷。墨海金壺本。珠叢別録本。

欽定西清古鑑四十卷

乾隆十四年奉敕撰。内府刊本。

奇器圖説三卷諸器圖説一卷

明西洋鄧玉函撰。王忠節公校刊本。道光間活字本。守山閣本。單行舊刊本。

文房四譜五卷

宋蘇易簡撰。學海類編本。格致叢書本四卷。昭文張氏有精抄校本，云何夢華、假鶴山房、振綺堂并有舊抄。

歙州硯譜一卷

宋唐積撰。百川本。説郛本。學津本。

硯史一卷

宋米芾撰。百川本。説郛本。羣芳清玩本。學津本。胡心耘有毛氏抄影宋本。士禮居有宋刊本，云乃宋刊山林拾遺集中之一種。

硯譜一卷

不著撰人。百川本作李之著。説郛本。

歙硯説一卷辨歙硯説一卷

不著撰人。百川本。説郛本。學津本。

端溪硯譜一卷

不著撰人。百川本作葉樾。説郛本。學津本。道光戊子肇慶吴繩年撰端溪研志三卷。王氏刊本。

硯箋四卷

宋高似孫撰。楝亭刊本。

欽定西清硯譜二十四卷目録一卷

乾隆四十三年奉敕撰。提要多四卷。

墨譜三卷

宋李孝美撰。路氏有抄本。刊本。

墨經一卷

宋晁季一撰。説郛本。夷門廣續本。藝圃搜奇本。晁氏叢書本。續百川學海本。楝亭刊本。津逮本。學津本。

墨史三卷

元陸友撰。知不足齋本。項藥師刊本。劉泖生據厲樊榭抄本過録，三卷，一百九十八人，當是足本。敏求記載此書亦三卷。

墨法集要一卷

明沈繼孫撰。聚珍本。閩覆本。杭縮本。

泉志十五卷

宋洪遵撰。津逮、學津二本。四庫存目。

欽定錢録十六卷

乾隆十六年奉敕撰。内府刊本，附西清古鑑後。

吉金所見録十六卷

祁書齡撰。嘉慶己卯祁氏刊。

癖談六卷

蔡雲撰。詳論古今錢幣。道光丁卯吴門刊。

香譜二卷

不著撰人。百川本。格致本。藝圃搜奇本。唐宋叢書本一卷。學津本。

香譜四卷

宋陳敬撰。路氏有抄本。

香乘二十八卷

明周家胄撰。崇禎辛未周氏刊本。

附録

雲林石譜三卷

宋杜綰撰。説郛本。唐宋本。羣芳清玩本。知不足齋本。學津本。

右譜録類器物之屬

茶經三卷

唐陸羽撰。百川本一卷。説郛本。唐宋本。格致本。學津本。汪士賢刊本。茶書全集本〔二九〕。

茶録二卷

宋蔡襄撰。百川本。説郛本。格致本。茶書全集本〔三〇〕。

品茶要録一卷

宋黄儒撰。説郛本，夷門廣牘本。明新安程百二刊本。茶書全集本。

宣和北苑貢茶録一卷附北苑別録一卷

宋熊蕃撰。讀畫齋本。茶書全集本。

東溪試茶録一卷

宋宋子安撰。百川本。説郛本。格致本。茶書全集本。

續茶經三卷附録一卷

國朝陸廷燦撰。雍正乙卯壽春堂刊本。茶書全集本。

煎茶水記一卷

唐張又新撰。百川本。説郛本不全。茶書全集本。

膳夫經一卷〔三一〕

唐楊煜撰。煜官巢縣令，是書成于大中十年，詳西樓跋。唐宋志并作膳夫經手録四卷，通志略同。崇文總目卷亦同，手録作手論，或轉寫之訛。此從舊抄過録，僅六頁，似後人捃拾成編。唯所載茶品甚詳，分産地，别優劣，頗資考證。阮氏以進呈。康熙中有顧嗣立刊本，入閭丘辨囿。

飲膳正要三卷

元和斯煇撰。有刊本。四庫存目。

食憲鴻秘二卷

朱竹垞撰。有刊本〔三二〕。

北山酒經三卷

宋朱翼中撰。明刊本。知不足齋本。

酒譜一卷

宋竇苹撰。百川本。説郛本。唐宋本。

糖霜譜一卷

宋王灼撰。楝亭刊本。學津本。

右譜録類食譜之屬

洛陽牡丹記一卷

宋歐陽修撰。百川本。説郛本。歐陽全集本。珠叢別録本。墨海金壺本。藝圃蒐奇本。山居雜志本。明汪士賢刊本。

揚州芍藥譜一卷

宋王觀撰。百川本。説郛本。王全集本。珠叢別録本。墨海金壺本。山居雜志本。明汪士賢刊本。

范村梅譜一卷

宋范成大撰。百川本。説郛本。全集本。珠叢別録本。墨海金壺本。藝圃搜奇本。明汪士賢刊本。

劉氏菊譜一卷

宋劉蒙撰。百川本。説郛本。

史氏菊譜一卷

宋史正志撰。百川本。説郛本。

范村菊譜一卷

宋范成大撰。百川本。説郛本。

百菊集譜六卷菊史補遺一卷

宋史鑄撰。明汪氏刊。山居雜志本。

金漳蘭譜三卷

宋趙時庚撰。四庫據天一閣本。百川、説郛二本并不全。明汪氏刊本。

海棠譜三卷

宋陳思撰。百川本。説郛本。山居雜志本。

荔枝譜一卷

宋蔡襄撰。百川本。説郛本。端明集本。藝圃搜奇本。山居雜志本。鄧道協荔枝通譜本。

橘録三卷

宋韓彦直撰。百川本。説郛本。山居雜志本〔三三〕。

竹譜一卷

晉戴凱之撰。百川本。説郛本。漢魏本。

筍譜一卷

宋釋贊寧撰。百川本。説郛本。漢魏本。

菌譜一卷

宋陳仁玉撰。百川本。山居雜志本。墨海金壺本。珠叢別録本。

御定廣羣芳譜一百卷

康熙四十七年翰林院編修汪灝等奉敕撰。内府刊本。外覆本。

禽經七卷

題師曠撰，晉張華注。百川本。説郛本。唐宋本。格致本。漢魏本。錢氏敏求記有舊抄本，可證百川學海本之訛。

蟹譜二卷

宋傅肱撰。百川本。説郛本。山居雜志本。

蟹略四卷

宋高似孫撰。百川學海本三卷。路小洲有抄本。

異魚圖贊四卷

明楊慎撰。秘笈本。明范汝梓刊本。藝海珠塵本。函海本。紛欣閣叢書本。

異魚圖贊箋四卷

國朝胡世安撰。明刊本〔三四〕。

異魚圖贊補三卷閏集一卷

國朝胡世安撰。明刊本。函海本。

右譜録類草木禽魚之屬

【校勘記】

〔一〕藏園本、訂補本均脱「文」字。

〔二〕《持静齋藏書記要》卷下記是書云：「此本明人舊鈔，曹溶倦圃所藏。」可互參。

〔三〕《持静齋藏書記要》卷下記是書：「題唐司監李淳風纂集。述古堂藏明鈔本」。

〔四〕《持静齋藏書記要》卷下記是書頗詳，録有李季《進乾象通鑑疏》全文等，可參。

〔五〕此條上方，藏園本增有眉批語：「粤雅堂本」。

〔六〕謝昌：原作「謝昌德」，誤，據《增訂四庫簡明目録標注》改。

〔七〕《持静齋藏書記要》卷下記是書云：「嘉慶己未，日本人乃以活字印行，知不足齋即因其本。」

〔八〕訂補本誤「甚」爲「其」。

〔九〕所列：訂補本誤爲「所刊」。

〔一〇〕大統：藏園本誤爲「天統」。

〔一一〕藏園本增：「頃收元刊本，前有圖，爲大典本所無。」又增有眉批語：「近陸心源刊本二卷。」

〔一二〕「叢書」之後，藏園本、訂補本均增「四卷」。又，藏園本增有眉批語：「至元本，半頁十行，行廿二三字，板式狹小，甚精。」

〔一三〕學津本中無「唐朝名畫録」一書，莫繩孫原鈔本誤，藏園本同。訂補本訂誤，是。又，藏園本此下增「明翻宋本」。

訂補本注：「原稿無，諸印本入正文。」

〔一四〕〔一五〕藏園本、訂補本此下增：「明翻宋本。」

〔一六〕藏園本此下增：「明翻陳道人本」。

〔一七〕《持静齋藏書記要》卷上記是書，少「丁禹生有舊刊本，蓋是元帙」二句，其餘全同。

〔一八〕藏園本、訂補本此下增：「明翻本」。

〔一九〕藏園本、訂補本此下增：「收明翻宋本」。

〔二〇〕此條上方，藏園本增有眉批語：「陸心源刊本。」

〔二一〕藏園本脱末句。

〔二二〕藏園本、訂補本此下增：「明刊本五卷。」又，藏園本增有眉批語：「陸心源刊本。」

〔二三〕讀畫齋刊本未收「墨池瑣録」一書。格致叢書本所收「墨池瑣録」爲四卷，此處作「二卷」，藏園本、訂補本作「三卷」，均誤。

〔二四〕此條上方藏園本增有眉批語：「粤雅堂本。」

〔二五〕藏園本、訂補本此下均增：「附墨池編後。」

〔二六〕訂補本脱「道光四年鮑氏刊本」，而將藏園本所增之眉批語「近陸心源刊（刻）本（莫棠）」誤入正文之中。

〔二七〕藏園本、訂補本均脱「墨海金壺本。珠叢別録本」，而將「粤雅堂叢書本」誤入正文。

〔二八〕藏園本失收此條。訂補本收此條，但解題僅「宋李清照撰」與此本相同，其餘均誤。

〔二九〕藏園本、訂補本此下均增：「明刊一卷，九行十八字。」

〔三〇〕全集本：藏園本、訂補本在「本」字前多一「刊」字。

〔三一〕《持静齋藏書記要》卷下記名爲：「《膳夫經手録》一卷」，作者爲「楊曄」，均與此異，可互參。

〔三二〕撰：原脱，據《增訂四庫簡明目録標注》補。

〔三三〕山居雜志本：藏園本、訂補本均誤作「漢魏叢書本」。

〔三四〕藏園本、訂補本此均脱「明」字。

郘亭知見傳本書目卷十

子部十　雜家類

鬻子一卷

周鬻熊撰。緜眇閣本。子彙本。十二子本。嘉靖甲辰刊五子本。道藏本二卷。墨海金壺本。守山閣本。近人刊二十二子本。弘治丙辰楊一清提陝學校刊五子本，依道藏顛一二號。朱修伯曰：嘉靖間刊子彙，以鬻子爲首入儒家。萬曆間又重刊，每書後有潛庵跋，未詳其人。所刊諸子多據善本。抱經、千里均未及此。

墨子十五卷

周墨翟撰。嘉靖唐堯臣刊本。嘉靖癸丑陸穩序。明江藩七十七翁白賁柄重刊唐本。緜眇閣本四卷。子彙本一卷。道藏本。茅鹿門本六卷。路小洲有弘治己未舊抄本。經訓堂本。

子華子二卷

晉程本撰〔一〕。緜眇閣本。子彙本。明刊十行本。又八行本。弘治丙辰楊一清校五子本。嘉靖甲辰刊五子本。近人有二十二子本。珠叢别録本。墨海金壺本。道藏本十卷。

尹文子一卷

周尹文撰。嘉靖甲辰刊五子本。二十子本。十二子本。子彙本。緜眇閣本。湖海樓叢書本，佳。道藏本二卷〔二〕。近人刊二十二子本。墨海金壺本。守山閣本。弘治丙辰楊一清校五子本二卷。愛日精廬志有宋刊尹文子二卷，分上下，猶是原書舊第。有魏山陽仲長氏序。通考此書二卷。

慎子一卷

周慎到撰。子彙本。緜眇閣本。近人刊二十二子本。嘉慶乙亥嚴鋉橋校刊本。墨海金壺本。守山閣校補本二卷。

尸子三卷附録一卷

任文田心齋十種本，稱家藏元大德八年來青樓所抄本，又依惠氏輯本抄補數條附録于後，乾隆五十三年刊。又平津館本、問經堂本、湖海樓本并二卷，并抄輯爲之。平津據群書治要多數篇目。

鶡冠子三卷

不著撰人。聚珍本。閩覆本。近十子全書本。瓶花齋本。明刊十行本。嘉靖甲辰刊五子本。道藏本。子彙本。緜眇閣本。學津討原本。弘治丙辰楊一清校五子本。

公孫龍子三卷

周公孫龍撰。嘉靖五子本。十二子本。子彙本。緜眇閣本。道藏本。近人刊二十二子本。墨海金壺本。守山閣本。弘治丙辰楊一清校五子本。

鬼谷子一卷

鬼谷子撰。子彙本。十二子本。緜眇閣本。乾隆五十四年江都秦氏刊陶弘景注道藏本。嘉慶十年江都秦氏重刊陶弘景注，三卷，佳。盧抱經以述古舊抄校補道藏本。明崇德書院本同道藏。

吕氏春秋二十六卷

秦吕不韋撰。明嘉靖七年許宗魯重刊賀方回本，多古字。萬曆己卯姜壁等刊本。明宋邦乂等刊本。經訓堂校本佳。梁玉繩清白士集有吕子校補二卷，皆畢校所未及。明弘治李瀚刊。萬曆丙申劉如寵刊。萬曆乙巳汪如鸞刊。吴勉學二十子本，無注。朱夢龍刊。元有嘉禾學宫本，半頁十行，行二十字。拜經樓藏元刊本，卷首有遂昌鄭元祐序，爲查初白舊藏。平津館有元至正中吴興謝氏刊補本，即嘉禾學宫本，目録後有慶湖遺老記一段。

淮南子二十一卷

漢淮南王劉安撰。高誘注。正統十年道藏本。漢魏本。明汪一鸞本〔三〕。萬曆甲午吴郡張維城刊本。明茅一桂刊本。中都四子本。明王鎣刊，無注，明王溥刊，并二十八卷。二十子，無注。莊氏校刊道藏本。十子全書覆莊本。翁覃溪有手校本。士禮居有宋刊淮南小字本，借與王伯申重校。黄言莊逵吉取道藏本妄爲删改，不足憑。王氏讀書雜志校淮南最精密。

淮南許慎注一卷淮南萬畢述一卷

問經堂叢書有輯本。

淮南天文訓補注二卷

乾隆五十三年嘉定錢塘撰。道光八年刊。

人物志三卷

魏劉邵撰，北魏劉昞注。漢魏本。明嘉靖己丑刊。隆慶壬申鄭旻刊。萬曆甲申河間劉用霖刊，似即兩京遺編本。乾隆十二年彭氏寶璣樓重校刊。墨海金壺本。守山閣本。

金樓子六卷

梁孝元皇帝撰。説郛止一卷。知不足齋本。元至正間刊本。

劉子十卷

或題劉歆，或題劉勰，或題劉孝標，唯袁孝政序定爲劉晝撰(四)。子彙本。漢魏題劉子新論。何允中本即何鏜漢魏叢書本。孫鑛刊二卷本，不全。道藏本有袁孝政注，抱經云極淺陋紕繆，羣書拾補有校正若干條。天禄後目有宋刊本，附注。宋刊巾箱本，每頁二十二行，行十八字。朱修伯曰：晁氏稱是書五卷，嘗校核各本。子彙與道藏本略同，頗可正程氏、何氏之謬。檢校諸子奇賞所載是五卷本，校之果是善本，因知五卷本明末尚有流傳也。

顔氏家訓二卷

隋顔之推撰。漢魏本。高安全書本。知不足齋仿宋七卷，附考證一卷。抱經堂刊本七卷。趙曦明注，盧文弨補注，佳。宋本在汪閬源處，目録後有琴式碑牌。宋抄淳熙七年台州公庫本七卷，每半頁十二行，行十八字，後附吴興沈揆考證一卷，凡三册，曾藏黄蕘圃家〔五〕。

長短經九卷

唐趙蕤撰。函海本。讀畫齋本。宋本〔六〕。

兩同書二卷

唐羅隱撰。説郛本。廣秘笈本。二十二子本。昭諫集本。天一閣刊。

化書六卷

唐譚峭撰。道書全集本。二十子本。唐宋本。子彙作齊丘子一卷。説郛本。廣秘笈本。鹽邑志林一卷本。明初代王府刊本。弘治甲戌劉氏刊。申氏刊。墨海金壺本。珠叢別録本。嘉靖戊戌周藩刊本。格致叢書本。

昭德新編三卷

宋晁迥撰。嘉靖刊晁氏三種本。道光中刊晁氏叢書本。宋慶元中刊本。

芻言三卷

宋崔敦禮撰。函海本。

樂庵遺書四卷

宋李衡撰。天順癸未刊。丁禹生有抄本樂庵語録五卷〔七〕，未知即此異題否？

習學記言五十卷

宋葉適撰。路小洲有抄本。刊本。宋刊本在揚州某氏。

本語六卷

明高拱撰。高氏全集本。明刊本。指海本。

聱隅子二卷

宋黄晞撰。知不足齋本。四庫未收。晞字景微，蜀人。石介爲直講，聞其好學，有論著，使諸生如古禮執羔雁束帛就里中聘之，以補學職，固辭不就。故歐陽文忠爲徂徠先生詩有「羔雁聘黄晞，晞驚走鄰家」之句。嘉祐中韓魏公舊爲太學助教。此本從宋刻影抄，凡十篇，每篇冠以小序。又有自序，述十篇相承之旨。書中題裁文句皆摹法言。阮氏曾以進呈。知不足齋本。

右雜家類雜學之屬

白虎通義四卷

漢班固撰。漢魏本。格致本。古今逸史本。兩京遺編本。明楊佑刊二卷。明傅鑰仿元刊十卷。抱經堂校本補正脱訛甚夥，佳。北宋本分上下二卷，篇目内作圓圈者十，半頁十二行，行二十三字。抱經老人跋，藏海昌吴氏。元大德九年本，藏胡心耘家。

獨斷二卷

漢蔡邕撰。格致本一卷。百川本。古今逸史本。漢魏本。弘治癸亥劉遜重刊宋淳熙本。嘉靖戊申喬世寧刊中郎集本。抱經堂校本。

古今注三卷附中華古今注三卷

晉崔豹撰。中華古今注五代馬縞撰。百川本。古今逸史本。漢魏本。嘉靖癸巳陳釴刊本〔八〕。格致本無附。説郛本。秘書二十一種本。文房小説本無附。

資暇集三卷

唐李匡乂撰。説郛本一卷。顧氏四十家小説本。格致本。藝圃搜奇本。袁褧四十家小説本。學海類編本。續知不足齋本。

刊誤二卷

唐李涪撰。説郛本。古今逸史本。格致本。百川學海本。學津討原本。

蘇氏演義二卷

唐蘇鶚撰。藝海珠塵本。函海本。

兼明書五卷

五代邱光庭撰。説郛本。秘笈本。澹生堂餘苑本。璜川吴氏活字印本。

近事會元五卷

宋李上交撰。守山閣本。昭文張氏有孱守老人乙酉歲舊抄本。

東觀餘論二卷

宋黄伯思撰。明項篤壽仿宋刊本。王氏畫苑本。津逮本。學津本。

靖康湘素雜記十卷

宋黄朝英撰。秘笈本。説郛本。唐宋本止一卷。學海類編本。墨海金壺本。守山閣本。

猗覺寮雜記二卷

宋宋翌撰。聚珍本。閩覆本。學海類編本。知不足齋本。

能改齋漫録十卷

宋吴曾撰。聚珍本。閩覆本。乾隆乙未王秉鈞刊本。墨海金壺本。守山閣本。

雲谷雜記四卷

宋張淏撰。聚珍本。閩覆本。杭縮本。近有新刊本。

西溪叢語三卷

宋姚寬撰。明鵂鳴館刊。稗海本不全。津逮本。學津本。

學林十卷

宋王觀國撰。聚珍本。閩覆本。湖海樓叢書本。

容齋隨筆十六卷續筆十六卷三筆十六卷四筆十六卷五筆十卷

宋洪邁撰。明弘治戊午李瀚刊。弘治八年會通館活字印本。明蘭雪堂仿宋活字本。崇禎庚午馬元調刊。康熙庚辰重修馬板。乾隆甲寅掃葉山房翻馬板[九]。

考古編十卷

宋程大昌撰。澹生堂餘苑本，又續五卷。夷門廣牘本〔一〇〕。函海本。學津討原本。

演繁露十六卷續演繁露六卷

宋程大昌撰。説郛本。唐宋本一卷，不全。嘉靖辛亥刊本。學津討原本。明萬曆丁巳刊。

緯略十二卷

宋高似孫撰。明綉水沈士龍刊。百川學海本三卷。墨海金壺本。守山閣本〔一一〕。

瓮牖閑評八卷

宋袁文撰。聚珍本。閩覆本。蘇杭縮本。

芥隱筆記一卷

宋龔頤正撰。説郛本。格致本。顧氏文房小説本。津逮本。學津本。續知不足齋本。昭文張氏志載舊抄，序有云嘉泰改元孟冬，汶人劉董敬用鋟木于東寧郡庠。

蘆浦筆記十卷

宋劉昌詩撰。學海類編本。知不足齋本。宋嘉定乙亥刊本。拜經樓藏有舊本，爲林善長物，有其手校及按語。又有漁洋山人借觀一行，評語三條，末有昌詩後跋及龔蘅圃跋。

野客叢書三十卷附野老記聞一卷

宋王楙撰。稗海本、秘笈本、唐宋本均十二卷〔一二〕，不全，且改題曰埜客叢談。嘉靖壬戌王穀祥刊本。明有細字刊本，半頁十行，行二十字。

坦齋通編一卷

宋邢凱撰。守山閣本〔一三〕。

考古質疑六卷

宋葉大慶撰。聚珍本。閩覆本。蘇杭縮本。

經外雜鈔二卷

宋魏了翁撰。唐宋本二卷。廣秘笈本一卷。奇晉齋叢書本題鶴山筆録，一卷，即此書節本。

古今考一卷續古今考三十七卷

宋魏了翁撰。續考元方回撰。説郛本、秘笈本一卷。萬曆壬申上海王圻刊。崇禎丙子謝三賓刊。正德刊本三十八卷，其續古今考三十七卷。又有二十卷本。掃葉山房刊本。古今考三十八卷，正德本之先，有元至正二十年庚子刊本，張氏志。

潁川語小二卷

宋陳昉撰。守山閣本。

賓退録十卷

宋趙與旹撰。澹生堂餘苑本。學海類編本。涇川叢書本四卷。乾隆壬申存恕堂仿宋本，佳。

學齋佔畢四卷

宋史繩祖撰。百川本。稗海本不全。學津討原本〔一四〕。

鼠璞一卷

宋戴埴撰。百川本、明刊本并一卷。説郛本、唐宋本、格致本、續知不足齋本并二卷。學津本。

朝野類要五卷

宋趙升撰。澹生堂餘苑本。聚珍本。閩覆本。知不足齋本。

困學紀聞二十卷

宋王應麟撰。弘治刊。萬曆刊。乾隆戊午祁門馬氏刊閻箋。桐鄉汪氏刊何箋。乾隆壬戌金氏刊三箋。又别刊七箋本。嘉慶中黄岡萬氏刊集證。道光乙酉餘姚翁氏刊集注。天禄後目有元慶元路儒學胡禾監刊本。平津館目有元刊本。張金吾云：紀聞元泰定刊本有「孫厚孫、寧孫校正」，「慶元路儒學正胡禾監刊」二條。

識遺十卷

宋羅璧撰。學海類編本。拜經樓藏舊抄本，後有隆慶三年姑蘇吴岫跋。陳簡莊以五硯樓本校勘。

愛日齋叢鈔五卷

不著撰人。守山閣本〔一五〕。

日損齋筆記一卷

元黄溍撰。天順四年刊。義烏陳氏注本。墨海金壺本。守山閣本。

丹鉛餘録十七卷續録十二卷摘録十三卷總録二十一卷

明楊慎撰。嘉靖丁未刊本。萬曆張士佩刊本。焦竑取升庵説部各種，類編爲升庵外集百卷，有明刊本。道光甲辰蜀中翻板本。函海本。巾箱本。明嘉靖滇門人梁佐台刊總集于福建。

譚苑醍醐九卷

明楊慎撰。函海本八卷。

正楊四卷

明陳耀文撰。明刊〔一六〕。

疑耀七卷

明張萱撰。萬曆中萱自刊行。

藝彀三卷彀補一卷

明鄧伯羔撰。明刊〔一七〕。

名義考十二卷

明周祈撰。明萬曆癸未刊。

筆精八卷

明徐𤊹撰。明刊本改題鄭氏筆精，稱晉安鄭銘勛輯。

通雅五十二卷

明方以智撰，康熙丙午姚氏刊。

巵林十卷

明周嬰撰。湖海樓叢書本。

拾遺録一卷

明胡爌撰。明李氏刊。

壘庵雜述四卷

明朱朝瑛撰。刊本。

日知録三十二卷

國朝顧炎武撰。康熙乙亥潘耒刊。坊刊小字本。又補遺四卷。道光十四年嘉定黄氏集釋本。徐氏初刊本八卷。雍正中江陰楊寧有增訂本，藏盧抱經家，似未刻。又有雜諍八卷，皆駁正經籍之誤，抱經兩作跋語，未刻。

義府二卷

國朝黄生撰。乾隆五十二年與字詁同刊。指海本。道光壬寅族從孫黄承吉合案字詁、義府刊本。

藝林彙考二十四卷

國朝沈自南撰。康熙癸卯刊本。乾隆辛未重刊。

蒿庵閒話二卷

國朝張爾岐撰。李文藻刊。

潛邱劄記六卷

國朝閻若璩撰。乾隆十年閻氏刊本。吴玉搢重編本。

湛園札記四卷

國朝姜宸英撰。葉元塀刊本四卷。湛園集本二卷。

群書疑辨十二卷

國朝萬斯同撰。嘉慶丙子鄞水雲校刊。

白田雜著八卷〔一八〕

國朝王懋竑撰。白田草堂存稿本。

經史問答十卷

國朝全祖望撰〔一九〕。

養新録二十卷餘録三卷經史問答十二卷

國朝錢大昕撰。

義門讀書記五十八卷

國朝何焯撰。乾隆三十四年刊本。

曉讀書齋初録二卷二録二卷三録二卷四録二卷

國朝洪亮吉撰。皆其摘成賜環後讀書札記之稿。道光壬寅，其族子子香刊于蘇州。

樵香小記二卷

國朝何琇撰。守山閣本。

管城碩記三十卷

國朝徐文靖撰。乾隆九年徐氏刊位山六種本。

松崖筆記三卷

國朝惠棟撰。道光二年吳興徐桐軒刊。

讀書脞録七卷

國朝孫志祖撰。嘉慶己未孫氏家刊。

訂譌雜録十卷

國朝胡鳴玉撰。乾隆乙未刊。湖海樓叢書本。

癸巳類稿十五卷

國朝黟俞正爕履初撰。道光十六年刊，又有續稿□卷〔二〇〕。道光靈石楊氏刊。

識小編二卷

國朝董豐垣撰。乾隆癸未刊。湖海樓叢書本〔二一〕。指海本。

右雜家類雜考之屬

論衡三十卷

漢王充撰。明通津草堂仿宋本。正德辛巳南監補刊本。嘉靖乙未吴郡蘇獻可刊本。錢震瀧本。漢魏本。坊刊本。抱經有校宋本。張金吾云：論衡明刊元修本目録後有「正德辛巳四月吉旦南京國子監補刊完」木記，卷一累害垤成丘山污爲江河下一頁，通津草堂以下諸本俱闕。又元至元刊本殘帙十卷，其書合兩卷爲一卷，凡十五卷，闕六至十五。半頁十二行，行二十四字。垤成丘山，污爲江河下一頁不闕。

風俗通義十卷附録一卷

漢應劭撰。漢魏本。格致本無附。古今逸史四卷。兩京遺編本。鍾評秘書本無附。姚若有明刊仿大德本。拜經樓藏元刊本，前有劭自序，後有宋嘉定十三年丁黼跋，知此本從宋本出，每頁二十行，行十六字，即大德本也。張氏叢書内有風俗通姓氏篇，盧氏羣書拾補于是書，校勘極精詳，又附逸文一卷。

封氏聞見記十卷

唐封演撰。正德戊辰刊本。澹生堂餘苑本。學海類編本。雅雨堂本。學津討原本。江都秦黌重刊。邵亭有舊抄本。秦黌乾隆壬子刊頗補盧本之脱誤，與邵亭舊抄同。至道光庚寅後，秦恩復以所刊列子盧注、鬼谷子陶注及唐趙元一奉天禄彙印以行，曰石研齋四種。

尚書故實一卷

唐李綽撰。説郛本。續秘笈本。

灌畦暇語一卷

不著撰人。藝圃搜奇本。澹生堂餘苑本。學海類編本。奇晉齋本。

春明退朝録三卷

宋宋敏求撰。百川本。歷代小史本。説郛本。唐宋本。學海類編本。澹生堂餘苑本。學津討原本。宋本蘇城汪氏藏。

筆記三卷

宋宋祁撰。百川本。學海類編本。學津討原本。説郛本、唐宋本一卷。

東原録一卷

宋龔鼎臣撰。藝海珠塵本。函海本。讀畫齋本〔三〕。

王氏談録一卷

宋王欽臣撰。唐宋本。廣秘笈本。

文昌雜録七卷

宋龐元英撰。説郛、學海類編、古今説海本并一卷，不全。藝圃搜奇本。澹生堂餘苑本。續百川學海本。學津討原本，佳。雅雨堂本六卷。張金吾有述古堂舊抄本。

麈史三卷

宋王得臣撰。澹生堂餘苑本。知不足齋本。近楚中安陸縣刊本。

夢溪筆談二十六卷補筆談二卷續筆談一卷

宋沈括撰。此書明崇禎辛未馬元調仿宋刊本足。津逮本無補、續，稗海本有補無續。唐宋及秘笈但有補二卷。元黑口本筆談，每葉二十四行，行十八字，有「古迂陳氏家藏」字〔二三〕。宋本半頁十二行，行十八字，南昌彭文勤公舊藏，卷尾有乾隆甲辰、嘉慶丙辰文勤筆識二條，云避諱字皆合。

仇池筆記二卷

宋蘇軾撰。萬曆壬寅趙進美刊。説郛本不全。

東坡志林五卷

宋蘇軾撰。百川、説郛本一卷。稗海本十二卷。抱經以稗海校，善。學津討原本。

珩璜新論一卷

宋孔平仲撰。墨海金壺本。珠叢别録本。唐宋本作孔氏雜説四卷。説郛、格致本作孔氏雜記一卷。古今説海説略丁集同。拜經樓藏舊鈔本，從畢氏抄本補入七條。

晁氏客語一卷

宋晁説之撰。百川本。説郛本。學海類編本。澹生堂餘苑本。晁氏三先生集本。道光刊晁氏叢書本。

師友談記一卷

宋李廌撰。百川本。明刊本。澹生堂餘苑本。學津討原本。

楊公筆録一卷

宋楊延齡撰。澹生堂餘苑本。學海類編本。芝園秘録初刻本〔二四〕。

吕氏雜記二卷

宋吕希哲撰。指海本。

冷齋夜話十卷

宋釋惠洪撰。稗海本。小字本。津逮本。學津本。天禄後目有元刊本二部，均十卷。

曲洧舊聞十卷

宋朱弁撰。澹生堂餘苑本。知不足齋本。學津討原本。汪氏振綺堂刊本。丁禹生有惠棟校勘本〔二五〕。

元城語録三卷附行録一卷

宋馬永卿撰。萬曆丁巳本。惜陰軒叢書本。

嬾真子五卷

宋馬永卿撰。稗海本。

醴泉筆録二卷

宋江休復鄰幾撰。丁禹生静持齋有抄本。四庫未收。

春渚紀聞十卷

宋何薳撰。浦城遺書本。秘笈本不全。津逮本。學津本。

石林燕語十卷考異一卷

宋葉夢得撰，考異宇文紹奕撰。稗海本。明正德丙寅楊宗文刊大字本，無考異。近葉調生、胡心耘合校新刊本。

避暑録話二卷

宋葉夢得撰。稗海本。明嘉靖項氏宛委書刊本四卷。津逮本。學津本。道光乙巳蘇城葉調生新刊本。

巖下放言三卷

宋葉夢得撰。稗海本題蒙齋筆談。唐宋本。藝圃搜奇本。澹生堂餘苑本。葉調生新刊本。

却掃編三卷

宋徐度撰。津逮本。學津本。

五總志一卷

宋吴坰撰。知不足齋本。藝海珠塵本。

紫微雜説一卷

宋吕本中撰。指海本。路氏有舊抄本。

辨言一卷

宋員興宗撰。指海本。路氏有舊抄本。

墨莊漫録十卷

宋張邦基撰。稗海本十卷。單行本。

寓簡十卷

宋沈作喆撰。澹生堂餘苑本。知不足齋本。張金吾有小草齋舊抄本，明謝肇淛所藏〔二六〕。

欒城遺言一卷

宋蘇籀撰。百川本。説郛本。

東園叢説三卷

宋李如篪撰。路氏舊抄本。指海本。

常談一卷

宋吴箕撰。函海本。

雲麓漫鈔十五卷

宋趙彦衛撰。稗海本四卷。别下齋刊，佳〔二七〕。

示兒編二十三卷

宋孫奕撰。明潘方凱刊。知不足齋本。

游宦紀聞十卷

宋張世南撰。稗海本。知不足齋本。

密齋筆記五卷續筆記一卷

宋謝采伯撰。路氏有抄本。琳琅密室叢書本。

梁谿漫志十卷

宋費衮撰。澹生堂餘苑本。學海類編本。知不足齋本。稽古堂本。

澗泉日記三卷

宋韓淲撰。聚珍本。閩覆本。

老學庵筆記十卷續筆記二卷

宋陸游撰。稗海本無續。津逮本。學津本。

愧郯録十五卷

宋岳珂撰。岳氏校刊本。澹生堂餘苑本。學海類編本。知不足齋本。黄蕘圃藏宋刊本十五卷，半頁九行，行十七字。八至十一四卷皆抄補，餘尚有空白未補者十頁。有楊夢羽印。

祛疑説一卷

宋儲泳撰。百川本。稗海本不全。學津本。

琴堂諭俗編二卷

宋鄭至道撰〔二八〕。

鶴林玉露十六卷

宋羅大經撰。稗海本。謝天瑞增補二十四卷本。明萬曆刊多補遺一卷。明刊小字本，佳。

貴耳集一卷二集一卷三集一卷

宋張端義撰。説郛、歷代小史節録一卷。廣秘笈只收其三集。澹生堂餘苑本。津逮本。

學津本。

吹劍録外集一卷

宋俞文豹撰。知不足齋本。讀畫齋刊吹劍録無外集，即附存目所載者。夏益虞手抄吹劍録，見張氏志。

脚氣集二卷

宋車若水撰。秘笈本。

藏一話腴四卷

宋陳郁撰。古今説海説略本一卷，不全。學海類編本，不全。姚若有抄本。胡心耘有舊抄，多一條。

佩韋齋輯聞四卷

宋俞德鄰撰。學海類編本。讀畫齋本。

書齋夜話四卷

宋俞琰撰。澹生堂餘苑本。路氏抄本。

齊東野語二十卷

宋周密撰。明刊本。稗海本不全。正德十年耒陽胡文璧刊。津逮本。學津本。

困學齋雜録一卷

元鮮于樞撰。知不足齋本。

隱居通義三十一卷

元劉壎撰。康熙中刊本。讀畫齋本。近年南豐刊本。

湛淵静語二卷

元白珽撰。知不足齋本。

敬齋古今黈八卷

元李冶撰。聚珍本。閩覆本。杭縮本。萬曆戊子武林蔣氏書室刊十四卷。昭文張氏有元抄殘本，與此不同。張氏志，古今黈舊抄殘本十一卷，李冶撰，原四十卷，今存卷一至十一，凡四百七十餘條。四庫本從大典出，此則原書殘本也。後有「萬曆庚子春三月之吉，武林書室蔣德盛梓行」兩行。

日聞録一卷

元李翀撰。函海本。墨海金壺本。守山閣本。

勤有堂隨録一卷

元陳櫟撰。學海類編本。

玉堂嘉話八卷

元王惲撰。秋澗大全集本。墨海金壺本。守山閣本。張金吾有澹生堂抄本，云閣本卷八頗有闕文，是本較爲完善。

庶齋老學叢談三卷

元盛如梓撰。知不足齋本。

研北雜志二卷

元陸友撰。秘笈本。唐宋本。得月簃叢書本。項藥師刊本。敏求記稱有柯栢湖校本。

北軒筆記一卷

元陳世隆撰。學海類編本。知不足齋本。

閑居録一卷

元吾丘衍撰。學津討原本。

雪履齋筆記一卷

元郭翼撰。函海本。學海類編本。

霏雪録二卷

明鎦績撰。成化刊本。澹生堂餘苑本。説海本。藝圃搜奇本。學海類編本。

蠡海集一卷

明王逵撰。稗海本。

草木子四卷

明葉子奇撰。正德丙子裔孫溥刊本。明楊瑞重刊。乾隆壬午龍泉令蘇遇龍重刊。

胡文穆雜著一卷

明胡廣撰。文穆集本。

讕言長語一卷

明曹安撰。秘笈本二卷。正德己亥史紀重刊本〔二九〕。

蟫精雋十六卷

明徐伯齡撰。四庫依抄本。

震澤長語二卷

明王鏊撰。明王永熙刊。明王學伊重刊。紀録彙編本。學海類編本。眉公普秘笈本〔三〇〕。

借月山房彙鈔本。指海本。

井觀瑣言三卷

明鄭瑗撰。唐宋本不全。續秘笈本。學海類編本。

南園漫録十卷

明張志淳撰。刊本。澹生堂餘苑本。

雨航雜録二卷

明馮時可撰。廣秘笈本。

畫禪室隨筆四卷

明董其昌撰。金臺別集本。乾隆中董氏刊本。

閑閑堂會心録十六卷

明倪涷撰。涷，元璐之父，其稿本爲丁禹生所收。

六研齋筆記四卷二筆四卷三筆四卷

明李日華撰。乾隆中刊本。

物理小識十二卷

明方以智撰。康熙甲辰于氏刊。

春明夢餘録七十卷

國朝孫承澤撰。古香齋巾箱本。

書影十卷

國朝周亮工撰。雍正三年刊本。

居易録三十四卷

國朝王士禎撰。漁洋全集本。

池北偶談二十六卷

國朝王士禎撰。漁洋全集本。

香祖筆記十二卷

國朝王士禎撰。漁洋全集本。

古夫于亭雜録六卷

國朝王士禎撰。康熙中刊本。

分甘餘話四卷

國朝王士禎撰。漁洋全集本。

右雜家類雜説之屬

東坡先生物類相感志十八卷

宋僧贊寧撰。四庫以其題有東坡字爲僞，僅存其目，然其書妙析物理，足資多識。陳鱣曰：安知贊寧不亦號東坡乎？有校本，爲丁禹生所收〔三一〕。

洞天清録一卷

宋趙希鵠撰。明寧獻王刊本。續藝圃搜奇本。格致本。唐宋本，僞。讀畫齋本〔三二〕。

負暄野録二卷

宋陳櫰撰。知不足齋本。讀畫齋本。

雲烟過眼録四卷續録一卷

宋周密撰。明刊本。秘笈本。唐宋叢書無續録。奇晉齋本止續録。

格古要論三卷〔三三〕

明曹昭撰。格致本五卷。王佐增訂重刊本十三卷。惜陰軒刊本同。

竹嶼山房雜部三十二卷

明宋詡撰。明刊本。

遵生八牋十九卷

明高濂撰。明刊本。通行本。

清秘藏二卷

明張應文撰。知不足齋本，附其子丑真蹟日録後。

長物志十二卷

明文震亨撰。硯雲乙編本。

韻石齋筆談二卷

國朝姜紹書撰。順治己丑刊〔三四〕。乾隆丁卯汪道謙重刊。知不足齋本。

七頌堂識小録一卷

國朝劉體仁撰。康熙庚子體仁子凡刊本。又漱六編本。

右雜家類雜品之屬

意林五卷

唐馬總編。嘉靖己丑廖自顯刊。又道藏本。聚珍本。閩覆本。張氏照曠閣本。朱修伯曰：許周生有元刊本。周耕崖有注本。嚴銕樵有重定本。汪選樓有意林翼，最精，惜毀于火。

羣書治要五十卷

唐魏徵等奉敕撰。徵字元成，魏州曲城人，官至太子太師，謚文貞，事詳本傳。唐會要云，貞觀五年九月二十七日，秘書監魏徵撰群書治要上之。又唐書蕭德言傳，太宗詔魏徵、虞世南、褚亮及德言裒次經史百氏帝王所以興衰者上之。帝愛其書博而要，曰使我臨事不惑者卿等力也。德言賚賜尤渥。然則書實成德言手，故諸傳不及也。此書目宋志即不著録，其佚已久，此本乃日本人擺印，惟缺第四，第十三，第二十，凡三卷。所采各書并初唐善策，與近刻多有不同，晉書二卷尚有未修以前十八家中之舊本。又桓譚新論、崔寔政要論、仲長統昌言、袁準正書、蔣濟萬機論、桓範政要論，多近世無傳，亦藉此以存其梗概。

紺珠集十三卷

不著編輯人名氏，或題宋朱勝非者誤也。天順刊本有宋紹興丁巳全州灌陽令王宗哲序。拜經樓藏鈔本，後有天順間賀、滎二序，爲龔蘅圃手校本。

類説六十卷

宋曾慥編。明刊本。昭文張氏有秦酉岩舊鈔本五十卷。又有殘宋本不分卷。明有刪刊本，題宋温陵曾慥編，新野馬之奇參閲，山陽岳鍾秀訂正。類説宋刊小字本，紹興庚申麻沙書市刊，不分卷，頁二十行，行十六字。張金吾云：自序無「分五十卷」四字，則原本不分卷，舊藏汲古閣。寶慶丙戌葉時爲建安守重録，秦抄所據。

談肋五卷

宋晁伯宇編。凡十州記、洞冥記、琵琶録、北道刊誤志、乘軺録、文武兩朝獻替記、牛羊日曆、聖宋掇遺、沂公筆録、竹譜、筍譜、硯録、三水小牘、漢武故事、漢武内傳、殷芸小説、大業雜記、營造法式、緑珠傳、膳夫經手録，合二十種。每種後俱有跋。是書無編撰名氏，惟于乘軺録、牛羊日曆、漢武後傳、營造法式跋中知爲伯宇所編耳。又于十洲記跋中知伯宇爲崇寧時人，曾權陳留縣尉。若伯宇之爲名爲字，及姓氏爵里，則均無可考。所採如北道刊誤志、琵琶録、乘軺録今皆失傳，其存者亦多與今本不同，足資考訂。文淵閣書目列之古今志中，殆以開卷引十洲記而誤。姓氏據晁志封丘集，世父諱某字伯宇。張氏志。錢遵王藏茶夢主人手鈔本。

事實類苑三十六卷

宋江少虞編。路小洲有抄本。胡心耘有校本。張金吾藏舊抄，題云皇朝類苑，紹興戊寅九月自序。

仕學規範四十卷

宋張鎡編。明初刊本，猶依宋本題曰皇朝仕學規範。宋小字本。張叔未有宋刊宋印本，白紙，極精。

自警編九卷

宋趙善璙編。刊本。明林廷棉刊本。宋大字本。元刊本。

言行龜鑒八卷

元張光祖編。路氏有抄本。

爲政善報十卷

宋葉留撰。留字景良，括蒼人，採取經史各説，以及當時宦蹟，録其功在生民慶留後裔者，以成一編，取于官師相規，爲有位勸。用意忠厚，考證精詳，同時陳相爲注其出處。此其前編，惜後篇已逸。阮氏從元刊本録以進呈。

松窗百説一卷

宋李季可撰。季可永嘉人，摭拾古今事實而各爲論説。凡百條，王十朋極稱賞之，謂其有益風教。阮氏以進呈。

説郛一百二十卷

明陶宗儀編。順治丁亥陶氏刊本。又陶珽續説郛四十六卷，入存目。路小洲云，坊中所售五朝小説紀事一書，即用説郛原板移以次第，改標門目爲之者。又明人有書帕本，往往刷印此書數十種，即稱某叢書。余嘗見唐宋叢書，即是也。朱修伯曰：浙東有兩舊抄殘本，尚是南邨原本。刊本不足憑，最多謬誤。明人刊本有一百卷，校刊本不同，藏嘉定吴氏。又一部藏常熟陳子正家，惜二書皆缺二字本〔三五〕。

養正圖解全卷

明焦竑撰。竑有易筌，已著録。萬曆間竑以修撰爲皇子講官，編此進之，備採前言往行可爲則效者，繪爲圖而詳爲之説，卷首竑自序及祝世禄序，稱繪圖爲丁雲鵬書解爲吴繼序，并一時知名之士也。阮氏以進呈。

玉芝堂談薈三十六卷

明徐應秋編。蒨園刊本。

元明事類鈔四十卷

國朝姚之駰撰。路氏有抄本。

右雜家類雜纂之屬

儼山外集三十四卷

明陸深撰。明刊本四十卷，四庫汰去六卷。

古今説海一百四十二卷

明陸楫撰。嘉靖甲辰雲間陸氏刊本。道光辛巳吴門酉山堂翻刊本。

少室山房筆叢正集三十二卷續集十六卷

明胡應麟編。明萬曆丙午刊本。

鈍吟雜録十卷

國朝馮班撰。康熙中刊本。借月山房彙鈔本。

右雜家類雜編之屬

子部十一　類書類

類書如明之永樂大典二萬二千九百卷，本朝之圖書集成一萬卷，囊括羣書，卷帙太大，未見此目。

古今同姓名録二卷

梁孝元皇帝撰。函海本。

世本輯補十卷

嘉慶戊寅秦嘉謨輯纂本。

編珠二卷補遺二卷續編珠二卷

隋杜公瞻撰。高氏刊。嘉慶甲戌刊巾箱本。

藝文類聚一百卷

唐歐陽詢等奉敕撰。嘉靖丁亥胡纘宗刊小字本。萬曆丁亥王元貞刊中字本。明聞人詮刊本。明蘭雪堂活字本。張月霄小字本，每頁二十八行，行二十三字。聞人本有馮己蒼據宋刻校〔三六〕。

北堂書鈔一百六十卷〔三七〕

唐虞世南撰。明陳禹謨增改刊本最劣。陶九成改此書爲古唐類苑，季目有鈔本一百六十卷。又名大唐類要。孫淵如、嚴鐵橋、張金吾并有舊抄本，未經增改。胡心耘有明抄本，又有影宋本。聞有善本，爲福建陳徵芝購去。朱修伯曰：國初所有本，竹垞所儲名大唐類要，抄本，後歸汪小米家，頗劣；尊王所儲名古唐類苑，最爲精抄，後歸季滄葦，今歸黄蕘圃家，又曹楝亭藏本，後歸張月霄。然諸本皆錯訛難讀，歸安嚴銕橋合校諸本付刊，僅末三十八卷而止。聞往歲有蘇人開雕，未知果否？丁禹生有藝海樓抄本大唐類要，當是據小米本。郘亭有明抄本，是琳琅秘室舊藏〔三八〕。

龍筋鳳髓判四卷

唐張鷟撰。萬曆乙酉張氏重刊本。湖海樓叢書本。學津討原本二卷無注。元刊本二卷。

初學記三十卷

唐徐堅等奉敕撰。嘉靖十年錫山安國桂坡館刊。嘉靖十三年晉府刊本佳。萬曆丁酉陳大科刊。萬曆丁亥徐守銘寧壽堂重刊安國本。明晉陵楊氏九州書屋重刊安國本。古香齋刊巾箱本。又嘉靖二十三年瀋王刊本〔三九〕。

元和姓纂十八卷

唐林寶撰。嘉慶七年洪瑩增校刊本十卷。

白孔六帖一百六卷

唐白居易撰。明嘉靖刊本。天禄後目有宋刊孔氏六帖三十卷，係乾道丙戌刊於衢州，乃書成初刊之本。王蘭泉有宋刊白帖三十卷。汪氏有宋本。

小名録二卷

唐陸龜蒙撰。稗海本。

蒙求集注二卷

晉李瀚撰。萬曆初吴門顧氏刊本。學津討原本。金三俊補注。乾隆癸卯今雨堂刊。日本佚存叢書李氏原注本。姚若有永樂間張權刊本三卷。吴興周氏謂元遺山十七史蒙求序引唐李華作此書序云云，二則爲唐李瀚無疑，四庫誤也。李華序佚存本有。又有天寶五年八月饒州刺史李良上表。

事類賦三十卷

宋吴淑撰。嘉靖壬辰内江趙鷺洲守蘇刊于郡齋，據華家宋本校。嘉靖中俞安期仿宋刊本。乾隆甲申華氏劍光閣并廣事類賦刊本。宋刊大字本，表在目後，不甚佳。元刊黑口本，每頁二十二行，行二十字。

太平御覽一千卷

宋李昉等奉敕撰。萬曆元年黄正色活字本。浙人倪炳文續定刊本。嘉慶九年常熟張氏仿宋本，佳。嘉慶丙寅揚州汪氏活字本。嘉慶十三年鮑氏刊本，今通行。宋刊小字本，每頁二十四行，行二十二字，藏吴門黄氏，不全。孫淵如曰：吴門周明經錫瓚藏有明文淵閣殘本三百六十卷，黄孝廉丕烈有明季舊抄本，缺首十卷。孫茂才衡亦藏有不全影宋本，余屬何上舍元錫合抄成書，尚缺六十五卷，以明刊抄補，視黄正色本稍爲完善。昭文張氏宋刊殘本六卷，每頁二十六行，行二十二字，謂其與周氏文淵閣本同。

册府元龜一千卷

宋王欽若等奉敕撰。康熙壬子五綉堂刊本。陽湖孫氏有舊抄本。昭文張氏有舊抄北宋本，缺三十卷。又有北宋刊殘本九卷，每頁二十六行，行二十四字。又有南宋刊本四百八十三卷，每頁二十八行，行二十四字，汲古閣舊藏。抱經堂目有册府元龜十二册，獨注，未詳何人。明崇禎壬午刊本。此書有明刊半頁八行本。

事物紀原十卷

宋高承撰。正統戊辰南昌閻敬刊本。正統中趙弼增删本二十卷。格致本。惜陰軒叢書本。張氏志事物紀原集類二十卷，致爽閣校宋本。高承書明刊本十卷，校者據宋閩中刻本分二十卷，與直齋書録合。卷十四明刊七州郡方域門明本作部驛，下校補「敕書樓」、「鼓角樓」、「酒務」、「遞鋪」四事，計二百餘字。每卷有毛褒印記，或即褒手校。

實賓録十四卷

宋馬永易撰。説郛本不全。

書叙指南二十卷

宋任廣撰。嘉靖六年山西刊本。雍正三年金匯刊本。惜陰軒本。墨海金壺本。珠叢別録本。

海録碎事二十二卷

宋葉廷珪撰。萬曆戊戌沛劉應廣刊本。

班左誨蒙三卷

宋左通奉大夫徽猷閣待制除提舉萬壽觀實録院修撰程俱撰。直齋著録，後有紹興三十一年五月南劍州雕匠葉昌等鏤板一條，取左、班二書常言細事，與夫古言異字、名物制度之微，獵取殆盡，以公穀附焉。政和三年癸巳六月自序。張氏志舊抄本。

古今姓氏書辨證四十卷

宋鄧名世撰。嘉慶七年洪氏刊本。守山閣以宋殘本校，附校勘二卷。

帝王經世圖譜十六卷

宋唐仲友撰。季氏目有宋刊本八卷六本。道光間杭州瞿氏刊本。提要稱此書奉命剞劂，而聚珍板書百三十餘種無之，蓋隨時擺印，多寡不同，故流傳亦異耳。朱修伯曰：原板尚存于浙東唐氏。

職官分紀五十卷

宋孫逢吉撰。路小洲有抄本。丁禹生亦有舊抄，出玉玲瓏閣，經藏于汪閬源。此書有後集二十六卷，各家書目皆未著録。

歷代制度詳説十二卷

宋吕祖謙撰。提要稱有元泰定三年刊本，久佚，從兩淮馬裕家抄本傳録。澹生堂餘苑本十卷。路氏有抄本。張氏志載怡顔堂抄本十二卷，有泰定三年彭飛刊板序。

永嘉八面鋒十三卷

不著撰人。明薛應旂本。都穆刊本。盧雍校刊本。湖海樓本。巾箱本。

錦繡萬花谷前集四十卷後集四十卷續集四十卷

不著撰人。嘉靖丙申刊本〔四〇〕。季目有宋刊前後二集八十卷。千頃堂書目有別集三十卷。明刊本須要有別集。宋刊小字本。

事文類聚前集六十卷後集五十卷續集二十八卷別集三十二卷新集三十六卷外集十五卷遺集十五卷

宋祝穆撰，新集、外集元富大用撰，遺集元祝淵撰。明萬曆甲辰金谿唐氏重刊本。宋元舊板佚去遺集。元刊本無新、遺兩集。萬曆丁未刊本〔四一〕。

名賢氏族言行類稿六十卷

宋章定撰。四庫依宋坊刻本。

羣書會元截江網三十五卷

不著撰人。四庫依元麻沙本。明弘治十一年趙淮刊本。彭芸楣有通用啓劄截江網慶壽一門。

雞肋一卷

宋趙崇絢撰。百川本。説郛本。學海類編本。墨海金壺本。珠叢别録本。學津討原本〔四二〕。

小字録一卷

宋陳思撰。明萬曆己未沈宏正刊。

自號録一卷

宋錢塘徐光溥撰。依錢曾藏元孫道明抄本過録，有淳祐丁未譚文友序。凡宋時墨客騷人及名公鉅卿之號，彙爲一書，自處士及村莊，分類三十有六，雜類于末，雖瑣屑亦資考鏡，阮氏以進呈。

全芳備祖前集二十七卷後集三十一卷

宋陳景沂撰。此書未見刊本。路小洲、孫伯淵并藏抄本。

山堂考索前集六十六卷後集六十五卷續集五十六卷别集二十五卷

宋章俊卿撰。正德戊辰愼獨齋刊本，半頁十行，行二十八字。

古今合璧事類備要前集六十九卷後集八十一卷續集五十六卷别集九十四卷外集六十六卷

宋謝維新撰。宋寶祐丁巳大字本。静持室嘉靖丙辰錫山秦氏刊本，全。嘉靖丙辰衢州夏氏刊本。弘治戊午錫山華氏刊但有前集。

源流至論前集十卷後集十卷續集十卷别集十卷

宋林駉撰，别集宋黄履翁撰。宋嘉祐丁酉刊本，半頁十二行，行二十二字。元延祐本，半頁十五行，行二十五字，題云「新箋决科古今源流至論前集」，目録後有「延祐丁巳孟冬圓沙書院刊行」木記。明刊本。

玉海二百卷附詞學指南四卷

宋王應麟撰。元刊本，後附十三種。明在南京國子監，自正德、嘉靖而下，遞有補换之頁。萬曆戊子趙用賢重修，今康熙丁卯李振裕重修，乾隆戊午熊本補刊，後毁于火。嘉慶丙寅江寧藩庫重刊，校勘尚精，而刊工不佳。元至元六年慶元路儒學刊玉海，并附十三種，半頁十行，行二十字，并仿趙體書。元印棉紙寬大者極精美，豐順丁禹生有之，少附刊諸件。上海郁泰峰有明初印，并附十三種，備者亦可觀。成、宏後板歸南監，正德二年戴鏞修補四百三十五板，猶不甚劣。至嘉靖乙卯更修補，則與原本殊矣。邵亭僅有嘉靖修本。元本目録後列慶元路儒學刊造玉海書籍提調等官銜名。

小學紺珠十卷

宋王應麟撰。玉海附刊。元本。今本。津逮本。

姓氏急就篇二卷

宋王應麟撰。玉海附刊。元本。今本。徐稼甫有舊刊單行本。

左氏摘奇十二卷

宋胡元質撰。元質字長文，吴郡人，官給事中。宋志載此書失撰人，直齋書録則題元質，與此傳本正同。此從吴中藏家影宋抄録本卷后元質自記云：左氏摘奇皆手所約取，鋟木于當塗道院，與同志者共之，乾道癸巳元日書。當係元刊所識。阮氏曾以進呈。静持室有影宋舊抄，半頁十行，行二十三字。秀埜草堂、夢華館有藏印。

新編分門標題皇鑑箋要六十卷

宋閩川林駉德頌撰。取宋一祖十一宗事迹，區別事類，編纂凡十三門，每門各分子類，每類爲一篇，駉自爲之注。盛德豐功，宏綱細目，蓋詳哉其言之，雖未免有意鋪張，而多可與史傳相參。所引書如寶訓、實録、國朝會要、續會要、三朝政要、吕源政要增釋、高宗聖政、九朝通略、蔡龍圖官制、官制舊典、職源、職略、歷代纂議、丁未録等書，今皆久佚，尤足以資參考。諸家書目未録，此猶明人舊抄，從元本影出，愛日精廬藏書志〔四三〕。

六帖補二十卷

宋楊伯嵒撰。路小洲有抄本二十四卷。宋刊本。雲間陸氏藏仿宋抄本。

翰苑新書前集七十卷後集上二十六卷後集下六卷别集十二卷續集四十二卷

不著撰人。明萬曆辛卯刊本。天一閣抄本，題進士劉子實茂父著。雲間吴氏有明館抄本，惜不全。

韻府羣玉二十卷

元陰時夫撰。元大德刊黑口本，每頁二十二行，行小字二十九字。嘉靖乙丑劉氏刊本。明萬曆中王元貞增修刊本。康熙中刊韻玉定本，乃河間守徐可先之妾謝瑛所删，俱非陰時夫之舊。按宋時有韻府大全，陰時夫似從大全中輯出。丁禹生有元延祐甲寅刊本〔四四〕。

回溪史韻殘本二十三卷

題宋回溪錢諷正初編。集摘十七史中語，以韻編之。有慶元五年郡人鄭僑序。郡侯孜自疆刊此書，云正初世家錢塘，卜筑于嘉禾回溪之上。四庫未收，阮文達經進。邵亭有舊抄本。

重刊增廣分門類林雜記十五卷

金平陽王壽朋編。分一百門，始孝行，終禽獸蟲魚。門繫以贊。乃明初人從大定刊本影寫，遇睿宗諱堯字皆缺筆。張氏志。吴方山藏舊抄本。

純正蒙求三卷

元胡炳文撰。四庫依鮑氏本。汲古閣有精抄本。毛氏、錢氏目均尚有王芮蒙求一種，亦宋人也，或即王令蒙求。有刊本。明嘉靖刊本。

排韻增廣事類氏族大全二十二卷

不著撰人。元刊。明刊。

名疑四卷

明陳士元撰。歸雲别集本。借月山房彙鈔本。澤古齋本。

新編古今姓氏遥華韻九十六卷

元臨川布衣洪景修進可編。分甲乙等十集，共一千一百八十九姓，忠臣、孝子、義夫、烈女、相業、將略、家法、官箴、有益民彝世教，必加詳録。名賢詩文，風流逸士，資談助者，亦間及焉。自題臨川布衣，意其人入元不仕。其所引元和姓纂多有出今本外者。文淵閣書目著録。張氏志，天一閣寫本鈔。

事文類聚翰墨全書計十集共一百三十三卷〔四五〕

元劉應李省軒編。大德丁未刊，有熊禾序。巾箱本。甲集十二卷，乙集九卷，丙集十四卷，丁集八卷，戊集十三卷，己集十二卷，庚集十五卷，辛集十六卷，壬集十七卷，癸集十七卷。後集五卷，分甲乙丙丁戊。四庫存目。翰墨大全一百二十五卷，宋劉應李撰，即此。

荆川稗編一百二十卷

明唐順之撰。世稱荆川五編，左、右、文、武及稗編也，然明史藝文志尚有儒編六十卷。明萬曆辛巳茅一相刊本。

萬姓統譜一百四十六卷附氏族博考十四卷

明凌迪知撰。明萬曆己卯原刊本。

漢唐事箋對策機要十二卷後集八卷

元進士盱黎朱禮德嘉著。取漢唐事實有關治體者分門編載，隨事箋釋。前集專論漢，後集專論唐，體例與源流至論同，序述詳明，議論精核，蓋將陳往古之治道，爲當時之法戒，不僅供場屋採掇也。文淵目，季滄葦目俱著録，後有至正丙戌日新堂刊木記。張氏志元至正刊本。近年粤東有刊本〔四六〕。

歷代蒙求一卷

元汝南王芮撰，括蒼鄭振孫復爲纂注。元至順中馬速忽守新安，令郡教授王亹鋟傳。阮氏依錢曾家元刊本影寫進呈(四七)。

喻林一百二十卷

明徐元太撰。明萬曆乙卯刊本，刻二十八宿字樣，每葉二十行，行二十字。有摘抄本，名喻林一葉，二十四卷。

經濟類編一百卷

明馮琦撰。萬曆甲辰刊本。

同姓名録十二卷補録一卷

明余寅撰。萬曆丁巳刊本。

群書通要七十三卷

不著撰人。依元至正間重刊本影寫，前有大德己亥王淵濟序，稱蒙翁因默齋于君所輯之本搜採，增至數十卷，視初本殆將十倍，命其子彌高授梓云云。蒙、默俱未詳。其書目甲集天文至庚集譬諭，凡三十七門，每十卷爲一集，辛、壬、癸三集即元混一方輿勝覽，疑重刊所增，故序未及其書。且有至元戊寅菖蒲節梅軒蔡氏刊行圖記。阮氏以進呈。

策要六卷

元梁寅撰。寅有周易參議，已著録。其門人黎卓序其文集，云尚有方策稽要，曾鋟梓行世，即此書也。寅于諸經有訓釋，史學亦頗考究，是書元元本本，能撮其要領。阮氏以進呈。

群書類編故事二十四卷

元王罃撰。明初曾仕廣東肇慶太守，見寧波府志，事迹無考。此本從莫雲卿家藏元刊本影寫，其書分十八門，採史傳外多取唐宋説部，大旨仿朱勝非五色綫。阮氏以進呈。

唐類函三百卷

明俞安期編刊。用北堂、藝文、初學、通典、六帖、歲華〔四八〕。

文林綺秀五十三卷

明凌迪知彙刊〔四九〕。其散目已存史鈔類書兩存目中。宋林越兩漢雋言五十卷。迪知左國腴詞八卷。太史華句八卷。文選錦字二十一卷。張之象楚騷綺語六卷。

説略三十卷

明顧起元撰。嫏真草堂刊本。

天中記六十卷

明陳耀文撰。隆慶己巳初刊本五十卷。萬曆己丑重刊定本六十卷。

圖書編一百二十七卷

明章潢撰。天啓癸亥刊本。

駢志二十卷

明陳禹謨撰。萬曆丙午刊本。

山堂肆考二百二十八卷補遺十二卷

明彭大翼撰。萬曆己未刊本。

廣博物志五十卷

明董斯張撰。萬曆丁未刊。乾隆辛巳重刊。

御定淵鑑類函四百五十卷

康熙四十九年奉敕撰。内刊本。外覆本。古香齋巾箱本。外覆本。

御定駢字類編二百四十卷

康熙五十八年奉敕撰。内府刊本。

御定分類字錦六十四卷

康熙六十年奉敕撰。内府刊本。江蘇、廣東覆本。

御定子史精華一百六十卷

康熙六十年奉敕撰。内府刊本。蘇州翻本。舒懷翻本。坊翻本。

御定佩文韻府四百四十三卷

康熙四十三年奉敕撰。内府刊本。蘇州翻本。廣東翻本〔五〇〕。

御定韻府拾遺一百一十二卷

康熙五十九年奉敕撰。内府刊本。蘇州翻本。廣東翻本〔五一〕。

格致鏡原一百卷

國朝陳元龍撰。雍正時刊本。江西翻本。蘇州翻本。粤西翻本封面有珊瑚印者好。

九史同名姓録七十二卷

國朝汪輝祖撰刊本。又遼史同名録五卷。金史同名録十卷。元史同名録二十卷，總録二卷，附録二卷，叙録二卷。汪輝祖撰。嘉慶戊午刊。

史姓韻編六十四卷

國朝汪輝祖撰。刊本。

通俗編三十六卷

國朝翟灝撰。刊本。函海本，劣。

讀書記數略五十四卷

國朝宫夢仁撰。康熙丁亥刊本，板入内府。敏求記有宋人所撰數書，四十卷自一至百，聚其事而彙成之，舊抄本。

花木鳥獸集類三卷

國朝吴寶芝撰。黄子壽曾見之，云甚劣。

別號録九卷

國朝葛萬里撰。路氏有抄本。

宋稗類鈔三十六卷

國朝潘永固編。刊本作八卷〔五二〕。

右類書類〔五三〕

【校勘記】

〔一〕程本：訂補本誤「本」爲「平」。

〔二〕道藏本二卷：原作「三卷」，藏園本同，誤。訂補本補「明正統道藏本尹文子二卷，五行十七字」，是也，據改。

〔三〕汪一鸞：原作「汪一鶴」，誤。據訂補本改。」

〔四〕「劉晝」：藏園本、訂補本均脱「劉」字。

〔五〕藏園本、訂補本此下均增：「明正德戊寅蘇州同知顔如瓌刊二卷。萬曆戊寅袁志邦又刊。續顔氏家訓七卷，宋朝請大夫李正公撰，述古有半宋雕半影抄。正德刊家訓序作董正。又宋本。」
〔六〕藏園本、訂補本均脱「宋本」。
〔七〕欒庵：藏園本、訂補本均誤「庵」爲「安」。又，《持静齋藏書記要》卷之下著録此書名爲「《欒庵語録》五卷」。據《四庫》，知《欒庵語録》」爲一書而二異稱。
〔八〕陳鈇：藏園本、訂補本均誤「鈇」爲「鉞」。
〔九〕藏園本、訂補本此下均增：「補宋槧三筆本。」
〔一〇〕夷門廣牘本：「牘」原誤爲「續」，據訂補本改。又，「夷門廣牘」未收「考古編」一書，訂補本已指出。
〔一一〕藏園本、訂補本此下均增：「白鹿山房活字本。」
〔一二〕藏園本、訂補本均脱「唐宋本」。
〔一三〕藏園本、訂補本此下均增：「事迹見中興館閣續録」。
〔一四〕藏園本、訂補本此下均增：「有宋刻」。
〔一五〕藏園本、訂補本此下均增：「唐宋本及説郛本，不全。」
〔一六〕〔一七〕明刊：藏園本、訂補本均作「刊本」。
〔一八〕白田：藏園本誤爲「白石」。
〔一九〕藏園本、訂補本此下均增「刊本」。
〔二〇〕原用朱筆涂去數字，藏園本、訂補本均作「十卷」。
〔二一〕藏園本、訂補本均脱「湖海樓叢書本」。

〔二二〕藏園本同。訂補本考證曰：「讀畫齋叢書本未收此書，莫氏誤記。」是也。藏園本誤同莫繩孫原鈔本。

〔二三〕字：訂補本誤作「本」。

〔二四〕訂補本脱「學海類編本。芝園秘録初刻本。」

〔二五〕藏園本、訂補本此下均增：「嘉靖宜興沈敕與東軒筆録同刊。」

〔二六〕藏園本、訂補本此下均增：「嘉靖丁巳陳鳳序，此山西刊本。」

〔二七〕藏園本、訂補本此下均增：「抄宋本十卷。」

〔二八〕藏園本此下增：「朱述之有舊抄原本，云前有五湖圖，與王祥序合。」訂補本注：「原稿無，印本入正文。應是勞格批語。」

〔二九〕明武宗正德年間無「己亥」年，藏園本誤亦同；訂補本正誤，是也。

〔三〇〕藏園本、訂補本均脱「普」字。

〔三一〕莫氏《宋元舊本書經眼録》卷三收此書，曰：「贊寧，宋初人，在蘇氏前，安知不號東坡？其撰此書，疏證詳明，不似僞作，爲跋詳之。今其本歸豐順丁氏。」《持静齋藏書記要》卷之下箋記此書亦詳明，認爲陳鱣「疏證詳明」、「其説甚是」。引晁《志》證贊寧遠在蘇軾前。莫友芝三書互證，謂此書作者實爲宋初僧人贊寧，與眉山蘇軾號東坡無涉。

〔三二〕藏園本、訂補本此下增：「宋氏有舊鈔本，有義門跋，曰近刻本誤『禄』爲『録』，且去集字，又分爲十一門。」

〔三三〕訂補本作「三卷」。

〔三四〕順治己丑刊：藏園本、訂補本均誤爲「順治乙丑刊」。按清順治朝無「乙丑」年，蓋因「乙丑」與「己丑」形近而誤。

〔三五〕二字本：藏園本、訂補本均作「二十卷」。
〔三六〕聞人本：疑應作「聞人詮本」。
〔三七〕此書莫氏《持静齋藏書記要》卷之下作「《大唐類要》一百六十卷，即唐虞世南《北堂書鈔》後人改題者……」可與此互參。
〔三八〕藏園本、訂補本均脱此末句。
〔三九〕濬王：原作「潘王」，誤。藏園本、訂補本作「濬王」，是，據改。
〔四〇〕《持静齋藏書記要》卷上記此書曰：「宋淳熙時人編，未詳姓名。明刊本。」
〔四一〕藏園本此下增：「此疑即鄒本，俟考。」訂補本對此注曰：「原稿無，印本入正文。」
〔四二〕宋咸淳間百川學海本、明弘治十四年華珵所刊百川學海本和明嘉靖十五年鄭氏宗文堂所刻百川學海本均收「雞肋」一書，然清曹溶「學海類編本」未收「雞肋」一書。莫氏此誤，藏園本同；訂補本訂誤，是也。
〔四三〕藏園本此句首有「見」字，衍。
〔四四〕《持静齋藏書記要》卷上記是書云：「元陰時夫、中夫兄弟同編。延祐甲寅刊本。」
〔四五〕藏園本、訂補本均無「計」字。
〔四六〕藏園本、訂補本此句「近年」之前增「道光二年」；藏園本此句之後增：「粤雅堂續叢書本」。
〔四七〕藏園本、訂補本此下均增：「國初有刊本。」
〔四八〕藏園本此下增：「合纂」二字。
〔四九〕《持静齋藏書記要》卷上此句作「明凌迪知萬曆丁丑年編」。

〔五〇〕〔五一〕藏園本此下均增：「江西翻本。」

〔五二〕藏園本、訂補本均脱：「刊本作八卷。」

〔五三〕藏園本此下增：「補小説類——牛氏紀聞十卷，唐牛肅撰，崔選注。唐志、鄭樵通志紀釋道家異。宋史志同。譚賓録十卷，舊抄本，唐胡璩子温撰。新唐志、崇文總目、鄭樵通志略載唐世事正史遺者。宋史志作五卷。晁氏志并有。唐逸史三卷，舊抄本，唐袁州盧拏子發撰。嘉慶二十二年長洲周世敬抄本。以上三種見陸心源藏書志。」

郘亭知見傳本書目卷十一

子部十二　小説家類

西京雜記六卷

梁吴均撰。稗海本。漢魏本。古今逸史本。津逮本。明活字本〔一〕。抱經堂本。錢遵王云：原分上下二卷，俗分六卷，非也。明活字本二卷。學津本。明沈與文刊。嘉靖甲子孔天允刊。

世説新語三卷

宋劉義慶撰，梁劉孝標註。嘉靖乙未袁褧刊本佳。萬曆己酉周氏學古堂重刊。明吴勉學刊。王世貞批評刊套板本注多删節。萬曆甲辰鄧氏重刊。明凌氏刊本六卷，附補四卷。乾隆二十七年黄氏刊本二十卷，題重訂世説新語補。近年周氏紛欣閣刊本佳〔二〕，六卷。惜陰軒叢書本三卷。

朝野僉載六卷

唐張鷟撰。普秘笈本。説郛、説海、歴代小史均節録一卷。胡心耘有校宋本十卷。

國史補三卷

唐李肇撰。津逮本。學津本。得月簃叢書本。説郛、唐宋本節録一卷。

大唐新語十三卷

唐劉肅撰。明馮夢禎刊本、稗海本皆改題唐世説新語。

次柳氏舊聞一卷

唐李德裕撰。説郛本。歷代小史本。續秘笈本。學海類編題作明皇十七事。顧氏四十家小説本。

劉賓客嘉話録一卷

唐韋絢撰。説郛本。顧氏文房小説本。學海類編本。

明皇雜録二卷補遺一卷

唐鄭處晦撰。墨海金壺本。守山閣本。

因話録六卷

唐趙璘撰。稗海本。唐宋本三卷不全。

大唐傳載一卷

不著撰人。守山閣本。

教坊記一卷

唐崔令欽撰。説郛本。古今逸史本。古今説海本。續百川學海本。格致本。

孫内翰北里志一卷

唐翰林學士孫棨撰。丁禹生有舊抄本。

幽閑鼓吹一卷

唐張固撰。説郛本。歷代小史本。顧氏文房小説本。續百川學海本。普秘笈本。學海類編本。

松窗雜録

唐李濬撰。顧氏文房小説本。説郛作摭異記。歷代小史脱二條。奇晉齋叢書本。

雲溪友議三卷

唐范攄撰。稗海本十二卷，不及三卷本足。康熙刊本。龍威秘書本。明刊小字本，半頁十行，行十九字。宋本半頁十一行，行二十二字。

玉泉子一卷

不著撰人。稗海本。

雲仙雜記十卷

唐馮贄撰。説郛本。唐宋本。明隆慶辛未葉氏菉竹堂刊本，或題雲仙散録，足。每半頁十行，行十八字。龍威秘書本。藝海珠塵本〔三〕。

唐摭言十五卷

五代王定保撰。稗海本不全。雅雨堂本。學津本〔四〕。

中朝故事二卷

南唐尉遲偓撰。歷代小史本一卷。

金華子二卷

南唐劉崇遠撰。說郛一卷。函海本。讀畫齋本。

三水小牘二卷

唐皇甫枚撰。枚字尊美，安定人，咸通末爲魯山令。僖宗在梁州，枚赴調行在，此其書中可考者。其書成于天祐四年，枚嘗旅食汾晉，而追記咸通時事。明嘉靖時姚咨曾手抄之，此從錢曾藏本影寫。所載雖涉神仙靈異，而筆雅詞明，實寓垂誡。又案，天祐庚午時，晉猶稱天祐，而枚亦稱之。阮氏以進呈。

兩京新記一卷

唐韋述撰〔五〕。嘉慶己未日本人活字印入佚存叢書。又粵雅堂刊。

開元天寶遺事四卷

五代王仁裕撰。説郛一卷。歷代小史本。續百川學海本。顧氏文房小説二卷。藝圃搜奇本。明刊本。元刊活字本〔六〕。

鑑戒録十卷

蜀何光遠撰。説郛本。明初刊本。知不足齋本。學津本。吴門黄氏藏宋刊小字重雕本，足，半頁十五行，行二十四字。出項氏天籟閣，經阮亭、竹垞諸老手題，今歸汪氏。拜經樓有影宋抄本。

南唐近事一卷

宋鄭文寶撰。説郛本。唐宋本。續百川本。續秘笈本。有刊本三卷。

北夢瑣言二十卷

宋孫光憲撰。稗海本不全。雅雨堂刊足本，乃元華亭孫道明所藏宋陝西刊板。昭文張氏目有華亭孫道明至正二十四年五月抄本，據武林忻悦學家藏陝刊舊本，蓋即雅雨原本。

賈氏談録一卷

宋張洎撰。説郛、類説皆不全。四十家小説本。守山閣本。

洛陽縉紳舊聞記五卷

宋張齊賢撰。知不足齋本。

南部新書十卷

宋錢易撰。稽古堂刊本。類説本不全。學津本。粤雅堂本。

王文正筆録一卷

宋王曾撰。百川本。歷代小史本。學津本。説郛本。

儒林公議二卷

宋沈況撰。明嘉靖庚戌刊本。稗海本。

涑水紀聞十六卷

宋司馬光撰。聚珍本。閩覆本。學海類編本。學津討原本。澹生堂餘苑本二卷。

澠水燕談録十卷

宋王闢之撰。稗海本缺第十卷，分第四卷爲二，以符十卷之數。知不足齋刊足本，尚有原缺一頁。

歸田録二卷

宋歐陽修撰。歐集本。稗海本。學津本。

丞相魏公談訓十卷

宋長孫左朝請大夫蘇象先編，述其祖魏公頌遺訓，分二十六類，凡三百餘事。直齋著録。張氏志舊抄本。道光十年裔孫廷玉刊本。

嘉祐雜志一卷

宋江休復撰。稗海題江鄰幾雜志。唐宋本。秘笈本。學海類編本。紛欣閣叢書本。丁禹生有舊抄本二卷。

東齋記事六卷

宋范鎮撰。墨海金壺本。守山閣本。

青箱雜記十卷

宋吴處厚撰。稗海本。張月霄有舊抄本。

錢氏私志一卷

宋錢世昭撰。説郛本。歷代小史本。古今説海本。學海類編本。唐宋本。

龍川略志十卷别志八卷

宋蘇轍撰。志略百川本。别志稗海本不全。

後山談叢四卷

宋陳師道撰。説郛本、唐宋本一卷。續秘笈本。學海類編本。後山集附本。

孫公談圃三卷

宋劉延世撰。百川本。説郛本。歷代小史本。稗海本。學津本。道光丙午高郵單刻本。野客叢書第五卷中有補遺三條，四庫著録附于末。

續世説十二卷

宋孔平仲撰。四庫未收。守山閣刊本。張氏志云：毅父取宋、齊、梁、陳、隋歷代事迹，依劉氏世説之目而分隸之。抄本後有沅州公使庫總計紙板數目，并印造紙墨裱背工食錢數目，又有監庫使翁灌等五人銜名，皆沅州官也。居易録謂是書已失傳，近代藏家亦罕著録。照曠閣本乃介何夢華從宋刊影抄。阮氏曾以進呈。丁禹生有影宋舊抄〔七〕，目録後有「臨安府陳道人刊行」八字，蓋依秦果所序沅州紹興丁丑修刊李氏板。

孔氏談苑四卷

宋孔平仲撰。續説郛本、唐宋本、秘笈本、説海本皆一卷。藝海珠塵本五卷〔八〕。

畫墁録一卷

宋張舜民撰。稗海本。説郛本。

甲申雜記一卷聞見近録一卷隨手雜録一卷

宋王鞏撰。學海類編本。知不足齋本。

湘山野録三卷續録一卷

宋釋文瑩撰。津逮本一卷，有續。學海類編本，無續。秘笈本。學津本。宋本每半頁九行，行二十字，上卷三頁起，至中卷二十三頁止，凡四十七頁。餘五十三頁元人補抄。黄蕘圃藏，後爲于湘山購去。汲古閣藏，缺「中實」起「聞前代興亡及崩薨篡弑之事」云云十四行，缺在第一頁後十餘行。

玉壺野史十卷

宋釋文瑩撰。學海類編本。知不足齋作玉壺清話本。墨海金壺本。守山閣本。

侯鯖録八卷

宋趙令時撰。稗海本。説郛本。知不足齋本。抱經云：一本止分上下兩卷者佳。

東軒筆録十五卷

宋魏泰撰。稗海本。説郛本。嘉靖間刊本。

泊宅編三卷

宋方勺撰。稗海本。讀畫齋本。兩本各有出入，盧抱經合而一之〔九〕。

珍席放談二卷

宋高晦叟撰。函海本。

鐵圍山叢談六卷

宋蔡絛撰。澹生堂餘苑本。學海類編本。知不足齋據明嘉靖庚戌雁里草堂抄足本付刊。

國老談苑二卷

王君玉撰。百川本一卷。歷代小史本。學津本。

道山清話一卷

不著撰人。百川本。説郛不全〔一〇〕。學津本。

友會叢談三卷

宋上官融撰。華陽人，字履未詳。前有天聖五年自序。所記皆宋代故事，多言報應，示勸戒。卷數與宋志、焦氏志同，而通考則作一卷。序稱六十事，此僅及半。阮氏以進呈。

墨客揮犀十卷

宋彭乘撰。稗海本。古今説海一卷有續一卷。昭文張氏有明人舊抄續集十卷。

續墨客揮犀十卷

葉石君藏舊抄本。述古堂書目有此書。四庫提要謂其已逸。愛日精廬志云：此明人舊抄，後有題識，云正德乙巳夏日舊刻本摹于志雅齋。阮氏進呈亦有此書，云陳振孫書録并載二編，共二十卷，而不著撰人。明商維濬刊稗海，乃題彭乘，蓋以書中所自稱名爲據。丁禹生有紅豆山房藏舊抄本〔一一〕。

唐語林八卷

宋王儻撰。嘉靖初桐城齊之鸞刊，二卷，不全。聚珍本。閩覆本。惜陰軒本。墨海金壺本。守山閣本。

楓窗小牘二卷

不著撰人。説郛本。唐宋本。稗海本。廣秘笈本。

南窗記談一卷

不著撰人。澹生堂餘苑本。學海類編本。墨海金壺本。珠叢别録本。

過庭録一卷

宋范公偁撰。稗海本。

萍洲可談三卷

宋朱彧撰。説郛本、秘笈本、百川本、稗海本并不全。墨海金壺本。守山閣本。

高齋漫録一卷

宋曾慥撰。藝圃搜奇本。古今説海本。學海類編不全。墨海金壺本。守山閣本。

默記三卷

宋王銍撰。知不足齋本一卷。學海類編本。説郛、古今説海、歷代小史本不全。

揮麈前録四卷後録十一卷第三録三卷餘話二卷

宋王明清撰。津逮本。學津本。宋刊後録殘本一二兩卷，三録三卷全。半頁十一行，行二十字。自黄蕘圃歸汪氏。

玉照新志六卷

宋王明清撰。明刊本。秘笈本。唐宋本。學津本。有分五卷本，山塘汪氏影元抄本五卷，敏求記五卷。

投轄録一録〔一二〕

宋王明清撰。四庫依抄本。説郛本。澹生堂餘苑本。

張氏可書一卷

宋張知甫撰。函海本。墨海金壺本。守山閣本。

聞見前録二十卷

宋邵伯温撰。澹生堂餘苑本。津逮本。學津本。毛本第五卷第二行以至大漸云云下，有故元祐初宰執輔母后云云計二頁，又十六卷七頁五行後因問其下術乎小技云云，今皆脱。

清波雜志十二卷別志二卷

宋周煇撰。稗海三卷。知不足齋本。宋刊有大字本。

雞肋編三卷

宋莊季裕撰。四庫依抄本。曾慥類説、説郛本皆不足。琳琅密室本。元抄本通作一卷，此三卷本乃後人所分，其中文句亦有異同。

聞見後録三十卷

宋邵博撰。澹生堂餘苑本。津逮本。學津本。敏求記有舊抄本，校勘甚精。

北窗炙輠録一卷

宋施德操撰。學海類編本。奇晉齋本二卷。讀畫齋本二卷。丁禹生有吴枚庵抄校本。

步里客談二卷

宋陳長方撰。墨海金壺本。守山閣本。

桯史十五卷

宋岳珂撰。明成化刊有附録一卷。嘉靖中錢如京重刊。胡心耘有元刊本。歷代小史本。津逮本。學津本。宋刊大字本〔一三〕。

獨醒雜志十卷

宋曾敏行撰。知不足齋本。

耆舊續聞十卷

宋陳鵠撰。澹生堂本。知不足齋本。

四朝聞見録五卷

宋葉紹翁撰。知不足齋本。浦城遺書本。

癸辛雜識前集一卷後集一卷續集二卷別集二卷

宋周密撰。稗海本。澹生堂餘苑後集。津逮本。學津本。胡心耘有校茶夢閣本。

隨隱漫録五卷

宋陳世崇撰。稗海本。

東南紀聞三卷

不著撰人。墨海金壺本。守山閣本。

歸潛志十四卷

元劉祁撰。聚珍本。閩覆本。知不足齋本。敏求記稱陸孟鳧家抄本十四卷，即此本也。澹生堂本六卷。學海類編本〔一四〕。

山房隨筆一卷

元蔣子正撰。稗海本、歷代詩話本、古今説海均不全。藝圃搜奇本、知不足齋本足。

静齋至正直記四卷

元闕里外史行素居士孔齊著。至正庚子春三月壬寅自記曰：雜記者，記其事也，凡所見聞，可以感發人心者，或里巷方言可爲後世之戒者，一事一聞可爲多識之助者，隨所記而筆之，以備觀省。張氏志。舊抄本。

山居新語四卷

元楊瑀撰。知不足齋本一卷。元本。

遂昌雜録一卷

元鄭元祐撰。稗海本。讀畫齋本。學海類編本。説郛、歷代小史、古今説海本皆不全。

樂郊私語一卷

元姚桐壽撰。秘笈本。鹽邑志林本。學海類編本。

輟耕録三十卷

明陶宗儀撰。明刊本。御覽草堂本。津逮本。有元刊本。

水東日記三十八卷

明葉盛撰。明常熟徐氏原刊三十八卷，萬曆癸丑補刊二卷。康熙中刊本四十卷〔一五〕。

菽園雜記十五卷

明陸容撰。明刊本。墨海金壺本。守山閣本。

先進遺風二卷

明耿定向撰。秘笈本。

觚不觚録一卷

明王世貞撰。廣百川本。續秘笈本。續説郛本。澤古齋本。借月山房本。指海本。

萬曆野獲編三十卷

明沈德苻撰。道光丁亥錢塘姚氏刊。

何氏語林三十卷

明何良俊撰。明嘉靖刊本。明又有套板本〔一六〕。

右小説家類雜事之屬

山海經十八卷

周秦古書，晉郭璞注。嘉靖十五年馮元雍刊。明胡文焕刊。秘書二十一種本。格致本。古今逸史本。玉淵堂項氏刊。黄晟翻項本。昭文張氏有毛斧季校宋尤袤本，最精。乾隆末畢沅校注刊本，在經訓堂叢書。又郝懿行注本，阮氏刊。

山海經廣注十八卷

國朝吴任臣撰。康熙丁未刊，有圖五卷。

穆天子傳六卷

晉郭璞注。天一閣本。漢魏、古今逸史本。明趙標刊本。明青蓮閣單刊本。道藏本三卷。説郛本。龍威秘書本。平津館叢書本。張金吾藏書志，穆天子傳，舊抄，前有荀勖序。首有結銜五行，云「侍中中書監光禄大夫濟北侯臣勖」「領中書令議郎上蔡伯臣嶠言部」「秘書主書令史譴勳給」「秘書校書中郎張宙」「郎中傅瓚校古文穆天子傳已訖，謹并第録」。此五行世行本無。按史記索隱引穆天子傳目録云：傅瓚爲校書郎，與荀勖同校定穆天子傳，蓋即指此。板心有「元覽中區」四字，蓋秦西巖藏本。

穆天子傳注疏

國朝望江檀萃默齋撰。坊刊本。

神異經一卷

舊本題漢東方朔撰。晉張華注。説郛本。漢魏本。格致本。廣四十家小説本。龍威本。

海内十洲記一卷

漢東方朔撰。古今逸史本。漢魏本。説郛本。廣秘笈本。四十家小説本。龍威本。

漢武故事一卷

漢班固撰。古今逸史本。古今説海本。歷代小史本。道藏八種本。敏求記有錫山秦汝權繡石書堂本，陳文燭晦伯家本，皆與刻本互異。

漢武帝内傳一卷

漢班固撰。説郛本。漢魏本。道藏八種有外傳一卷。汲古本。龍威本。墨海金壺本。守山閣本。

漢武洞冥記四卷

漢郭憲撰。説郛本。漢魏本。古今逸史本。顧氏四十家小説本。秘笈本。龍威本。

拾遺記十卷

秦王嘉撰。説郛本。漢魏本。稗海本。古今逸史本。歷代小史本。秘書二十一種本。

元中記一卷

晉郭璞撰，多記異聞。道光丙戌高郵茆泮林輯刊。

搜神記二十卷

晉干寶撰。漢魏、稗海本并八卷。龍威本八卷。秘册本。鹽邑志林本。津逮本。學津本。

汲古有元刊畫像搜神前後記。

搜神後記十卷〔一七〕

題晉陶潛撰。漢魏本二卷。説郛本、唐宋本一卷。秘册本。津逮本。學津本。

異苑十卷

宋劉敬叔撰。説郛本、唐宋本一卷。漢魏本。秘册本。津逮本。學津本。

幽明録一卷

宋劉義慶撰。琳琅秘室活字印本。

續齊諧記一卷

梁吴均撰。説郛本。古今逸史本。漢魏本題沈約撰。秘書二十一種本。文房小説本。

還冤志三卷

隋顔之推撰。漢魏本志作記。説郛本、唐宋本、秘笈本一卷。續百川本。

集異記一卷

唐薛用弱撰。説郛本。唐宋本。歷代小史本。古今逸史本。顧氏文房小説本。續百川本。秘書二十一種本。

博異記一卷

舊本題唐谷神子撰，或云馮郭，或云鄭還古，均無確證。説郛本。唐宋本。古今逸史本。續百川本。顧氏文房小説本。秘書二十一種本。藝圃搜奇本題谷神子撰。

杜陽雜編三卷

唐蘇鶚撰。稗海本。説郛本。歷代小史本。廣四十家小説本。學津本。

前定録一卷續録一卷

唐鍾輅撰。百川本。説郛本。唐宋本無續。學津本。

桂苑叢談一卷

舊本題馮翊子休撰。説郛本。四十家小説本。續百川本。續秘笈本。

劇談録二卷

唐康駢撰。澹生堂本。藝圃搜奇本。稽古堂本。津逮本。學津本。

宣室志十卷補遺一卷

唐張讀撰。稗海本。

唐闕史二卷

五代高彦休撰。知不足齋本。龍威本。説郛本。昭文張氏有茶夢主人手抄本。顧嗣立刊閭邱辨囿本。

甘澤謡一卷

唐袁郊撰。説郛本。唐宋本。津逮本。學津本。

開天傳信記一卷

唐鄭棨撰。百川本。説郛本。歷代小史本。學津本。

稽神録六卷

宋徐鉉撰。説郛本。津逮本有補遺一卷。學津本。

江淮異人録二卷

宋吴淑撰。明嘉靖伍光忠刊本。説郛本。藝圃搜奇本。廣四十家小説本。函海本。龍威本。知不足齋本，足〔一八〕。

太平廣記五百卷

宋李昉等奉敕撰。嘉靖中許自昌刊大字本。譚氏刊大字本，佳。天都黄氏刊小字本。又翻刻小字本，劣。宋刊本〔一九〕。

茅亭客話十卷

宋黄休復撰。説郛本。津逮本少後序一頁。學津本。琳琅秘室叢書本。胡心耘家有宋本〔三〇〕。

分門古今類事二十卷

不著撰人。路小洲有抄本。

陶朱新録一卷

宋馬純撰。説郛本。廣四十家小説本。墨海金壺本。珠叢别録本。

睽車志六卷

宋郭彖撰。稗海本。説郛本。汲古有影宋刊本〔二一〕。

夷堅支志五十卷

宋洪邁撰。嘉靖間刊本，板心有「清平山堂」四字。乾隆戊戌錢塘周氏刊袖珍本二十卷。

夷堅志二十卷乙志二十卷丙志二十卷丁志二十卷

阮氏有影宋刊本，曾以進呈。宋刊殘本夷堅支甲，半頁十二行，行二十三字，存一、二、三、七、八，凡五卷。支壬半頁十行，行十八字，存三至十，凡八卷。合兩刻僅二十一卷，黄蕘圃藏，後歸吴門汪氏。銕樵箋〔二二〕。

續夷堅志四卷

金元好問撰。嘉慶戊辰全集刊。四庫存目。

右小説家類異聞之屬

博物志十卷

晉張華撰。明弘治癸亥劉逊刊本。漢魏本。古今逸史本。格致本。稗海本。秘書二十一種本。明葉氏刊。近士禮居刊。指海本佳。道光七年浦江周氏紛欣閣刊。

述異記二卷

梁任昉撰。明重刊宋陳思本。説郛本。稗海本。漢魏本。格致本。龍威本。

酉陽雜俎二十卷續集十卷

唐段成式撰。稗海本無續。萬曆戊申李雲鵠刊。津逮本。學津本。昭文張氏有元刊本二十卷。

清異録二卷

宋陶穀撰。唐宋本、秘笈本并四卷，未收補遺一卷。說郛本。敏求記四卷。康熙中海昌陳氏本。惜陰軒本二卷。静持室有明嘉靖間抄本，雖不精，然海鹽陳刊多妄行刊削，此猶存其本真，乃士禮居舊藏。

古杭雜詩詞集四卷

元李有撰〔一三〕。目録後識語云：「上係宋朝遺事，一新繡梓，求到續集，陸續出售，與好事君子共之」。昭文張氏藏精抄本。

續博物志十卷

宋李石撰。稗海本。格致本。唐宋本。古今逸史本。秘書二十一種本〔二四〕。

右小説家類瑣記之屬

子部十三　釋家類

釋家書始佛説四十二章經，津逮秘書刊沙門守遂注一卷。四庫以諸經自在彼藏，故皆不收。

釋家類（明萬曆中刊支那撰述本。）〔二五〕

釋迦譜十卷

蕭齊釋僧祐撰。述釋迦始終，爲三十四篇。支那本。

高僧傳十四卷

梁會稽嘉祥寺沙門慧皎撰。採自漢至梁八代高僧，分十科，曰譯經、曰義解、曰神異、曰習禪、曰明律、曰遺身、曰誦經、曰興福、曰經師、曰唱導，凡二百五十七人。昭文張氏舊抄本。

弘明集十四卷

梁釋僧祐撰。釋家十三部，明有南藏、北藏、支那三本。後不更注。明兩弘明本。萬曆丙戌汪道昆刊黑口本。

廣弘明集三十卷

宋釋道宣撰。明萬曆丙戌汪道昆刊黑口本。萬曆庚戌吴氏刊本。重刊龍藏本四十卷。

法苑珠林一百二十卷

唐釋道世撰。明萬曆辛卯刊本。雍正十三年藏經館重刊本，一百卷。道光丁亥蔣因培妻吴氏醵刊本，一百卷。

開元釋教録二十卷

唐釋智昇撰。雍正十三年藏經閣重刊本，三十卷。

釋迦方志三卷

唐終南太一山釋氏道宣撰。分八篇，曰封疆、曰統攝、曰中邊、曰遺迹、曰游履、曰通局、曰時住〔二六〕、曰教相。支那本。

集古今佛道論衡實録四卷續集一卷

唐釋道宣撰。續集唐沙門智昇撰。集漢至唐角試論辨事。支那本。

大慈恩寺三藏法師傳十卷

唐沙門慧立本，釋彦悰箋。卷一至五紀玄奘西游所歷諸國，六至十紀玄奘西歸，自貞觀九年入西京，至麟德元年捨化，其間崇奉恩禮，并備載詔敕碑記經序謝表書啓等文。明刊本。

集沙門不應釋俗等事六卷

唐宏福寺沙門釋彦悰纂録。集東晉至唐議沙門不應釋俗等文，凡詔敕表狀書啓論答難按代編載，分三篇。曰故事篇，明隋以上沙門致敬等事也；曰議不拜篇，明沙門不應拜俗也；曰議拜篇，明沙門應致拜也。

一切經音義二十五卷

唐釋玄應撰。釋智深開元釋教録稱玄應以貞觀末捃摭藏經爲音義，註釋訓解，援引群籍，證據卓明。按：齊釋道惠爲一切經音義，唐釋慧琳爲大藏音義一百卷，今皆不傳，是書唐志著録名衆經音義，所引群籍多不傳之秘册，其該博可尚。惟昧漢人之通假，泥後代之等韻，是所短耳。阮氏以進呈。乾隆丙午武進莊炘刊本。又粵東新刻叢書本。

古清涼傳二卷廣清涼傳三卷續清涼傳二卷

唐釋慧祥撰古清涼傳，宋釋延一撰廣清涼傳，宋張商英、朱并撰續清涼傳。廣續二編藏家多未録，唯古傳見宋志。凡方域名勝、高僧靈蹟莫不詳載。延一捃摭推廣，更及寺名、勝蹟、藥物之等，且有六朝人文，如釋支遁文殊像贊序之類，足補本集之佚。金大定寺中板本。阮氏進呈。

大方廣佛華嚴經音義四卷

唐京兆静法寺沙門慧苑述。是書與翻譯名義徵引儒書甚夥，足爲稽古之助。支那本。拜經堂刊。守山閣本。粤雅堂刊。

宋高僧傳三十卷

宋釋贊寧撰。明萬曆辛亥刊。雍正十三年刊龍藏本。

法藏碎金録

宋晁迥撰。嘉靖丙午裔孫瑮刊本。趙府居敬堂本。晁氏寶文堂本。

道院集要三卷

宋晁迥撰。明嘉靖甲寅裔孫瑔刊本。晁氏寶文堂本。

紹興重雕大藏音三卷

宋精嚴寺沙門處觀集。以唐韻、集韻、郭迻大藏音爲本，凡傳寫破體皆爲辨正，始人部終雜部，凡百七十四部。元祐九年柳豫序。支那本。

僧寶傳三十卷附補僧寶傳一卷臨濟宗旨一卷

宋釋惠洪撰。明刊小字本。錢唐風篁嶺僧廣遇刊本。四明比丘寶定刊本。

林間録二卷後集一卷

宋釋惠洪撰。明翻宋本。萬曆甲申馮夢禎刊小字本。

五燈會元二十卷

宋釋普濟撰。蘇城汪氏有宋本。明嘉靖辛酉刊本。萬曆甲寅刊本。雍正十三年重刊龍藏本，六十卷。

翻譯名義集二十卷

宋姑蘇景德寺普潤大師法雲編，紹興丁丑重五日周敦義序。支那本。

釋氏歷代編年通鑑十二卷

宋括山一菴釋本覺編集。始周昭王，迄五季。咸淳六年刊。明天啓丙寅畢志熙重刊，頗有删補。嘗見影宋鈔于維揚。四庫未收。

羅湖野録四卷

宋釋曉瑩撰。秘笈本。唐宋本一卷，不全。支那本二卷。藝圃搜奇本。

釋氏稽古略四卷

元釋覺岸撰。明刊小字本，增續集四卷。胡心耘有元刊大字本。愛日精廬元刊本，有至正十四年九月中山李桓序。

佛祖通載二十二卷

元釋念常撰。明刊本。支那本，三十六卷。重刊龍藏本，三十六卷。元刊本。

辨僞録五卷

元雲峰禪寺沙門詳邁奉敕撰。辨老君化胡成佛經及八十一圖之訛。支那本。

右釋家類

子部十四　道家類

陰符經解一卷

舊本題黃帝撰。太公、范蠡、鬼谷子、張良、諸葛亮、李筌六家注〔二七〕。漢魏本題張良撰。説郛本。續秘笈本。道書全集本。續秘笈本。李筌注本三卷。合刻陰符注解本。墨海金壺本。珠叢别録本。

黄帝陰符經疏三卷

唐李筌撰。筌有太白陰經，已著録。此書宋人諸目作注一卷，宋志作疏一卷，此書分三卷，已非筌之舊次。上卷演道章，神仙抱一之道；中卷演法章，富國安人之法；下卷演術章，强兵戰勝之術；與道藏本分目相符。阮氏以進呈。

陰符經考異一卷

宋朱子撰。朱子遺書本。合刻陰符註釋本。指海本。紛欣閣本。

陰符經講義四卷

宋夏元鼎撰。四庫依抄本。合刻陰符注釋本。道藏本。路小洲有抄本。

老子注二卷

舊本題河上公撰。世德堂本。中都四子本。元刊纂圖互注本，半頁十一行，行二十一字，爲六子本之一。明刊小字六子本。十子全書本。經訓堂考異本，無注。二十子本，無注。明萬曆丁丑廣東刊四子本，無注，字大。道光間高郵王用之校河上注，乙巳其弟愚山刊行，未佳。宋建安虞氏本道德經二卷，半頁十行，行大小二十字不等，河上公章句，黄蕘圃藏。宋有巾箱本。拜經樓藏宋刊纂圖互注本二卷，卷首序題太極左仙公葛元造經，每頁二十六行，行二十三字，注亦行二十三字。河上公章句巾箱本。

道德指歸論六卷

漢嚴遵撰。漢魏本。唐宋本。秘册彙函本。津逮本。學津本。

老子注二卷

晉王弼撰。聚珍本。閩覆本。杭縮本。萬曆中張之象校刊本。政和乙未晁説之刊本。乾道庚寅熊克重刊本。

御注道德經四卷

唐玄宗御撰。有蘇靈芝書石幢本，石在易州，二卷。依道藏本録者分四卷。

道德真經傳四卷

唐吴郡陸希聲傳。自序大意謂老氏之道同于夫子，故嘆爲猶龍，從之問禮無間，然後世不能通其意，妄爲區别，致其道不甚顯于世，此注者之罪也，因作此傳以發明其指歸。其探本窮源，研幾索隱，俾老氏之微言大義昭然與聖道同符，是亦老氏之功臣矣。阮氏進呈。道藏本。

道德真經集解八卷〔二八〕

唐岷山道士張君相撰。君相無考，此書舊本皆題吴徵士顧歡述，歡齊時人，隋志載其老子義綱一卷，老子義疏一卷。又唐志有道德經義疏四卷，義疏治綱一卷，不特書名卷數均與此不合，不應齊時人而先引陶隱居、成玄英，惟晁氏志及玉海有岷山道士張君相三十家道德經集解，其列名二十九，蓋君相自爲一家并數之，其言頗與是書合，則爲君相所集無疑。至書中兼有引唐玄宗御疏，則又爲後人羼入，而所稱陳曰、榮曰者，殆杜光庭所云任真子陳榮也。此從道藏本録出，與天一閣所藏同，唐人所纂六朝遺説賴以不墮。惟君相未詳。阮氏曾以進呈。丁禹生有寫本。

道德經論兵要義四卷

唐王真撰。獨取所論兵戰之要摭拾元微。本上下二卷，後更分爲四，元和間進之于朝，憲宗手詔褒美之。真以朝議郎出領漢州軍事，久列戎行，而談兵意指，顧深求老子之説，唐人書不多，是宜録也。阮氏以進呈。

道德經解二卷

宋蘇轍撰。明刊兩蘇經解本。道藏本、廣秘笈本并四卷。

道德寶章一卷

宋葛長庚撰。秘笈本。影刊趙孟頫寫本。

道德真經注四卷

元吴澄撰。道藏本。路氏有抄本。粤雅堂刊本。

老子翼三卷老子考異一卷

明焦竑撰。萬曆戊子刊本。乾隆庚申山陰郭氏重刊，改題老子元翼。

老子説略二卷

國朝張爾岐撰。刊本。

道德經注二卷附陰符經注一卷

國朝徐大椿撰。洄溪刊本。

道德經考異二卷

國朝畢沅撰。經訓堂刊。

老子章義二卷

國朝姚鼐撰。嘉慶二十三年吳啓昌刊。同治庚午刊。

關尹子一卷

周尹喜撰。緜眇閣本。子彙本。二十子本。明十行本。明刊宋陳顯微箋解本。又道書全集本，注二卷。墨海金壺本。珠叢别録本。守山閣本三卷。胡心耘有殘宋本。

關尹子言外經旨三卷

宋陳顯微撰。同時王夷鋟而傳之者，自序云關尹一書莊列不能言，文程不能道，言簡義詳，似爲道德經作傳。案：是書雖依托而有理致，經旨吐属亦淵雅。阮氏以進呈〔二九〕。

列子八卷

周列禦寇撰，晉張湛注。世德堂六子本。又小字六子本。二十子本無注。湖海樓本，附釋文二卷。士禮居有宋刊本，云世德堂本張注與釋文混合，宋刻本附釋文。近蘇州十子全書本。張金吾有季滄葦藏元刊本。明萬曆丁丑施堯臣刊無注本于廣東，字大。宋本冲虛至德真經，張湛處度注，八卷，每半頁十二行，行二十五字，黄蕘圃藏。宋有巾箱本。查恂叔藏宋本列子，半頁十一行，行大小并二十一字，蓋元刊六子本也。今歸邵亭。

列子釋義二卷考異一卷

唐殷敬順撰。乾隆五十二年任大椿校刊并考異。

列子盧氏注八卷

唐盧重元撰。重元范陽人，官司勳郎中，爲思道元孫，詳唐書宰相世系表。楊朱一篇注佚其半，無别本可補。阮氏依道藏本進呈。嘉慶八年江都秦恩復刊本。

冲虚至德真經解八卷

宋江遹撰。明刊。元刊。

莊子注十卷

晉郭象撰。世德堂本。元明小字六子本。中都四子本。二十子本無注。明萬曆中王澍刊本，無注。萬曆乙巳鄒之嶧刊大字郭注附釋文本。陳氏刊本。莊騷合刊本。蘇州十子全書本。明萬曆丁丑兩淮都轉刊于慎德書院本，無注。施堯臣刊四子本于粤東紫薇堂，亦明萬曆丁丑，無注。士禮居有南宋刊本南華真經十卷，半頁十行，行十八字。宋又有巾箱本。查恂叔藏宋纂圖互注南華真經，半頁十一行，行大二十一字，小二十五字，號宋本，蓋元刊六子本也。今歸郘亭。板心有刻工姓名張輝、景亨、文顯等，與愛日精廬藏本同。

南華真經新傳二十卷

宋王雱撰。明刊本。道藏本。張氏志有無名氏校板，丙子季冬望日序。有宋刊大字本。

南華真經疏三十五卷

唐成玄英撰。玄英字子實，陜州人，隱居東海，貞觀五年詔至京師，永徽中流郁州，諸家著録卷帙不同。阮氏以道藏本進呈。道藏輯要刊本。敏求記有北宋刊本二十卷。

莊子口義十卷

宋林希逸撰。明福清施觀民校刊本。嘉靖乙酉江汝璧重刊本，名三子口義，多老、列二種。宋刊黑口本，每頁二十二行，行十八字。

南華真經義海纂微一百六卷

宋褚伯秀撰。路小洲有抄本。道藏本。

莊子翼八卷莊子闕誤一卷附録一卷

明焦竑撰。萬曆戊子刊本。

莊義要删十卷〔三〇〕

明孫應鼇撰。萬曆庚辰滇中刊本。四庫遺收。

莊子章義五卷

國朝姚鼐撰。嘉慶辛未題襟館刊本。

文子二卷

文子不知其名，漢志但稱老聃弟子。子彙本。二十子本。緜眇閣本。明黄之寀刊。明崇德書院七子本。墨海金壺本。守山閣本。

通玄真經注十二卷

宋徐靈府撰。道藏本。四庫未收。阮氏曾以進呈。敏求記云有影宋抄本。

文子纘義十二卷

宋杜道堅撰。聚珍本。閩覆本。昭文張氏有舊抄足本。明刊合注本亦可補聚珍本之闕。

明道濳堂刊本。道藏本。

文子合注十二卷

明天啓乙丑浙中楊爾曾刊本，題默希子徐靈府、正儀子朱弁、南谷子杜道堅合注。

列仙傳二卷

漢劉向撰。古今逸史本，無贊。嘉靖甲午黄省曾刊本。秘書二十一種本。汲古閣本。嘉慶九年王氏校刊本，增贊叙一卷〔三一〕。時刊本，三卷。道藏八種本。琳琅秘室本。

周易參同契通真義三卷

漢魏伯陽撰。漢魏本。道書全集明周王橚刊〔三二〕。

周易參同契考異一卷

空同道士鄒訢撰。朱子遺書本。紛欣閣本。守山閣本。

周易參同契解三卷

宋陳顯微撰。道書全集本。宋端平元年王夷刊本。

周易參同契發揮三卷釋疑一卷

宋俞琰撰。元至正元年嗣天師張與封刊本〔三三〕。明宣德三年刊本，善。

周易參同契分章注三卷

元陳致虚撰。道書全集本。

古文參同契集解三卷

明蔣一彪撰。津逮本。學津本。

抱朴子内外篇八卷

晉葛洪撰。嘉靖丁丑魯藻刊。秘笈本。二十子本。平津館刊本并嘉靖本，皆内篇二十卷，外篇五十卷。明萬曆己亥盧舜治刊本八卷，足。繼昌刊本，嚴可均作校勘記二卷，内外篇佚文各一卷。萬曆甲申吴興慎懋官刊，亦内外篇各四卷。

太上感應篇注二卷

國朝惠棟撰。揚州刊本。又粤雅堂刊。

神仙傳十卷

晉葛洪撰。漢魏本。汲古閣本。龍威本。道藏本。敏求記有明抄本。

真誥二十卷

梁陶弘景撰，明俞安期校刊前後二本〔三四〕。學津討原本。道藏輯要本。

亢倉子一卷

唐王士元撰。子彙本。十二子本。緜眇閣本。二十子本。墨海金壺本。珠叢別録本。

亢倉子注九卷

題何粲撰。明刊本。道藏本三卷〔三五〕。

玄真子一卷附天隱子一卷

唐張志和撰。十二子本。子彙本。二十子本。明崇德書院七子本。説郛單天隱子本。近人刊二十二子本。知不足齋玄真子三卷。格致叢書單天隱子三卷。道藏本外篇三卷。抄本天隱子一卷，題司馬承禎〔三六〕。

廣黄帝本行記一卷

唐王瓘撰。唐志雜傳記類云：王瓘廣軒轅本紀三卷，即此。今傳道藏本，逸前二卷。阮氏以進呈。瓘系銜稱「閬州晉安縣主簿」。嘉慶丁卯孫伯淵先刊入黄帝五書。

無能子三卷

不著撰者名氏，蓋唐僖宗時人。十二子本。子彙本。二十子本。近人刊二十二子本。道藏本。

續仙傳三卷〔三七〕

南唐沈汾撰。汲古本。明黄氏刊一卷，不全。道藏本全〔三八〕。

雲笈七籤一百二十卷

宋張君房撰。明張萱清真館刊本。道藏輯要本。

軒轅黃帝傳一卷

未詳撰人，見錢曾敏求記。注中引劉恕外紀、張唐英蜀檮杌等書，則南北宋間人手筆。載黃帝顛末及其子孫唐虞三代相承世數甚悉，可補皇王大紀之闕。阮氏以進呈。孫伯淵嘉慶丁卯先刊入黃帝五書。

悟真篇注疏三卷附直指詳説一卷〔三九〕

宋張伯端撰。道書全集本。悟真刊僞集三卷，伯端撰，陳致虛、薛道光刊誤。

古文龍虎經注疏三卷

宋王道撰。道書全集本。

易外別傳一卷

宋俞琰撰。通志堂刊。附俞氏易集説後。元刊小字本。

席上腐談二卷

宋俞琰撰。廣秘笈本。上海瞿氏舊抄本。

道藏目録詳注四卷

明白雲霽撰。天啓丙寅刊，有丁卯董其昌、羅喻義、丁明登、葛寅亮諸序。新刊袖珍本。

右道家類〔四〇〕

【校勘記】

〔一〕藏園本、訂補本均作「明柯堯叟本」。

〔二〕藏園本、訂補本將此句置於「惜陰軒叢書本三卷」之後。

〔三〕藏園本、訂補本此下均增：「容齋隨筆載有南劍謝刻本。」

〔四〕藏園本、訂補本此下均增：「宋賓王以汪士鋐本校正，末有嘉定柯山鄭昉跋。」訂補本對此有按語曰：「舊寫本及適園本此句作：『宋氏有雲以語萱刊本、抄本、校本、嘉定柯山鄭防本。』疑有脱誤，竢考。」

〔五〕訂補本此部無是書目，收入《史部十一地理類》(增)書目，解題爲：「原本五卷，見宋史藝文志。此一卷，在原書爲第三卷。所載坊寺觀園祠宇東西南北比次頗詳。在日本佚存叢書中。阮氏以進呈。」與此解題語大異。

〔六〕藏園本此下增：「宋有興化刊本，見容齋隨筆。」

〔七〕《持静齋藏書記要》卷之下亦收是書，可互參。

〔八〕藏園本「珠麈」之後增「別録」二字；此句之後又增：「茗喬舊抄足本六卷。」訂補本亦增此句，且注「(繩)」字于句末。又，訂補本訂誤云：「孔氏談苑無古今説海本及唐宋叢書本，莫氏蓋誤以孔氏雜説當之。續説郛均明人著述，亦無此書，或以説郛而致誤，然説郛所收亦孔氏雜説一卷也。孔氏雜説一名珩璜新編，四庫著録于雜家類，與此判然二書。」

〔九〕藏園本、訂補本此下均增：「有舊刊十卷本。」

〔一〇〕藏園本、訂補本將此句移至末尾。

〔一一〕《持静齋藏書記要》卷之下此書解題謂丁禹生所藏紅豆山房舊鈔本「鈔甚精善」。

〔一二〕一録：藏園本、訂補本均作「一卷」，是。

〔一三〕藏園本此下增：「有附録一卷。」

〔一四〕藏園本、訂補本此下均增：「元至大間孫和伯刊本。」

〔一五〕藏園本、訂補本均脱此末句。

〔一六〕藏園本、訂補本均脱「明」字。

〔一七〕訂補本同；藏園本脱「後」字，而且將此「搜神後記十卷」誤置於「搜神記二十卷」之前。

〔一八〕藏園本、訂補本均脱此「足」字，此下又均增「道藏本」三字。

〔一九〕藏園本、訂補本此下均增「明活字本」。訂補本訂正曰：「明萬曆許自昌刊本，十二行二十二字，白口，左右雙闌。亦題談愷校刊銜名。莫氏誤認爲嘉靖本，應正。」

〔二〇〕藏園本、訂補本此句均脱「家」字。又，《持静齋藏書記要》卷上記是書曰：「琳瑯秘室依宋本活字印。」

〔二一〕訂補本此句脱「宋刊」二字。

〔二二〕藏園本、訂補本均脱此句。

〔二三〕李有：訂補本作「李東有」。

〔二四〕藏園本、訂補本此下增「醉翁談録五卷」（注語 156 字過長，此略）。

〔二五〕藏園本、訂補本均脱此括號内文字。

〔二六〕時住：藏園本、訂補本均作「時注」。

〔二七〕訂補本將此句置於解題之末。

〔二八〕《持静齋藏書記要》卷下記是書名爲「《道德真經註疏》八卷，題吴郡徵士顧歡述。依《道藏》本過録。」可互參。

〔二九〕藏園本、訂補本此下增：「分子卷。萬曆二十一年閩蔣時鴐刻，半頁八行，行十六字。」

〔三〇〕藏園本、訂補本均誤「莊義」爲「莊子」。《持静齋藏書記要》卷之上云「莊義要删十卷。明孫應鰲撰。據所見説《莊》若干家，删存其要。……史志有，《四庫》未收。」

〔三一〕叙：藏園本、訂補本均作「序」。

〔三二〕訂補本訂誤云：「漢魏本無此書，莫氏誤記，唯廣漢魏叢書子馀中收參同契一卷，題漢魏伯陽撰。」

〔三三〕訂補本誤「封」爲「材」。

〔三四〕藏園本、訂補本「校」字後均脱「刊」字。

〔三五〕藏園本、訂補本均脱「三卷」二字。

〔三六〕《持静齋藏書記要》卷下正收記此鈔本，云「《四庫》以附《玄真子》下，云佚姓名。」

〔三七〕藏園本失收此書目。

〔三八〕訂補本解題作：「唐沈汾撰。明正統道藏本，在洞真部記傳類。已印入道藏舉要中。」

〔三九〕《持静齋藏書記要》卷之下録此書名爲「悟真篇删僞集三卷」，《持静齋書目》此書名爲「悟真刊僞集」，三處書名有異。

〔四〇〕該頁旁注：「子部四庫著録未見傳本者二十五種，存目者十四種，四庫未收者百九十八種。」藏園本無。「二十五種」訂補本作「二十種」，且加按語曰：「此條莫棠以朱筆書於原稿卷十一之末。」今按：此頁旁注仍是莫繩孫手筆。

郘亭知見傳本書目卷十二

集部一　楚詞類

楚詞章句十七卷

漢王逸撰。明正德戊寅王鏊刊，高第、黄省曾校刊。汲古閣刊。緑君亭刊屈子，無注。隆慶辛未豫章王孫芙蓉館重刊宋本，佳，九行，行十五字。天禄書目載明坊刊本，目録後附疑字直音補一卷。宋人諸簿中未見其名，殆出洪興祖後〔一〕。

楚詞補注十七卷

宋洪興祖撰。汲古閣毛表重刊宋本。惜陰軒叢書本。

楚詞集注八卷辨證二卷後語六卷

宋朱子撰。明仿宋刊本。成化乙未何喬新刊本。正德乙卯沈圻于休寧刊本，善。隆慶辛未豫章芙蓉館重刊宋本。明蔣之奇加評點本，又附天禄書目宋本楚詞集注八卷。目録後載朱子序，前有宋羅荷、向文龍二序，汨羅山水圖，屈平、朱子二像，刊于度宗咸淳三年丁卯。潭州湘陰令施南向文龍序，稱學製湘陰，汨羅隸焉，欲索楚詞集注善本，與邑賢士大夫共讀之，則未之有，乃輟俸刊梓于縣齋，廬陵羅荷時爲文學掾，故亦爲序。是刻欲求爲善本，宜其雕槧精良也，汨羅圖中有清烈公廟及墓。考宋史，秘書監何志同言，諸州祠廟封爵未正，如屈平廟在歸州者封清烈公、在潭州者忠潔侯之類，宜加考定。此亦云清烈，則已經更正也〔一〕。

離騷集傳一卷

宋錢杲之撰。黄氏士禮居有宋刊本。汲古閣有影宋鈔本，云此書世間絶無。阮氏依宋板影鈔進呈，云杲之以爲古詩有節有章，賦則有節無章，乃分離騷三百七十三句爲十四節。

離騷草木疏四卷

宋吴仁傑撰。錢氏敏求記云：此書經屠本畯删改，從曹秋岳處鈔得原本。知不足齋刊。龍威秘書刊。宋有慶元刊本，末有慶元庚申方燦跋，又有校正姓氏三行，蓋仁傑官國子監學録時，屬燦刊于羅田者，舊板散佚，流傳頗罕，影鈔僅存，亦爲珍笈。鐵樵。天禄書目亦有影宋鈔，謂字畫結體在歐柳間。仁傑結銜爲國子學録，惟書末結銜稱「免解進士、蘄州學正、充羅田縣學之講書吴仁傑校正」，意仁傑即書既成刊行之日乃在羅田也。

欽定補繪離騷全圖二卷

國朝蕭雲從原圖六十四并注，乾隆四十七年特命内廷諸臣補繪，共增九十一圖。刊本極精。乾隆四十七年蕭雲從奉敕補繪離騷圖三卷，每半頁九行，行廿四字。離騷三十二圖，九章九圖，遠游五圖，九辨九圖，招魂十三圖，大招七圖，香草十六圖。鐵樵記。

山帶閣注楚詞六卷楚詞餘論二卷楚詞説韻一卷

國朝蔣驥撰。康熙癸巳刊。

集部二　別集類一

揚子雲集六卷

漢揚雄撰，明鄭璞補輯。刊本。明漳浦張燮輯刊本揚侍郎集五卷。汪士賢本三卷，張溥本一卷，均不全。

蔡中郎集六卷

漢蔡邕撰。明正德乙亥錫山華氏活字本，十卷，每頁十四行，行二十三字。順治甲午劉嗣美刊。明陳留令徐子器編輯本，六卷，以萬曆王乾章刊本校。張溥本只二卷。汪士賢刊本，八卷。明蘭雪堂活字本十卷，外傳一。明萬曆王乾章刊本，十卷，每頁十八行，行廿一字。萬曆又刊十卷本，不及華、王二印。雍正中刊本。咸豐中漕督楊以增刊顧廣圻校輯本，原編十卷，外紀一卷，增補遺四卷，附録一卷，最精備。明嘉靖戊申本顧澗蘋跋，謂天聖癸亥歐静本十卷〔三〕，六十四篇，今爲六卷，九十二篇，全屬嘉靖時余憲、喬世寧所改。盧抱經鍾山札記云：歐本首篇是橋太尉碑，此十卷本尤勝六卷者。

孔北海集一卷

漢孔融撰。刊本，後附雜考一卷。張溥百三名家本。乾坤正氣集本。

曹子建集十卷

魏曹植撰。宋本大字，旁有陳思王三字。明嘉靖中郭萬程仿宋刊本，有徐伯虯序，每頁十八行，行廿一字。明活字本十卷。别本四卷，只詩賦，無雜文。汪士賢刊亦十卷。百三名家本，二卷。此書以無七步詩者爲善。天禄琳瑯書目十載曹子建集十卷，目録後有元豐五年萬玉堂刊木記，前後無序跋。其書槧印甚精，印紙有金粟山房記，古色可愛，惟目録末頁、卷首一葉紙色不同，字體亦異。當是先有宋本，闕此二葉，因爲翻刻，并以原書所闕重寫補刊，或舊有序跋俱經私汰，未可知，故編入明本。

嵇中散集十卷

魏嵇康撰。明嘉靖乙酉黄省曾仿宋本，每頁廿二行，行廿字，板心有「南星精舍」四字。程榮校刊本。汪士賢本。百三名家本，一卷。乾坤正氣本。静持室有顧沅以吴匏庵抄本校于汪本上〔四〕。

陸士衡文集十卷

晉陸機撰。宋慶元庚申知華亭縣信安徐民瞻合刊二後集本。阮文達撫浙時得影鈔本，進呈内府。汪士賢刊。

陸士龍集十卷

晉陸雲撰。明正德己卯陸元大刊，都穆〔五〕、汪士賢重校宋徐民瞻所刻二後集各十卷，此目有雲集而不出機集，豈未見合刻全本耶〔六〕？百三名家本二卷。

陶淵明集八卷

晉陶潛撰。正德辛未林位刊本。嘉靖癸未何孟春注刊本。萬曆己卯華亭蔡汝賢刊本。萬曆丁亥休陽程氏刊本。明汪刊本，十卷。明朋谷園刊六卷本〔七〕。明新安吴汝紀仿宋本，十卷，與韋應物集合刊。明閔氏套板本。百三家本一卷。汲古閣刊十卷本，附吴仁傑所編年譜。嘉靖十三年魯氏刊仿宋東坡手書本，十卷，佳。道光壬辰海鹽陳氏刊本。道光間陶文毅澍輯注刊本，十卷，附年譜考異二卷。汲古閣有宋巾箱本，每半頁十行，行十六字，末有治平三年思悦跋〔八〕，近旌德有仿刊，佳。紹熙間贛川曾集本。黄丕烈有汲古所藏北宋刊本。

陶靖節詩注四卷

宋湯漢注。有宋本，在海昌吴氏，吴騫校刊入愚谷叢書中。漢字伯紀，鄱陽人，淳祐間充史館校書，官至端明殿學士，謚文清。人品爲真德秀所重，宋史有傳。淵明述酒之作讀者幾不省爲何語，漢云窺見其指，詳加箋釋，以及他篇有宜發明者，亦并著之，清言微旨，抉出無遺。馬端臨以爲淵明異代知己。擬古詩「聞有田子泰」，魏志正作「泰」，今本多訛「春」。他佳處尤夥。阮氏影宋本進呈〔九〕。

璿璣圖詩讀法一卷

詩秦蘇蕙撰，讀法明康萬民作。總集之古詩紀及回文類聚皆載之。

支遁集二卷〔一〇〕

晉釋支遁撰。遁字道林，姓關氏，陳留人，或云河東林慮人。太原王濛甚重之。隋志載支遁集八卷，注云梁十三卷。唐志載十卷，宋志無。讀書敏求記及述古堂書目載二卷，知缺佚多矣。是編依汲古閣舊抄過録，上卷詩十八首，下卷書銘贊十五首。阮氏以進呈。嘉慶乙丑僧寒石刊。明支硎山本，可。道光中潘錫恩刊本，佳。

鮑參軍集十卷

宋鮑照撰。明正德庚午朱應登活字本，即四庫著録之都穆本。明汪士賢刊。明程榮刊。百三名家本，二卷。近年揚州刊本。静持室有顧沅以宋本校汪刊本。陽湖孫氏有影寫宋本，係鮑集原文。

謝宣城集五卷

齊謝朓撰。宋紹興戊寅樓炤刊本。正德六年劉紹刊于武功。嘉靖丁酉黎晨刊。萬曆己卯宣城重刊。百三名家本，一卷。康熙丁亥郭威釗刊六卷。吴騫校刊本。揚州刊本。天禄書目宋板附宣城詩集五卷。宋樓炤集序後有嘉定庚辰鄱陽洪汲識，稱樞密樓公鐫本距今六十四年，字畫漫毁，不可讀用，再刊于郡齋。

昭明太子集六卷

梁昭明太子撰。明嘉靖葉紹泰刊本，六卷。明張燮刊本，五卷。明楊慎等校定，遼府寶訓堂刊本，五卷，在嘉靖乙卯，較葉刻爲古。汪士賢刊亦五卷。百三名家一卷。天禄後目有宋淳熙八年刊本，五卷。

江文通集四卷

梁江淹撰。宋本十卷，半頁十行，行十八字。敏求記八卷本。静持室有錢曾藏翻宋本。明胡人驥彙注本，十卷。梅鼎祚校刊本，附集遺本傳。百三家集二卷。汪士賢刊十卷。乾隆戊寅梁賓刊四卷。揚州江氏刊十卷。

華陽隱居集二卷

梁陶弘景撰。弘景有真誥，已著録。隋唐志皆有陶弘景集三十卷，隋又有内集十五卷，此僅二卷，尚不及舊編之十一。從明道藏本録出，阮氏以進呈。明時有黄省曾編刊本〔一一〕。

何水部集一卷

梁何遜撰。明正德丁丑張紘刊。明錢塘洪瞻祖合刊陰何詩集二卷〔一二〕。又明刊三卷，天福本〔一三〕。敏求記有舊刊舊抄兩本，并題陰何集。連陰常侍詩集一卷。百三家本一卷。陽湖孫氏書目謂雍正間項道暉刊多于張紘本。乾隆十九年江昉刊，據洪本。

劉孝威詩集一卷

梁劉孝威撰。舊鈔本〔一四〕。

張正見詩一卷

陳張正見撰。舊鈔本〔一五〕。

王子深集一卷

北周王褒撰。何焯藏舊鈔本，有題字。三件并静持室收。

庾開府集箋注十卷

周庾信撰，國朝吴兆宜箋注。明汪刊無注本，十二卷。明朱日藩輯刊庾府集六卷，有詩無文。明正德辛巳承節本，不全。百三家本，二卷。揚州吴氏刊本。

庾子山集注十六卷

國朝倪璠撰。康熙廿六年刊本。

徐孝穆集箋注六卷

陳徐陵撰，國朝吴兆宜箋注。百三家本，一卷，無注。揚州吴氏刊本。

東皋子集三卷

唐王績撰。明崇禎中刊。孫氏岱南閣刊仿宋巾箱本。趙清常脉望館抄本最善。半頁九行，行二十字。

寒山子詩集二卷附豐干拾得詩一卷

唐僧寒山子豐干拾得撰。明吴明春刊。萬曆己卯王宗沐刊。明天台僧永樂丙申重刊宋淳熙己酉沙門志南編本，題天台三聖詩集。

王子安集十六卷

唐王勃撰。崇禎中張燮校刊。平津館有影鈔北宋刊唐四傑集四卷。乾隆辛丑項氏刊，合稱初唐四傑集十六卷〔一六〕。

盈川集十卷附録一卷

唐楊炯撰。明張燮、曹荃等校刊本，十三卷，附一卷。明張遜業刊五卷。明萬曆中龍游童佩刊。項氏刊。

盧昇之集七卷

唐盧照鄰撰。明刊十卷本。明張遜業刊，二卷。項氏刊。

駱丞集四卷

唐駱賓王撰。明顔文選注四卷。又陳繼儒注本四卷。張炳祥刊小字本六卷。陳魁士注本十卷。陳注在顔注前。又陳大祥刊陳魁士注六卷。虞更生刊八卷。又郗雲編二卷，有詩無文。又有一卷本最古。又嘉慶丙子秦恩復校刊仿宋十卷本。道光己酉義烏駱氏刊本，附考異一卷。項氏刊本。平津館有元刊本，十卷，頁廿二行，行十八字。

陳拾遺集十卷

唐陳子昂撰。四庫依寫本録。明弘治四年新都楊春重編本。萬曆中射洪楊澄重刊較，四庫本完善，陳伯玉文集，附録一卷。弘治四年刊本，黑口，半頁十一行，行廿一字。又一本，頁廿二行，行廿九字。又一本，十六行，行十七字。又二卷本。又趙坦校白口本。

張燕公集二十五卷

唐張説撰。明嘉靖丁酉伍氏龍池草堂校刊。明有與曲江集合刊本單詩賦。聚珍本。閩覆本。顧千里家有張燕公集三十卷鈔本，係由朱竹君家宋刊本轉抄。劉燕庭藏宋刊唐三十家文集，如二張、權載之、會昌一品集等皆足本，係劉公�藏書，并有元翰林國史院官書長印。

曲江集二十卷

唐張九齡撰。明成化九年邱濬刊本最善。萬曆間南韶巡按王□□刊本十二卷〔一七〕，附録一卷。明刊二張本僅詩賦二卷。雍正中張氏裔孫世律等重刊十二卷本，附千秋金鑑録五卷。又一本，題張文獻集十二卷。又有題張子壽集。

李北海集六卷附録一卷

唐李邕撰。明無錫曹荃校刊。崇禎庚辰刊。乾坤正氣集本。

李太白集三十卷

唐李白撰。宋咸淳己巳刊本，卷尾江萬里序。宋茗香有錢孫寶校本，云可校正繆本數十處。天禄書目有元板唐翰林李太白集二十六卷，前廿四卷皆歌詩，廿五卷爲賦，廿六卷爲贊十七篇，較補注本多一卷，不載編纂名氏，橅印已遜，錯誤亦多，似是坊間自爲刊行之本。康熙五十六年繆曰芑仿宋本。樂史所編别集十卷，有嘉靖時袁氏翻宋本。顧千里見之洪殿撰家，孫氏廉石居藏書記亦有李翰林别集十卷，云正德間吴郡袁翼刊。朱修伯曰：曾見明刊李翰林集詩二十卷，雜著十卷。汲古閣本廿五卷〔一八〕。

分類補注李太白集三十卷

宋楊齊賢集注，元蕭士贇删補。明翻至元本劣。嘉靖癸卯吴會郭雲鵬刊。明許自昌刊。天禄目有明刊本廿五卷，云元板中是書末頁板心標至大辛亥三月刊，此本板式似之。改標正統己巳二月印，當即翻元板，其建安余氏勤有堂刊木記尚仍之。又有郭雲鵬刊本，多附文集五卷，首標郭雲鵬編次，不列齊賢、士贇，蓋以文集無兩家注也。元至元辛卯刊本，半頁十二行，行大字二十，小二十六字，藏吴門汪氏。海鹽陳氏有元本。元本有「建安余氏勤有堂刊」八字篆書木長印，目録末頁板心記「至大辛亥三月印」辛亥爲元武宗至大四年，其時勤有堂之名尚存，蓋建安余氏子孫皆世守其業者也。見天禄書目。其本廿五卷，蓋無雜著。張金吾亦有此本。元刊本甚精，每半頁大字十二行，行二十字，第二十五卷末頁後半五行後有「至大庚戌余志安刊于勤有書堂」十三字。正統翻本注齊賢曰賢字多改作斉，刻工遠遜元刊。

李太白詩集注三十六卷

國朝王琦撰。乾隆中刊。道光初翻刊，劣。

杜工部集二十卷附補遺

無注，宋王洙編。昭文張氏有影宋本，絳雲樓舊物也。凡詩十八卷，雜著二卷，附遺文九篇，爲補遺，元稹墓銘附二十卷後，均與直齋解題合，蓋即王原叔編定本也。杜集以吴若本最善，此其祖本。嘉慶中玉勾草堂刊袖珍本杜集二十卷，無注。

九家集注杜詩三十六卷

唐杜甫撰。宋郭知達集注刊本。宋寶慶元年己酉，曾噩子肅重刊成都淳熙八年本于五羊漕臺，半頁九行，行十六字，字大宜老，端勁精楷，宋板之絶佳者。内府藏即此本，四庫依之。天禄目云，噩集諸僚友，精其校讎，故非苟付剞劂。故字畫端整〔一九〕，一秉唐人，而刊手印工皆爲上選。曾序謂蜀本紙惡字缺，不滿人意，兹摹蜀本，會士友正其脱誤，則是刻之勝于原本可知矣。

黄氏補注杜詩三十六卷

宋黄希原本，子鶴成之。宋本題黄氏補千家注杜工部詩史，見天禄書目，謂其于詩之有關時事者皆于題下注明，故謂之詩史。宋刊本，半頁十行，行十九字。張金吾有元刊本，楊蟠觀子美畫像詩後續慶堂刊木印，有至正戊子十二月印一條。元刊廣勤堂本廿五卷，題東萊徐居仁編，臨川黄鶴補注，黑口，頁廿四行，行二十字，鐵樵記。天禄書目載元本集千家注分類杜工部詩二十五卷，宋徐居仁編次，黄鶴補注，前載序傳碑銘一卷，注杜姓氏一卷，年譜一卷。詩中門類目録後有「皇慶壬子」鐘式木記、「勤有堂」鑪式木記，傳序碑銘後有篆書「建安余氏勤有堂刊」木記，目録及二十五卷後皆别行云「皇慶壬子余志安刊于勤有堂」。壬子爲仁宗皇慶元年，前刊太白集係至大辛亥，僅隔一年，乃欲以李杜詩集并行，故其刊手印工亦復相等也。又載二部，于篆書木記改刊「廣勤書堂新刊」木記，其鐘、鑪二式記易刊「三峰書舍」及「廣勤堂」。詩目後一行削去，末卷未削，增附刊文集二卷，尤草草不類。嘉靖初年金臺汪諒刊翻元廣勤堂本。平津館有元刊三部，皆二十五卷。

集千家注杜詩二十卷

元高楚芳編。元刊本，頁廿二行，行廿二字。明靖江王刊〔二〇〕。嘉靖丙申明易山人刊。又嘉靖丙申玉几山人刊二十卷，附文二卷，字大，無須溪評點。萬曆中許氏刊本，附文二卷。汲古閣本，亦附文二卷。環玉山房刊劉須溪評杜詩二十二卷，又附虞趙七五言箋各一卷，爲二十四卷，似元刊本。然詩猶佚其半，何也？

杜工部全集六十六卷

明劉世教分體編校〔二二〕。其凡例係合李杜二集，姚士麟序則只言杜詩，蓋又析以單行。世教字少彝〔二三〕，萬曆庚子舉北闈，授閩中令，見天禄目。

草堂詩箋五十卷

宋建安蔡夢弼注。四庫未録。

草堂詩箋五十卷

宋魯訔撰。季滄葦書目有此書二十本，近湘潭袁芳瑛得宋刊殘本，自廿三卷至五十卷，係汲古毛表所藏，聞其後又獲前半宋殘本，合之以全。

錢牧齋注杜詩二十卷

錢曾編刊本。

杜詩詳注二十五卷附編二卷

國朝仇兆鼇撰。康熙三十二年刊。道光間坊刊，劣。

王右丞集注二十八卷附録二卷

唐王維撰。國朝趙殿成箋注。乾隆元年趙氏刊，抱經云，其校正遠勝舊本。有翻刊本。汪氏有宋刊十卷本，徐、季有鈐記。明正德中仿宋十卷本，無注，半頁十行，行十八字。黄丕烈有宋麻沙十卷本，昭文張氏有何義門校本，十卷。天禄書目有影宋刊本王摩詰集十卷，琴川毛氏所抄。明顧起成類箋王右丞詩集十卷，文集四卷，前載序例、表敕、列傳、世系圖、目録，志載詩畫評一卷，唐諸家同詠集一卷，唐諸家贈題集一卷，右丞年譜一卷，外編一卷。四庫入存目。天禄書目亦載其本，云其開局氏里後標嘉靖三十四年十二月望授鋟，三十五年六月朔完局，每卷末俱記刊書之月及校閲姓氏，可謂鄭重經營者矣。明套板本七卷，與孟浩然集合刊。明東璧圖書府本，乃黄氏刊十二家詩集本。明十二家詩本凡三四刊。汪立名刊王孟韋柳集本十二卷。明奇字齋本。弘治甲子吕夔刊六卷本。嘉靖二十四年顧佃子刊本。

高常侍集十卷

唐高適撰。影宋鈔本，校各本多碑文數篇。明正德中刊本，頁二十行，行十八字，較四庫所據汲古影宋精鈔多絶句一首，與王岑二家合刊。明上陵校刊本。

岑嘉州集詩十卷

唐岑參撰。昭文張氏有明初刊本，云較他明刊爲善。明正德庚辰謝元良刊本，八卷。又許自昌本，與孟浩然合刊本。阮氏進呈本亦八卷。參南陽人，爲文本曾孫，天寶三載趙岳榜第二人及第，累官右補闕，起居郎，出爲虢州長史及嘉州刺史。杜鴻漸表薦安西幕府，拜職方郎中，兼侍御史，事詳唐才子傳。其集唐志至通考及焦氏經籍志并云十卷，是編與杜確序合。然如瀛奎律髓所載同崔十三侍御灌口夜宿報恩寺作爲此本所佚，則非唐人舊册矣。

孟浩然集四卷

唐孟浩然撰。明刊本有四卷、三卷、二卷、不分卷本。汲古閣刊三卷。許自昌本，康熙間天都汪立名刊本二卷，與王韋柳合刊。黄丕烈有宋本三卷。

常建詩三卷

唐常建撰。明嘉靖丁未余文周仿宋刊唐十子詩，自常建至魚玄機十人，共十四卷本。汲古閣刊本。

儲光羲詩六卷

唐儲光羲撰。明活字本五卷，與劉隨州、錢考功合本。

次山集十二卷

唐元結撰。明正德刊本，附録一卷。明湛若水校本，十卷。淮南黄又刊十二卷。

顔魯公集十五卷補遺一卷年譜一卷附録一卷

唐顔真卿撰。聚珍本。閩覆本。明嘉靖二年無錫安氏刊。萬曆中平原令劉思誠刊。萬曆中顔允祚刊。乾坤正氣本。國初顧氏刊。嘉慶中顔氏重刊安本。孫淵如刊本，精。道光間黄本驥蒐葺定本三十卷，甚備而刊甚劣。有仿宋抄，校明刊多碑文數篇。

宗元集三卷附録一卷元綱論内丹九章經一卷

唐吴筠撰。宋刊大字本。汲古閣刊道藏八種本。路氏有抄本。

杼山集十卷

唐釋皎然撰。汲古閣刊。昭文張氏有舊抄本，題晝上人集，即錢遵王家物。

劉隨州集十一卷

唐劉長卿撰。明弘治戊午餘姚韓明校刊。明弘治庚申李士修刊。明活字本，十卷。明韋祀謨刊八卷。康熙中席氏刊唐百家詩本十卷，補一卷。宋刊劉文居集殘本，半頁十三行，行二十一字，存五至十，凡六卷，在黄蕘圃家。

韋蘇州集十卷

唐韋應物撰。明吴汝紀仿宋與陶集合刊本八卷。明凌濛朱墨印陶韋合集本。明户部郎華雲刊于九江，改題韋江州集。下邳余懷本，小字翻宋板本。席氏刊本多拾遺一卷。項氏玉漏堂刊本，佳。又單行本五卷。又天都汪氏刊二卷。天禄目有元板韋蘇州集十卷，謂槧印精好，與宋槧不相遠，當是王欽臣所訂而沈明遠重刊于元初。天禄後目有宋刊巾箱本韋蘇州集一部。大字宋刊一部〔二三〕。

毘陵集二十卷

唐獨孤及撰。趙懷玉刊本。席氏刊只詩三卷。

蕭茂挺文集一卷

唐蕭穎士撰。路氏有抄本。此本前有曹溶名字二印。

李遐叔文集四卷

唐李華撰。路氏有抄本。

錢仲文集十卷

唐錢起撰。嘉靖間羅龍淵刊本七卷。明活字本，題錢考功集。席氏刊本。

華陽集三卷附顧非熊詩一卷

唐顧況撰。明顧氏刊。席刊共五卷。

翰苑集二十二卷

唐陸贄撰。明宣德三年刊。天順元年刊。弘治十五年刊廿四卷。明陸全忠刊。明大字本，半頁九行，行十七字，六安序必進校刻。陳仁錫刊。萬曆丁未二十七世孫基忠刊。雍正元年年羹堯刊。近年廣東重刊。錢大昕有宋刊，即錢遵王物。遵王云：惜宣公詩文集十五卷亡矣。乾隆戊子山右張佩芳注本廿四卷。一大字本，半頁十行，行十七字，佳。元至大辛亥刊黑口本二十二卷，頁廿二行，行十九字，題唐陸宣公集，板心題翰苑十卷，奏十二卷，見昭文張氏志。天禄書目有元板陸宣公集十卷，云即單行之翰苑集，字朗紙潤，爲元刊善本。又有明翻宋板二十二卷，嘉慶戊寅春暉堂刊。道光甲申三十七世孫刊于宜賓本，劣。

注陸宣公奏議十五卷

宋郎曄注。前有紹熙二年進書表，題銜稱迪功郎紹興府嵊縣主簿臣曄，不著姓。案清波雜志曰：煇友人郎曄晦之，嘗注三蘇文及陸宣公奏議投進，知其爲郎曄表。後云紹熙二年八月初七日進呈。昭文張氏有元刊，卷後有至正甲午仲夏翠巖精舍重刊木記。阮氏影元本進呈。嘉靖乙卯汪氏刊奏議十五卷，有注箋，大字廿行，行廿字，亦合。刊制誥十卷，無注。

權文公集十卷

唐權德輿撰。明嘉靖中劉大謨刊本十卷。席氏刊僅詩〔二四〕。

權載之集五十卷

嘉慶十一年大興朱文正公珪以家藏秘本付刊。

韓集舉正十卷外集舉正一卷

宋方崧卿撰。宋淳熙己酉刊本。路氏有抄本。

原本韓文考異十卷

宋朱子撰。康熙戊子李文貞公光地以吕曉邨家藏宋本重刊。季氏目有宋刊本。

新刊詁訓唐昌黎先生文集五十一卷〔三五〕

宋韓醇詁訓。正集四十卷，外集十卷，遺文一卷。前載李漢序。天禄書目云：是書前後無序跋，惟卷一標臨邛韓醇，醇宋史無傳。按：五百家注昌黎集列諸儒名氏，云醇字仲韶。又訓詁柳集亦出醇手，書後有醇記作于孝宗淳熙丙酉，稱世所傳昌黎公文雖屢經名儒手，余昔校以家集，其舛誤尚多，用爲之訓詁云云。則醇爲愈裔可知，其家在臨邛，當即蜀中所刊。宋葉夢得以蜀本在建本之上。觀此書字精紙潔，刻印俱佳，夢得所言洵不誣也。此本四庫未收。

別本韓文考異四十卷外集十卷遺文一卷

宋朱子原本，王伯大重編。宋刊別本韓文考異，黑口，每頁廿六行，行廿三字，題晦庵朱先生考異，留耕王先生音釋。目録一卷，題李漢編集。前有朱文公序，寶慶三年王伯大序。校集凡例末有題識，謂今本宅所刊係將南劍州官本爲據，并將音釋附正。元刊本，葉十八行，行大字十九。嘉靖中安正書堂刊本，劣。萬曆中高安朱吾弼刊。天禄後目有宋紹定癸巳大字刊本，又小字麻沙本，又中字本。其小字當即黑口本也。別本韓文考異元亦有麻沙坊刊小字本，又有大字本，并四十卷，外集十卷，遺文一卷，集傳一卷。而鐵樵謂元刊本文集二十卷，外集不分卷數，位西又謂路小洲有宋刊二十卷，外集集傳遺詩一卷，不知完否？案二家所記當係一板，漫分宋元耳，今未見其本。清江某氏亦有宋大字本。昭文張氏有元刊本。明寧國刊無注韓集、柳集本，先刊于游居敬，以嘉靖十六年〔一二六〕。重刊者新會莫如士，以嘉靖三十五年。又永懷堂刊本，亦無注。席氏百家唐詩有昌黎詩十卷，外集遺詩一卷，柳河東詩三卷。

五百家注音辨昌黎先生文集四十卷

宋魏仲舉編。乾隆中江西仿宋刊。陳杏江給諫家有宋本，亦止正集四十卷。五百家注昌黎集，朱彝尊謂此書有宋槧，在長洲文氏，後歸李日華。正集之外尚有外集十卷，别集一卷，附論語筆解十卷。天禄書目載此書宋板二部，目録後有木記，云「慶元六禩孟春建安魏仲舉刊于家塾」。前載引用書目二卷，標曰韓柳先生文集，引用書目乃與柳集同撰刊，故合爲一目。一本補韓柳，改爲昌黎，非也。其一部正集外有外集十卷，韓文類譜七卷，評論訓詁音釋諸儒名氏一卷。其一部亦有外集十卷，又有别集一卷，論語筆解十卷，昌黎先生序傳碑記一卷，看韓文綱目一卷，詳渤序昌黎文集後序五篇，其引書目及名氏亦同前部。四庫著録依内府藏本，何以外集、别集、類譜、綱目諸件皆不入録？亦失檢也。

東雅堂韓昌黎集注四十卷外集十卷

宋廖瑩中撰。明萬曆中徐氏刊。蘇局新覆刊。世綵堂韓昌黎先生集四十卷。外集十卷，豐順丁禹生藏，宋刊初印，紙潔墨精，字體在歐虞間，首尾完善。本上海郁泰峰宜稼堂物，當爲海内集部之冠。

明蔣之翹輯注韓柳集各五十二卷

天禄書目，明板韓柳合集。韓集二十卷，外集一卷，集傳一卷，補遺一卷，及諸序例；柳集二十卷，别集一卷，外集一卷，附録一卷，及諸序。以板式觀似從宋本橅書。又韓柳全集，韓集四十卷，外集十卷，補遺一卷；柳集二十六卷，亦仿宋槧，板式與前部約略同。至分卷各不相謀者，蓋唐宋人文集經後人校刊者，每有更定，以集部之書，固必不如經史子篇目各沿奉爲圭臬也。又昌黎先生集，卷數與各全本同，其凡例、集傳及各卷中皆有原刊姓氏木記，而盡爲割去，補以别紙，蓋此者橅印極精，而書賈逞其僞計，而校刊苦心之人名轉不傳矣。又柳文四十三卷，别集二卷，外集二卷，附録一卷。此書與劉禹錫編之四十五卷卷數不合，而卷一標題下漫署禹錫之名，且係以别紙補入，字畫與全書迥殊。嘉慶間寧國縣學博吴門沈欽韓小宛有韓集補注，未刊。

顧嗣立昌黎詩注十一卷年譜一卷

秀野草堂刊。道光十六年吴廷榕重刊。膺德堂重刊。方世舉昌黎詩編年箋注，雅雨堂刊本。黄鉞用顧本增注證訛，其子中民校刊本。

韓集點勘四卷

國朝陳景雲撰。文道十書本。蘇局新刊本。

訓詁柳先生文集四十五卷外集二卷新編外集一卷

唐柳宗元撰。蘇城汪氏有殘宋本。祠堂書目有殘宋本。明刊本。天禄書目宋板訓詁柳先生文集，與前韓集板式相同。王洛序稱仲韶先注韓集，學者争傳，而斯文加密，非仲韶發之，孰窺其秘，是醇先注韓集板行，復注柳集刊，合而并傳，故柳集後有記而韓集後無記也。後序末有識語云：雲間莫氏城南精舍藏書，係莫是龍書〔二七〕。

增廣註釋音辨柳集四十三卷

宋刊本，題增廣註釋音辨唐柳先生集四十三卷，别集二卷，外集二卷，附録一卷。黑口，頁廿六行，行廿三字，蓋與韓文考異黑口本同刊。天禄後目有宋刊小字本四部，元刊本二部。張氏志有元延祐間刊本，述古堂舊藏。姚若有元刊本，題京本著釋唐柳先生集，張氏元本題與宋刊同。天禄書目增廣注釋音辨唐柳先生集元刊本三部，其一云是書亦翻刻宋本，字畫猶存其概，而紙質墨香則不相侔矣。其二云是刻板式雖仿前書，而刊印之工又出其下。其三云此本較第二部又遜，三書非一板，何開雕者多而草草從事耶？

濟美堂柳河東先生文集四十五卷外集二卷附録二卷龍城録二卷集傳一卷

宋韓醇音注。明嘉靖中東吴郭雲鵬重刊宋本，世以配東雅韓集，蓋亦本世綵堂刊也。天啓壬戌柳氏重刊。四庫未收。

五百家注音辨柳先生文集二十一卷外集二卷新編外集一卷龍城録二卷附録八卷

宋魏仲舉編。四庫依内府宋殘本，其正集二十二至四十五尚缺，所謂附録八卷者，蓋原止二卷，并及綱目、名氏、年譜、傳碑等數之也。路氏有抄本。天禄書目新刊五百家注唐柳先生文集，魏仲舉集注，正集二十一卷，附録二卷，外集二卷，新編外集一卷，龍城録二卷，前載看柳文綱目一卷，宋文安禮柳先生年譜一卷，評論詁訓諸儒名氏一卷，後附柳先生序傳碑記一卷，文集後序五篇。宗元正集四十五卷，此書目二十二卷以下皆缺，書賈將「目録終」三字移補二十一卷後，故無魏仲舉木記，然板式字體與韓集同，實爲宋本，且正集尚存其半，而外集諸種卷帙完好，亦足珍也。

劉賓客文集三十卷外集十卷

唐劉禹錫撰。路小洲有宋刊本三十卷，又抄本外集十卷。正集三十卷，明初刊本題中山集。汲古有宋刊本外集，影宋。雍正元年趙駿刊中山詩集九卷。宋刊殘本劉夢得文集，半頁十二行，行廿一字，存一至四，藏黄蕘圃家。天禄書目有影宋鈔劉賓客外集十卷，與陳氏書録合。天禄後目又有元刊外集十卷。

吕衡州集十卷

唐吕温撰。道光丁亥秦氏仿宋刊，與駱賓王、李觀二家合稱三唐人集。席刊詩三卷。粤雅堂叢書本。昭文張氏有舊抄本。吕叔和文集五卷，康熙時鈔本。

張司業集八卷

唐張籍撰。席氏刊本多拾遺附録。明萬曆中和州張尚儒與張孝祥于湖集合刊本。據直齋書録，張本名木鐸集十二卷。

皇甫持正集六卷

唐皇甫湜撰。汲古閣刊。朱修伯曰：汲古刊訛謬甚多，曾見錢遵王抄本。思舊録云：吴翫刊持正及可之二集，未見，不知佳否。昭文張氏有以叢書堂舊抄本校毛本。

李文公集十八卷

唐李翺撰。明景泰乙亥河東邢讓刊本。成化乙未刊，何宜序，汲古閣刊。嘉靖二年鄷都黄景夔刊，題曰李文。今徐養元刊，劣。

歐陽行周集十卷

唐歐陽詹撰。明正德中慎獨齋刊。萬曆中刊。閩刊八卷。國初刊本。乾隆癸酉歐陽氏刊本，八卷。昭文張氏有何義門校本。

李元賓文編三卷外編一卷

唐李觀撰。天順元年陸希聲序。嘉慶戊寅秦氏仿宋刊六卷。粤雅堂刊六卷。昭文張氏有曹倦圃舊抄本。

孟東野集十卷

唐孟郊撰。明嘉靖丙辰秦禾重刊宋景定壬戌國材本于武康。汲古閣刊本。席氏刊本。閩氏套板本。宋刊小字本孟東野詩集一卷，半頁十一行，行十六字。黄丕烈藏北宋槧。汪氏有宋刊殘本〔二八〕。

長江集十卷

唐賈島撰。汲古閣刊。席氏刊。又明刊何義門評校本。抱經云：明海虞馮鈍吟有評校本，何義門得之，稱善，其字句遠出俗本上。昭文張氏有錢履之藏精鈔本。遵義杜藴堂有宋刊本長江集十卷。

昌谷集四卷外集一卷

唐李賀撰。明仿宋刊本。凌濛初校刊本。黄陶庵評點本。

箋注評點李長吉歌詩四卷外集一卷

宋吴正子箋注，劉須溪評注。各種本。汲古本。胡心耘有金刊袖珍本。長吉詩注者，明有姚佺、邱象隨等本，本朝有朱軾本，四庫未録，惟收乾隆廿五年王琦彙解入存目。嘉慶中陳本禮注，題協律鈎元〔二九〕。元有至正丁丑復古堂刊本，識云：長吉詩舊藏京本、會稽本、宣城本，獨上黨本爲勝，今定以鮑本而參以諸家。箋注則得之臨川吴西泉，批點則得之須溪先生口口評論，并付入梓。張金吾有舊抄傳録本。

玉川子詩集注五卷

國朝孫之騄撰。孫氏刊本，四庫存目。盧仝詩明正德中有刊本二卷〔三〇〕。

絳守居園池記注一卷

唐樊宗師撰。明有大字刊本。有袖珍本。孫之騄合越王樓詩序作注，題樊紹述集，四庫存目。

王司馬集八卷

唐王建撰。胡介祉校刊本。席刊本十卷。汲古刊八卷。

沈下賢集十二卷

唐沈亞之撰。明翻宋刊大字本詩一卷，劉夕青刊入十三唐人集。舊抄本，黄梨洲藏印，歸吴崧甫家。昭文張氏有舊藏依宋元祐丙寅抄本。錢遵王有宋刊沈下賢集三十卷〔三一〕。

追昔遊集三卷

唐李紳撰。汲古刊。席氏刊〔三二〕。天禄目有明槧刻舊本。

會昌一品集二十卷别集十卷外集四卷

唐李德裕撰。明天啓中吴興茅氏刊本。明刊黑口本佳。明袁州刊本,有評點,僅一品集十卷,外集四卷。嘉靖刊本作李公集。張金吾有葉石君手校本。宋刊會昌一品制集殘本,半頁十三行,行廿二字,存一至十,十卷,黄蕘圃物。

元氏長慶集六十卷補遺六卷

唐元稹撰。嘉靖壬子東吴董氏刊。萬曆中馬元調刊。羣書拾補内有校正元白集若干條,皆據宋本訂馬本。宋有乾道四年刊本。天禄書目明板元氏長慶集六十卷,前宋劉麟序,後附集外詩一章,文一篇。劉麟無可考,其序末標云建安人,字應禮。其序作于宣和甲辰,稱其父先經抄寫,因閲手澤,募工刊行,則麟殆首刊稹集之人歟?

白氏長慶集七十一卷

唐白居易撰。明錫山華堅蘭雪堂活字本。明姑蘇錢應龍刊本。明松江馬元調刊。宋紹興刊白氏長慶集，昭文張氏藏，闕卅一之卅三及卅五、卅六，凡五卷，皆抄補。中遇構字注犯御名，桓子注淵聖御名，紹興三十年前刊，曾藏文氏、王氏、錢氏、李氏處。汲古閣校宋本與明刊小字本，俱藏吴門黄氏。汲古本又歸張金吾。

白香山詩集四十卷附録年譜二卷

國朝汪立名編。康熙癸未汪氏刊。明武定侯家刊本。何義門手校本，在許滇生先生處。

鮑溶詩六卷外集一卷

唐鮑溶撰。席氏刊。汲古刊。

樊川文集二十卷外集一卷别集一卷

唐杜牧撰。明刊仿宋熙寧六年田概本。宋刊本，頁二十行。明刊全本有二，以筆圓者爲佳。明吴峙刊本十七卷。

樊川詩注四卷外集一卷别集一卷

國朝馮集梧撰。乾隆四十五年刊。

姚少監詩集十卷

唐姚合撰。明刊。席氏刊。汲古刊。

李義山集三卷

唐李商隱撰。明刊。席氏刊。汲古刊佳。嘉慶中揚州汪氏校刊六卷。張目有馮氏護静居士崇禎甲戌抄，以北宋本校成之本，馮有二跋。又有以孫孝若家北宋本校毛本。

李義山詩注三卷補注一卷

國朝朱鶴齡撰。朱氏與杜集合刊本。姚培謙注李義山詩十六卷，乾隆己未刊。

李義山文集箋注十卷

國朝徐樹穀箋，徐炯注。徐氏刊本。宋有玉溪生集三卷，乃賦及雜著。馮浩注李義山詩四卷，注樊南文集八卷，乾隆四十五年刊。歸安錢振倫、錢振常箋注樊南文集補編十二卷，取全唐文所收義山文在徐馮二家注本外者二百餘篇，爲之箋注，同治五年盱眙吴棠爲刊于清河。

温飛卿集箋注九卷

唐温庭筠撰。康熙三十六年顧氏秀野草堂刊。温集七卷别集一卷。汲古閣刊。張目有毛板校宋本。

丁卯集二卷續集二卷續補一卷集外遺詩一卷

唐許渾撰。席氏刊。汲古刊本一卷，無續。錢遵王云：丁卯集元板較宋板多詩幾大半。張氏目有馮氏藏崇禎庚午借柳大中本抄本。宋本藏吴門黄氏。

文泉子集一卷

唐劉蜕撰。崇禎庚辰閔人韓錫刊〔三三〕。天啓甲子吴馡編刊劉復愚集六卷。陳鴻緒云：吴馡刊與可之集俱精校，刻亦不苟〔三四〕。

黎岳集一卷附録一卷

唐李頻撰。宋嘉熙三年金華王埜刊本。元元貞及後至元間裔孫邦才刊本。明正統中廣州彭森刊。永樂中河南師祐刊。席氏刊。道光丁酉徐璈刊。

李群玉集三卷後集五卷

唐李群玉撰。席氏刊多補遺。毛本不佳，題李文山詩集，無後集。萬曆中刊本，三卷。昭文張氏有影黄氏宋刊本。黄丕烈有宋刊李群玉集三卷，後集五卷，跋曰取宋刻校毛刻，其異不可勝紀，且其謬不可勝言，信知宋刊之佳矣。毛刻悉以體分，統前後集併爲三卷，或以意改之，抑别有本改之。七律羨三首，七絶羨三首，宋刻無之。毛言古四十二韻一首，宋刻及葉抄俱有，而毛獨注云缺，則所據必别有本矣。

孫可之集十卷

唐孫樵撰。明正德丁丑王諤本，頁廿四行，行廿一字。萬曆中金陵刊本。吴馡刊。汲古刊。近年涿州孫氏刊。嘉慶三年問經草堂刊巾箱本。長洲汪氏有宋刊本。

曹祠部集二卷附曹唐詩一卷

唐曹鄴撰。明蔣冕刊本。席氏刊本。十三唐人集本，一卷。

麟角集一卷

唐王棨撰。知不足齋刊。咸豐癸丑刊。

皮子文藪十卷

唐皮日休撰。明正德庚辰袁表刊。明許自昌校刊。萬曆中新安刊。明刊小字本佳。

笠澤叢書四卷補遺一卷

唐陸龜蒙撰。内府藏本爲元季裔孫德重刊。明季如楨校刊。雍正辛亥江都陸鍾輝覆元至元庚辰之陸息原刊本。碧雲草堂覆至元庚辰本，精。嘉慶間許槤仿宋刊本，七卷。錢遵王云宋刊本只上下二卷，又補遺一卷，元刊乃分四卷。

甫里集十九卷附録一卷

唐陸龜蒙撰。明成化丁未崑山嚴景和刊。萬曆乙卯松江許自昌刊。又萬曆癸卯刊。宋寶祐間葉茵刊本。

詠史詩二卷

唐胡曾撰。明刊大字本。黄氏有宋刊本三卷，每半頁十一行，行大字廿二，小字廿七，并續序，云附陳蓋注、米崇吉評注，與四庫本不同，後歸胡心耘家。

詠史詩三卷

唐周曇撰。亦自唐虞至隋，以人系題，得七言絶句二百三首，每首題下注大意，詩下引史，而以己意論斷之，當時進講體式如此。揭銜「守國子直講臣周曇撰」。式欵與書儀相似，乃宋本之最佳者。天禄書目後編所載，四庫未收。又彭文勤有季滄葦所藏舊抄本，云亦精雅。

雲臺編三卷

唐鄭谷撰。嘉靖乙未嚴嵩刊本。席氏刊本。張目有汲古閣舊抄本。

司空表聖文集十卷

唐司空圖撰。明刊本。顧千里有精校本。胡心耘有校宋本〔三五〕。席刊止詩三卷。乾坤正氣集四卷。張目有舊鈔。劉燕庭宋刊唐詩三十家内有一鳴集，與他刻不同。

李端集四卷

唐李端撰。昭文張氏有明活字板本。四庫未收。

韓内翰别集一卷

唐韓偓撰。汲古閣刊。席氏刊。十三唐人集三卷，韓偓一卷，補遺一卷，香奩一卷。錢遵王云：沈括以香籢集三卷本和凝作，貴後嫁名于偓耳。

桂苑筆耕集二十卷

唐高麗崔致遠撰。致遠爲高駢淮南從事，見唐志。是集唐宋志皆著録，後遂逸不傳。集中討黄巢一檄最爲傑出，他亦淵雅可觀。其人自唐宋志外，惟張敦頤六朝事迹述其乾符中尉漂水爲詩第雙女墳事，迄今道光以前皆未有言及者，故全唐詩文并未收采。既乃有傳高麗活字本入中國者，有洪秩周、徐有榘二序，蓋印行者有榘，傳本者秩周也。有榘稱其字海夫號孤雲，仕幕僚後，中和四年充信國使東歸，仍仕本國，且盛推爲彼國人文鼻祖。此集在其國亦罕見云。近有粤雅堂刊本〔三六〕。

唐英歌詩三卷

唐吴融撰。汲古閣刊。席氏刊。

元英集八卷

唐方干撰。汲古刊。席氏刊本十卷。嘉靖丁酉方氏裔孫廷璽刊。張氏志有叢書堂舊抄十卷。

唐風集三卷

唐杜荀鶴撰。汲古刊。席氏刊。張氏志有馮彦淵手抄校北宋本杜荀鶴文集三卷，又有竹深堂精鈔本唐風集三卷。

碧雲集三卷

唐李中撰。毛氏有刊本，中多闕文。吴門黄氏有宋刊本，完善。

徐正字詩賦二卷

唐徐寅撰。席氏刊本三卷。康熙中徐氏刊。昭文張氏有舊抄本十卷，題唐秘書省正字先輩徐公釣磯文集，内全唐文所未載共二十一篇，卷數與阮進本不同。

釣磯文集五卷〔三七〕

唐徐寅撰。寅字昭夢，莆田人，乾寧初進士，釋褐授秘書省正字。此爲錢曾藏影宋本，乃其裔孫玩所編次，賦五卷，凡五十首，四庫所録八首皆在，而全唐文未採者多二十一首。阮氏以進呈。

黄御史集十卷附録一卷

唐黄滔撰。明正德八年重刊宋本。萬曆中曹學佺刊本八卷。崇禎中黄氏刊本八卷。宋淳熙刊本十卷。

羅昭諫集八卷

唐羅隱撰。席氏刊甲乙集十卷。汲古閣刊本同。康熙中戴氏刊本。康熙中張瓚刊本。道光甲申吴墉刊，增補一卷。吴騫愚谷叢書中刊讒書五卷，多此集所不載。

讒書五卷

唐羅隱撰。昭文張氏照曠閣舊藏本，晁公武志所載同，陳振孫則云求之未獲，蓋佚久矣。方回跋稱隱在京師舉進士，留七載不第，咸通八年丁亥著讒書，皆憤悶不平之言，今觀是編益信。然隱既仕吴越，能請舉兵討梁，勸伐無道，侃侃大義，又豈以文士見稱哉！阮氏依舊抄本寫以進呈。有吴騫刊本。

白蓮集十卷

後唐釋齊己撰。汲古刊。舊抄本附風騷旨格一卷，見張氏志。以下三種勞青子有絳雲樓所藏柳大中抄本。

禪月集二十五卷補遺一卷

蜀釋貫休撰。汲古刊本。宋嘉熙四年蘭谿兜率寺僧可燦刊本，毛子晉得而重刊之。張志有舊雁里草堂舊抄本。書籍刊板始于唐末〔三八〕，然皆傳布古書，未有自刊專集。曇域後序作于王衍乾德五年，稱檢尋稿草及闇記憶者約一千首，雕刻成部，則自刻專集殆自是集始，是亦可資考證也。

浣花集十卷補遺一卷。

蜀韋莊撰。席氏刊本。汲古刊本。綠君亭本

廣成集十二卷

蜀杜光庭撰。刊本。

右别集類漢至五代〔三九〕

【校勘記】

〔一〕藏園本、訂補本此下均增「注本二卷」。

〔二〕此頁原有浮簽注云：「楚詞集注，明蕭山來欽之述注。崇禎戊寅刊本，有陳老蓮繪十二圖。康熙辛未重鐫。」又，莫友芝《持静齋藏書記要》卷上記是書作者：「宋朱子以王逸本重編而爲之注。」

〔三〕天聖：《持静齋藏書記要》收此書作「天順」，誤。

〔四〕《持静齋藏書記要》卷上記是書曰：「顧沅以明吴匏庵鈔本校。」

〔五〕「都穆」之後，訂補本有「跋」字。

〔六〕全本：藏園本、訂補本均誤爲「全部」。

〔七〕藏園本、訂補本此句「明」字後均無「朋」字。

〔八〕悦：藏園本、訂補本均作「忱」。

〔九〕此處原有浮簽云：「陶靖節集注十卷　似明覆宋本，宋諱缺筆均合。半頁十九行，行十八字。每卷末均有詩文若干字，注若干字，小字兩行亦宋槧本舊式。明刊本與此本字數行款悉同，惟宋諱不缺，每卷末無記，字數二行，板心稍小，中縫移陶集二。頂格卷幾等字，則改旁書于魚尾下。蓋祖此本而小更易也。」

〔一〇〕《持静齋藏書記要》卷上記是書名爲「支道林集二卷」。晉釋支遁，字道林。蓋此以「遁」名書，彼以其字「道林」名書。

〔一一〕藏園本、訂補本此下增：「汪士賢刻興（貞）白集二卷，即黄省曾編本。」

〔一二〕天福本：訂補本誤爲「天啓本」。

〔一三〕《持静齋藏書記要》卷上「陰何詩集二卷」之下記曰：「梁陰鏗、何遜撰。明錢塘洪氏合刊。《四庫》收何集，陰集未收。」

〔一四〕藏園本此下增：「明刻本孝威、孝綽詩，似是仿宋，與謝、王、陰諸集目，蓋係合刻古人集者。又見有名人諸集亦相類。曾收一本，似明仿宋刻各集之零種。又有陰常侍集。」此段文字訂補本作爲附録印出。

〔一五〕《持静齋藏書記要》卷之下此書名爲「張散騎詩集一卷。舊鈔」，與此相合。

〔一六〕藏園本、訂補本「合稱」下均增：「曾見一本，一卷，半頁十三行，行二十字。」于「十六卷」之下又均增：「云宋刻，疑明翻本，改正尚不止一家也。」

〔一七〕王□□：藏園本、訂補本均作「王民順」。

〔一八〕藏園本、訂補本此下均增：「李翰林别集，嘉慶八年長洲王芑孫得明正德中袁翼序刻板于眙老園，補修印行。近沈瑞琳用王氏刊本重刻。」

〔一九〕端整：藏園本、訂補本均作「端正」。

〔二〇〕明靖江王刊：藏園本、訂補本均作「明嘉靖汪壬刻」。

〔二一〕世教：原作「士教」，據《中國古籍善本書目》改。訂補本誤爲「士敖」。

〔二二〕世教：訂補本誤爲「世敎」。

〔二三〕藏園本此下增：「弘治丙辰楊一清跋隴洲劉屺刻本。」

〔二四〕此下原有「宋刊本」三字，又用朱筆删去。藏園本、訂補本均有「宋刻本」三字。

〔二五〕藏園本、訂補本此書名誤「新刊」爲「新刻」，誤「五十二」爲「十五」。

〔二六〕嘉靖：原作「萬曆」，誤；藏園本、訂補本，均作「嘉靖」，是，據改。

〔二七〕此下原有浮簽曰：「藏書係莫是龍書。南宋大字無注本柳集，半頁十八行，行十八字，孝宗而上宋諱并缺筆，末有乾道改元吴興葉程刊書跋，蓋程官永州，刊之郡庠者也。卷端有曹楝亭藏書印，惜僅存外集一卷，詩文凡四十三首，各本已編入正集者三十二，入外集者僅八首，又溢出《送元暠師詩》、《上宰相啓》、《上裴桂州狀》三首，則諸本正外集皆不載。今行本柳氏外集多作二卷，唯晁氏《讀書志》載柳集三十卷，外集一卷。案晁氏與程約同時，或所弆即此永州本也。繩孫附記。」

〔二八〕《持静齋藏書記要》卷上記是書：「明嘉靖丙辰無錫秦禾刊本。又嘉靖己未商州刊。（蔣重光、顧沅經藏。商州本高照藏。）」

〔二九〕鈞：訂補本誤爲「鈎」。

〔三〇〕藏園本、訂補本此下均增：「舊鈔本，卷末有跋云：取家藏宋本壽之梓，然則有刻本矣，時代名氏自是元朝間人也。陸氏《藏書志》亦載鈔本正同，而未言有韓序，但云陸煒跋，則余本之跋當即其人而去其名也。收舊鈔本二卷，集外詩一卷，有慶曆八年昌黎韓盈序，本集外詩首與書鍾題合。」訂補本注「收舊鈔本二卷」之下爲眉批語。

〔三一〕藏園本、訂補本此下均增：「敏求記作二十卷，疑係『十二』之誤，未必增多也。遵王云：詩十八首亦同今本耳，陳《書録解題》亦只十二卷。」

〔三二〕「汲古刊」：藏園本、訂補本均作「汲古閣本」；席氏刊：藏園本、訂補本均脱。

〔三三〕藏園本、訂補本均作：「崇禎庚辰閔齊伋刻。」

〔三四〕藏園本、訂補本此下均增「别下齋本」。

〔三五〕此下内容，藏園本、訂補本均脱。

〔三六〕此句下，藏園本增「似潘仕成刻也。同訛甚。」訂補本注此句爲莫棠補。又，《持静齋藏書記要》此句作：「今雖有番禺刊行，此帙固自昔所秘珍也。」

〔三七〕《持静齋藏書記要》卷下記是書爲「十卷」，乃是據張金吾愛日精廬所藏十卷本而言也。

〔三八〕「唐末」：藏園本、訂補本均誤作「唐宋」。

〔三九〕此下原有朱筆批曰：「至此五代以上約廿一頁。」

郘亭知見傳本書目卷十三

集部三　別集類二

騎省集三十卷

宋徐鉉撰。昭文張氏舊抄本題徐公文集，以宋本校。竹垞老人有手校明人抄本。盧抱經以鮑氏藏馮己蒼本精抄本。騎省集天禧元年胡克順編刊表進，至紹興九年十一月知明州軍，徐琛又刊之公使庫〔一〕。

河東集十卷附録一卷

宋柳開撰。韓氏有影宋本。乾隆乙卯蘭溪柳渥川文印堂刊，抱經、竹汀皆有序。

咸平集三十卷

宋田錫撰。路氏有抄本。

逍遥集一卷

宋潘閬撰。知不足齋本。

寇忠愍公詩集三卷

宋寇準撰。明弘治庚申刊本。

乖崖集十二卷附録一卷

宋張詠撰。四庫依宋郭森卿刊本。宋又有龔式刊本。昭文張氏有舊抄本[二]。

小畜集三十卷小畜外集七卷

宋王禹偁撰。平陽趙氏刊本無外集。平津館影宋本無外集。宋紹興丁卯沈虞卿刊本，虞卿序後附紙墨工價及校正監造銜名八行。張氏有不全本。

南陽集六卷

宋趙湘撰。道光壬午胡氏刊本。聚珍本。閩覆本。

武夷新集二十卷

宋楊億撰。明刊本。浦城遺書本。

和靖詩集四卷

宋林逋撰。明正德丁酉餘姚陳氏刊佳。萬曆二十一年錢塘何養純刊。明潘訒叔刊宋元名家詩集本五卷。康熙戊子長洲吴調元刊本四卷。乾隆乙丑嶺南重刊本。知不足齋單行本。宋刊殘本在吴門汪氏〔三〕。

穆參軍集三卷附録遺事一卷

宋穆修撰。宋刊穆參軍集，半頁十一行，行廿四字。順治中刊本〔四〕。嘉慶辛未樹香堂刊本。胡心耘有校宋本〔五〕。

文莊集三十六卷

宋夏竦撰。路氏有抄本〔六〕。

春卿遺稿一卷

宋蔣堂撰。明天啓中二十世孫鐄刊本。

東觀集十卷

宋魏野撰。彭文勤有七卷本。陽湖孫氏影宋抄本亦七卷，云十卷本乃後人所改〔七〕。

宋元憲集四十卷

宋宋庠撰。聚珍本。閩覆本。

宋景文集六十二卷補遺二卷附録一卷

宋宋祁撰。聚珍本。閩覆本。日本佚存叢書刊殘卷，多詩文數百篇。

文恭集五十卷補遺一卷

宋胡宿撰。聚珍本。閩覆本。杭縮本〔八〕。

武溪集二十卷

宋余靖撰。明嘉靖甲午唐胄刊〔九〕。康熙中刊。

安陽集五十卷〔一〇〕

宋韓琦撰。康熙中刊。又安陽祠堂本，附家傳十卷，遺事一卷，别録三卷。

文正集二十卷别集四卷補編五卷

宋范仲淹撰。宋刊小字本。南宋刊大字本，藏崑山孔氏。元天曆戊辰刊本，藏昭文張氏。

天曆本即二范合刊，已有歲寒堂字，蓋范氏家塾舊名也。今康熙刊本亦稱歲寒堂。二范集張氏元本蘇軾序後有天曆戊辰改元褒賢世家重刊于家塾歲寒堂篆文木記。康熙丁亥范氏刊本，附十九卷，與忠宣集合刊，稱二范集。康熙中印者佳。明萬曆戊申毛一鷺刊二范集本〔二〕。

河南集二十七卷

宋尹洙撰。嘉慶中長洲陳氏抄本。姚若有舊抄本。

孫明復小集一卷

宋孫復撰。四庫依知不足齋抄本。乾隆中泰安聶叙刊。

徂徠集二十卷

宋石介撰。乾隆中刊。汪氏有宋本。陽湖孫氏影宋本，校四庫本多附録三篇及第四卷詩四首。

蔡忠惠集三十六卷

宋蔡襄撰。宋有乾道四年刊本。明南昌陳一元刊本，四十四卷。明興化蔡善繼刊本三十六卷，附别記十卷。雍正甲寅裔孫見魁刊本，附一卷。乾隆中蔡氏刊本，廿九卷。

祠部集三十六卷

宋强至撰。聚珍本。閩覆本。

鐔津集二十二卷

宋釋契嵩撰。天禄書目有明板二十卷，附與沙門唱和詩一卷，序詩題贊一卷。洪武甲子，天台沙門原旭募刊，永樂三年沙門天全刊成。弘治己未嘉興僧廣源重刊，如丞引。萬曆丁未徑山寺僧刊本十九卷。支那本十八卷。

祖英集二卷

宋釋重顯撰。元刊本。

蘇學士集十六卷

宋蘇舜欽撰。康熙戊戌徐氏刊本。

蘇魏公集七十二卷

宋蘇頌撰。明刊本。近年閩中刊本。季目有宋刊本。

華陽集六十卷附録十卷

宋王珪撰。聚珍本。閩覆本。

古靈集二十五卷

宋陳襄撰。四庫依宋刊本。宋刊本末有使遼語録一卷。拜經樓藏曹氏古林書屋舊抄本，以宋刊本及小草齋藏本校，多本傳及年譜二篇。李綱序署紹興五年閏月，云紹夫刊行，遺文則初刊也。紹興三十年辛巳十月六世侄孫曄記云：家君重刊先正密學遺文于贛之郡齋，俾曄次第年譜以冠之，則再刊也。

伐檀集二卷

宋黄庶撰。明嘉靖刊。萬曆刊。今乾隆乙酉刊，并江西祠堂附山谷集後本。

傳家集八十卷〔一二〕

宋司馬光撰。明刊本。康熙中蔣氏刊本，名司馬温公集，八十二卷。山西學使吴時亮刊于夏縣，八十二卷。乾隆六年陳宏謀校刊本，附年譜。又有重刊陳本。天禄目有明板司馬太師温國文正公傳家集八十卷，云陳氏書録解題載傳家集一百卷，晁公武言光州有集本，與陳氏語同，則亦爲一百卷，且云劉嶠刊板上之。此本僅八十卷，已非宋槧之舊。黄丕烈有宋刊本，云以校舊抄本，觸處誤字，何論新刊此書之可稱祖本者也〔一三〕。

清獻集十卷

宋趙抃撰。宋大字本末有「後學張林校正」六字，方框格。清獻集南宋刊本二十卷。嘉靖元年刊。嘉靖壬戌重刊。趙氏仿宋刊本〔一四〕。

盱江集三十七卷年譜一卷外集三卷

宋李覯撰。明初刊黑口本。正德乙亥孫甫刊本。明南城左贊編刊本。明刊本題直講李先生集。雍正中李氏刊。盱江集元黑口本，半頁十行，行二十字。明白口本，半頁十行，行二十字。抱經云：新刊本次序與舊本異，又遺退居類編一序，見宋文鑑，可以取補。

公是集五十四卷

宋劉敞撰。聚珍本。閩覆本。刊本三劉文集四卷，不全，有公是集，劉氏裔孫所刊，皆掇拾而成。又錢塘吴允嘉别編公是集六卷，亦不全。

彭城集四十卷

宋劉攽撰。聚珍本。閩覆本。三劉文集内公非集，僅詩四首，文二十三篇。

邕州小集一卷

宋陶弼撰。四庫依刊本。

都官集十四卷

宋陳舜俞撰。宋慶元中曾孫杞刊本。西谿舊抄本。

丹淵集四十卷拾遺二卷年譜一卷附録二卷

宋文同撰。明末刊，有毛晉序。

西溪集十卷

宋沈遘撰。明刊本。南宋初從事郎處州司理參軍高布與沈括沈遼合刻于括蒼，名吴興三沈集。西溪文集十卷，抄本，于遘銜名下注云「御名同音」。每卷末有「從事郎處州司理參軍高布重校兼監雕」一條，則依布刊三沈集本也。

鄖溪集三十卷

宋鄭獬撰。路氏有抄本。宋淳熙十三年秦焴刊本，五十卷。

錢塘集十四卷

宋韋驤撰。昭文張氏舊抄二十卷，缺前二卷，存十八卷，題曰錢塘韋先生文集。是編原只十六卷，前有收藏家題識，云宋板韋驤集係明吴寬家藏本，原闕第一、二兩卷，實止十四卷，檢勘書中，凡構字皆空缺，而注其下云「太上皇御名」，當由孝宗時刊本。錢塘集乾道四年五月其孫能定知汀州軍州主管學事，始刊于臨汀郡庠，謂大父文稿二十卷，日久二卷遺失，不可復得，懼復亡逸，謹命工鋟木，是初刻即止十八卷也。

浄德集三十卷

宋吕陶撰。聚珍本。閩覆本。

馮安岳集十二卷

宋馮山撰。宋嘉定乙亥瀘州周鋭刊本，三十卷，今僅存詩十二卷，餘已佚。周刊又合其子澥集，何得固爲序，題二馮先生集序，澥集則全佚。

元豐類稿五十卷

宋曾鞏撰。明成化六年楊參刊。康熙中長洲顧崧齡刊本，多補遺。明萬曆中裔孫敏行、敏才重刊本。天禄書目明板中有南豐邵濂校刊本，濂不知時代，以板式似明。案邵濂刊本在隆慶辛未，多附録一卷，編爲五十一。康熙廿二年南豐彭期重刊曾文定公集二十卷，劣。天禄後目有宋建陽刊巾箱本南豐曾子固先生集三十四卷，云與元大德丁思敬所刊元豐類稿序次多寡迴異。又有宋刊南豐先生文粹十卷，不著編者姓名。又有元大德刊本五十卷。劉克莊云：昔曾南豐元豐類稿五十卷，續稿四十卷，末後數卷如越州開湖頃畝丁夫、齊州糶米斗斛户口、福建調兵尺籍員，數條分件列，如甲乙帳微，而使院行遣呈覆之類皆著于編，豈非儒學吏事粗言細語同一機棙，有不可得而廢歟？節后村續稿序。四庫目子固及弟肇集遠出歐前，及王安禮集亦遠出歐公與介甫前，不可解〔一五〕。

龍學文集十六卷

宋祖無擇撰。張氏有舊抄本，十六卷，題洛陽九老祖龍學文集，結銜云「龍圖閣學士左諫議大夫上柱國范陽郡開國侯食邑二千八百户賜紫金魚袋祖無擇撰」，後附曾孫衍撰祖氏源流龍學始末。

宛陵集六十卷附録一卷

宋梅堯臣撰。明正統己未知寧國府袁旭廷輔刊。明姜奇芳刊。元刊本，半頁十行，行十九字。康熙中梅氏刊。康熙中宋牧仲刊，佳。嘉道間刊。

忠肅集二十卷

宋劉摯撰。聚珍本。閩覆本。

無爲集十五卷

宋楊傑撰。路氏有抄本。張金吾有汲古閣舊抄本。天禄後目有宋刊本。趙士䌖知無爲軍歲餘，搜獲次公文，删其蕪纇，取其有補于教化者，編次成集十五卷，若釋道二家詩文則見諸别集。見紹興癸亥士䌖序，其集蓋即此時刊也。

王魏公集八卷

宋王安禮撰。韓氏有舊抄本。

范太史集五十五卷

宋范祖禹撰。明刊小字本五十五卷。舊抄本十八卷。

潞公集四十卷

宋文彥博撰。明刊。嘉靖五年吕枏重刊。

擊壤集二十卷

宋邵雍撰。天禄目有元板伊川擊壤集，云宋時擊壤集雍所自刻，此刻本亦仿宋槧式。伊川擊壤集自序署治平丙午中秋，蓋即其時所刊。昭文張氏有元刊本，天禄又有明希古成化乙未序刊本，有河南畢亨庚子歲序，云尹應天始克刊行，取板回洛，通守劉尚文建安樂窩書院，以板授之。希古豈即尚文之名、兩序同一板耶？康熙間吴門後裔倉來刊本，十七卷。汲古刊道藏八種本。支那本。

鄱陽集十二卷

宋彭汝礪撰。胡心耘有惠定宇舊藏抄本。

曲阜集四卷

宋曾肇撰。有刊本，題曾文昭公集。康熙中裔孫儼刊本。

周元公集九卷

宋周敦頤撰。明嘉靖中漳浦王會曾刊。明天啓癸亥黄克儉刊本，十卷。明濂溪書院刊本，三卷。康熙中裔孫沈珂重編刊。乾隆間江西董榕重輯刊本，二十三卷。

南陽集三十卷附録一卷〔一六〕

宋韓維撰。路氏有抄本。

節孝集三十卷附録一卷

宋徐積撰。宋景定甲子翁蒙正刊本。乾道己丑嘉禾刊本，三十卷，教授許及之以語録一卷附之。淳祐庚戌淮南東路判官王夬亨刊本，亦附語録一卷。元刊本有大德皇慶時人題像贊，或謂即修王夬亨本而附入之。武昌張裕釗廉卿有之。嘉靖乙丑劉祐刊本。康熙丙子山陽邱氏刊本，三十三卷。

文忠集一百五十三卷附録五卷

宋歐陽修撰。天順辛巳海虞程宗知吉安府刊，頁廿行〔一七〕，行廿字。天順刊文忠集，每卷末俱有「熙寧五年秋七月男發等編定，紹興二年三月郡人曾謙益校正」兩條。弘治壬子刊。正德壬申刊。嘉靖丁酉刊。嘉靖庚申何遷刊〔一八〕。康熙間同里曾弘校刊。乾隆間裔孫世祖重刊。嘉慶己卯裔孫衡重校刊。文忠集宋刊本大字，分七集。天一閣目有宋刊本，六十四卷。明嘉靖本一百三十五卷，改其原次第劣。年譜一卷，天順以下本有之，胡柯編跋。天禄目有居士集九十九卷，附録一卷，吉州公使庫刊。北宋本，其前五十卷宣和四年九月知吉州陳城所刊，六年後繼其任者方時可，恨其未全又嗣刊之。前有祝庇民序，因考證以得刊入。序後列周説〔一九〕、方薦可諸銜名，則時可同官。其卷五十後載「吉州公使庫開到六一居士集五十卷，宣和四年九月記」。又列郭嗣明、曹尹、洪知柔諸銜名，則城同官也。又有元板周益公所編全本，云此書字法規仿鷗波，深得其妙，定屬元時所重刊者，觀其槧印之精，非好古者不能爲。天禄後目亦有元刊本〔二〇〕。

歐陽文粹二十卷

宋陳亮撰。明郭雲鵬刊。陳亮序後有木記，稱吴會郭雲鵬校刊于寶善堂。又刊遺粹十卷，卷末有吴會郭雲鵬選輯付梓木記，四庫入存目。天禄書目明板有之，嘉靖丁未刊。

樂全集四十卷

宋張方平撰。抄本。附王鞏撰行狀〔二一〕。

忠宣文集二十卷奏議二卷遺文一卷附録一卷補編一卷

宋范純仁撰。元天曆刊二范集本，已有歲寒堂字。明萬曆戊申毛一鷺刊二范集本。十六世孫惟一校刊本。康熙丁亥二十世孫時崇合刊二范集，稱歲寒堂本。

嘉祐集十六卷

宋蘇洵撰。紹興本嘉祐集十五卷，半頁十二行，行二十一字，刊工雅。唐端甫藏。明嘉靖刊本，十五卷。明凌濛初朱墨本，十三卷。康熙中蔡士英刊本，十六卷，附録二卷。康熙中吴郡邵仁泓輯刊本二十卷，附録一卷。道光中眉州刊三蘇集本，二十卷。天禄目有明板老泉先生文集十四卷，云標題既不仍嘉祐之名，而分卷止十四，不合宋諸人書目十五卷之數，其版雖仿宋巾箱式，然字畫結體較大，筆法亦不能工。决非宋槧〔二二〕。

臨川集一百卷

宋王安石撰。明嘉靖丙午刊。萬曆刊。明有宗文堂刊。又有王荆岑刊。宋紹興十年郡守桐廬詹太和校定重刊本，宋刊元印本，每頁廿四行，行廿字，後有嘉靖間郎瑛仁寶題跋。天禄後目有宋刊臨川集一百卷，二部。昭文張氏亦有宋刊本〔二三〕。

王荆公詩注五十卷

宋李壁撰。乾隆辛酉海鹽張宗松刊本。張刊原本在邵懿辰位西處，缺第三十、第五十卷末一頁。天禄後目有元大德辛丑刊本，前有詹太和撰王荆公年譜及劉歸孫序，王常題識，皆張氏刊本所無。宋刊有大字殘本。

廣陵集三十卷拾遺一卷

宋王令撰。昭文張氏舊抄本，四十二卷〔二四〕。

東坡全集一百三十卷

宋蘇軾撰。明茅氏刊本。陳明卿刊本。明刊本七十五卷。成化四年江西布政刊七集本。嘉慶十三年江西重刊七集本。王宗稷刊本。康熙中蔡士英刊本。紛欣閣叢書本東坡翰墨尺牘八卷。道光中眉州刊本。陳振孫所稱東坡集有杭本、蜀本、張某所刊、吉州本、軾曾孫嶠刊建安本。麻沙書坊大全集本。蜀本、建本無應詔集，麻沙集本，吉州本兼載志林、雜説之類。姑胥居世英本殊有序，又少舛謬，極可賞。水東日記云：邵復孺家有細字小本東坡大全文集，松江東日和尚所藏有大本東坡大全集，又有小字大本東坡集，葉氏所見皆宋代舊刊。天禄書目有元板東坡七集一部，一百二卷，前後無序跋，密行細書，槧印工致，係仿宋巾箱本式，欲以之亂真者，當屬元初人所爲，始有此形似，惜紙質鬆脆，不能相稱耳。天禄書目又有明刊七集，無和陶四卷，而多續集十二卷，乃吉州守程某刊者。

東坡詩集注三十二卷

舊本題王十朋撰。貴筑黄彭年子壽有宋刊本。王梅溪集注分類東坡先生詩集二十五卷，每頁二十行，行大字十九，小字二十五，前有建安萬卷堂刊梓一行。朱從延刊本。茅維刊本注有刪。天禄書目宋本東坡先生和陶淵明詩四卷，云文獻通考載東坡前集四十卷，後集二十卷，奏議十五卷，内制十卷，外制三卷，和陶集四卷，應詔集十卷。又載陳振孫語曰：杭蜀本同，但杭本無應詔集。是軾和陶集宋時杭蜀刊本皆有之，在全集中別爲四卷，原可單行。此本無校刊名氏，似即從全集中抽出，且紙致墨潤，實爲宋印之佳者。金臺汪諒翻刊宋板千家注蘇詩。天禄書目有增刊校正王狀元集注分類東坡先生詩二十五卷，附傅藻東坡紀年録一卷，元刊本，其注詩姓氏後有汪氏誠意齋集書堂新刊木記，規仿宋槧，橅印清朗，爲元刻之善者。書中有劉會孟批點。平津館亦有元刊云：四庫本三十一卷，分二十九類，此本二十五卷，分七十類，有評點，似出須谿，與天禄琳琅本同。又元刊本有廬陵□□□□書堂新刊十字木長印，黑口，每頁廿四行，行廿一字〔二五〕。

經進東坡文集事略殘本二十九卷

宋郎曄撰。昭文張氏有宋刊殘本，即季滄葦藏書。蘇文末有注者，郎氏考核甚精，與施氏詩注詳頡頏。原書卷數無考，存卷一至十一，卷三十至四十，又卷二十一至二十七。每卷二字俱有補綴痕，細審板口，似是五字所改，或卷五十一至五十七歟？結銜稱嵊縣主簿，當即注陸宣公奏議者〔二六〕。

施注蘇詩四十二卷東坡年譜一卷王注正訛一卷蘇詩續補遺一卷

宋施元之撰。康熙乙卯宋犖刊本。古香齋袖珍本。宋牧仲所得宋殘本後歸翁覃溪，後又歸葉潤臣。其板與世綵堂韓集相類〔二七〕。

補注東坡編年詩五十卷

國朝查慎行撰。乾隆辛巳其侄開原刊本，不載施注，後人頗以兩讀爲病。桐鄉汪氏藏有先生手稿本。拜經樓有舊抄本。翁方綱有蘇詩補注八卷，又補查氏引施之遺。刊本，近粵雅堂重刊本。

馮應榴集注蘇詩五十卷

馮氏刊本。

王文誥蘇詩編注集成

嘉慶二十四年刊。編年總案四十五卷，編年詩注四十六卷，首載序例目傳等六卷，末雜綴識餘等四卷。

紀批蘇詩五十卷

道光中廣州刊朱墨本。

欒城集五十卷欒城後集二十四卷欒城第三集十卷應詔集十二卷

宋蘇轍撰。明嘉靖辛丑刊本。明蜀中活字本。道光壬辰眉州新刊本。拜經樓有插花山馬氏舊抄本。宋刊殘本欒城集半頁十一行，行十八字，前集存八卷，後集存十三卷，在吴門黄氏。天禄又有元板欒城四集，合八十四卷。其板式與王狀元注東坡詩一律，并有文徵明梅溪精舍、玉蘭堂二印，紙墨之善相等，蓋二蘇同刊之本。天禄目載欒城集後集三集宋刊本，凡八十四卷，無應詔集。其曾孫詡跋云：欒城公集刊行者，建安本頗多缺謬，在麻沙者尤甚，蜀本舛誤亦不免。今以家藏舊本并第三集，合爲八十四卷，皆曾祖自編類者，謹與同官及兒輩校讎，刊板于筠之公帑。紀年爲淳熙己亥，己亥爲孝宗淳熙六年，列校勘官倪思、鄧光、閭丘泳銜名。又轍四世孫森跋云：先文定公集，先君吏部淳熙己亥守筠陽日，命工刊之，森無所肖似，濫承人乏，到官之初，重念先人所刊家集板歲久漫滅，樽節浮費一新之。紀年爲寧宗開禧三年丁卯，距詡鋟板時歷二十九載。父授于前，子新于後，宜其毫髮無遺，爲宋刊斯集之冠。且祖孫五世，三治筠陽，俾板刻常新，此中亦有天幸。觀詡、森書跋之字，家法猶存，亦可稱象賢矣。

山谷内集三十卷外集十四卷别集二十卷詞一卷簡尺二卷年譜三卷

宋黄庭堅撰。嘉靖丙戌徐岱、喬遷、余載仕刊本，附伐檀集。先是前守葉天爵刊周季鳳所抄内閣本，未竟而去。又二十年，乃索季鳳别鈔刊之，因舊刊者蓋三之一。四庫著録即用此本，蓋寧祠最舊本，亦最善。萬曆癸卯莆田方沆刊正集三十卷，萬曆甲寅滇中李友梅又刊外集十四卷，别集二十卷，附年譜十五卷，并周希令重編。乾隆乙酉江西刊本（正集三十二卷，外集二十四卷，别集十九卷，卷首四卷附伐檀二卷），依萬曆本所改編，而新改字多誤。乾隆間陳守誠重刊巾箱本，六十四卷。豫章先生遺文十二卷，乾隆庚子汪大本仿宋刊本。山谷刀筆二十卷，近紛欣閣刊本。宋乾道本類編增廣黄先生大全文集五十卷，賦、詩、雜文、樂章各以類分編，辨唯絳雲書目有之，他家皆未著録。有麻沙鎮水南劉仲吉識語，題乾道端午。張金吾所藏，見續志四。天禄目有元板黄太史精華録八卷，任淵選，前淵序，後朱承爵跋，稱任子淵精華録選，蓋宋元祐間刊板云云〔二八〕。必非宋人，定爲元刊。山谷精華録八卷，明刊本，題任淵撰。山谷題跋四卷，汲古閣刊。

山谷内集注二十卷外集注十七卷别集注二卷

宋任淵撰。烏鎮鮑氏有元刊本。聚珍本。閩覆本。乾隆五十三年謝啓昆刊翁方綱校本，附遺詩五卷及黄㽦撰年譜十四卷。明弘治丙辰南昌陳沛等刊本。明嘉靖癸巳成都蔣芝刊黄詩，内篇十四卷，續二卷。道光中黄氏後人擺板本。影宋抄山谷前集詩注二十卷，半頁十三行，行二十三字，注低一格，單行（缺序目）〔二九〕。宋淳熙本山谷外集詩注十七卷，半頁九行，行大小字并十九字，末有淳祐庚戌孫季温跋，謂大父書脱稿日〔三〇〕，白石錢先生文季爲序，鋟木于眉。（錢序嘉定元年）後增注，復詮次，今刻之閩憲治。并郘亭藏本。張金吾有舊抄山谷詩三注，附弘治丙辰張元楨序，己未楊廉後序，蓋據明刊也。又有宋刊仁注殘本六卷，舊抄目録闕二頁，獨不闕。

後山集二十四卷

宋陳師道撰。明嘉靖刊本三十卷。明馬潡刊本二十八卷。弘治十二年刊本三十卷。雍正庚戌雲間趙鴻烈刊本二十二卷。拜經樓藏舊抄，爲秀水濮氏校何義門評本。昭文張氏有何義門手校弘治間刊本，謂以嘉靖前舊鈔校，補正刊本之錯不少〔三二〕。

後山詩注十二卷

宋任淵撰。聚珍板本。閩覆本。明有楊一清序刊本，在弘治丁巳秋，云以屬漢中知府袁宏。雍正乙巳嘉善陳唐刊無注本六卷。逸詩五卷，詩餘一卷，皆唐所蒐輯。昭文張氏志有宋刊本後九卷，抄補前三卷〔三三〕。

宛邱集七十六卷

宋張耒撰。聚珍本、閩覆本題柯山集五十卷。舊抄本題張右史集六十五卷。汲古閣目張右史集六十卷，云世行文潛集僅十之五，右史集乃大全。明嘉靖中郝梁刊本十七卷。知不足齋傳抄本有八十二卷，最足。

淮海集四十卷後集六卷長短句三卷

宋秦觀撰。淮海集有影宋抄本四十卷，後二集已佚。明初刊本。嘉靖中張綖刊本。萬曆十六年李之藻刊本。道光十七年高郵王敬之刊本合爲十七卷，後集二卷，補遺一卷。

濟南集八卷

宋李廌撰。抄本。

參寥子集十二卷

宋釋道潛撰。刊本。宋刊本，半頁十一行，行廿四字，蓮鬚閣舊物。有黄子羽、季滄葦、徐健庵諸人印。胡心耘家藏宋刊。行字同，黄蕘圃物也。

斜川集六卷

宋蘇過撰。此集自明代即軼，書賈每以劉過龍州集改題欺世，四庫提要存目所斥是也。歷城周永年從永樂大典中輯成六卷，乾隆丁未鮑氏知不足齋刊入叢書。後嘉慶十五年法式善又從大典中輯出補遺二卷，則與原本十卷不甚懸殊，重爲刊行。道光七年眉州又重刊，附三蘇集後。阮氏以六卷本進呈。

寶晉英光集八卷

宋米芾撰。抄本。明刊本六卷。有宋刊本，紹定壬辰岳珂編刊寶晉英光集于潤州米祠。潘訒叔刊選五卷。翁方綱撰有年譜〔三三〕。

石門文字禪三十卷

宋釋惠洪撰。釋藏刊本。

青山集三十卷續集七卷

宋郭祥正撰。抄本。時刊本〔三四〕。

畫墁集八卷

宋張舜民撰。知不足齋刊。

陶山集十四卷

宋陸佃撰。聚珍本、閩覆本十六卷。

倚松老人集

宋饒節撰。四庫依抄本。常熟陳氏有舊抄本，宋慶元己未黄汝嘉重刊一條。張氏舊抄本每卷有之。

長興集十九卷

宋沈括撰。明刊本，原四十一卷，缺一至十二，又缺三十一，又缺三十三至四十一，凡缺廿二卷，故僅存十九卷。今所存三沈集，明人翻刻宋括蒼本也。

西塘集九卷附録一卷

宋鄭俠撰。明萬曆中刊本。

雲巢編十卷

宋沈遼撰。明刊本。

景迂生集二十卷

宋晁説之撰。抄本。道光十年晁氏裔孫刊。

雞肋集七十卷

宋晁補之撰。明刊。又崇禎乙亥吴郡顧凝遠依宋刊本重刊，四庫據之。昭文張氏舊抄本，題濟北晁先生雞肋集，宋紹興七年丁巳，從弟謙之權福建轉運判官，編次爲七十卷，刊于建陽〔三五〕。

具茨集一卷

宋晁沖之撰。明晁瑮重刊宋本。天一閣目六卷。道光十年晁氏重刊本十五卷。晁瑮本載俞汝礪序，署紹興十一年九月。阮氏曾進呈。

樂圃餘稿十卷附録一卷

宋朱長文撰。康熙壬辰裔孫岳壽刊本。

龍雲集三十二卷

宋劉弇撰。明弘治乙丑劉璋刊本。裔孫有恒重刊本。龍雲集，汴京及麻沙先刻二十五卷，紹興初羅良弼增編爲三十二卷，嘉泰四年吉守胡元衡平一刊之。弇字偉明，居安福縣之龍雲鄉，元符中官秘書省正字。

雲溪居士集三十卷

宋華鎮撰。抄本。

演山集六十卷

宋黄裳撰。抄本。宋乾道初季子炌刊本。

姑溪居士前集五十卷後集二十卷

宋李之儀撰。舊抄本。昭文張氏藏姑溪集五十卷，乾道丁亥天台吴芾假守當塗，得遺稿于邦人，類聚之，命郡士載翬訂正，鋟板于學見芾序〔三六〕。

潏水集十六卷

宋李復撰。抄本。潏水集本四十卷，宋乾道間嘗刊于饒郡，即朱子所謂信州本也。

學易集八卷

宋劉跂撰。聚珍本。閩覆本。

道鄉集四十卷

宋鄒浩撰。明正德七年無錫刊。萬曆戊午鄒忠允重刊。近年道光辛丑鄒禾刊。正德本題道鄉先生鄒忠公文集。嘉靖壬辰刊。道鄉集宋刊本同治丁卯秋見之杭肆，紹興五年乙卯，其子柄栩編集，將鏤板于福唐，李剛爲之序。

游廌山集四卷

宋游酢撰。乾隆丙寅裔孫刊。同治丁卯游智開重編，刊于和州，較清整。

西臺集二十卷

宋畢仲游撰。聚珍本。閩覆本。

樂静集三十卷

宋李昭玘撰。抄本。

北湖集五卷

宋吴則禮撰。抄本。

溪堂集十卷

宋謝逸撰。抄本。

竹友集十一卷

宋謝邁撰。一名謝幼槃文集。張志有舊抄本，苗昌言跋，後列右從事郎軍事推官宋砥等無人銜名六行，淳熙二年十二月。陽夏趙煜重刊一條，末有萬曆己酉謝肇淛跋。紹興辛未趙朝議命刊臨川二謝集于學宫，建康苗昌言董之，得溪堂善本于學正易葳，又得幼槃善本于其子敏行，以相參校，見昌言壬申冬十一月序。又謂兄弟文集合三十卷，見昌言序。

日涉園集十卷

宋李彭撰。抄本。

灌園集二十卷

宋吕南公撰。依閣抄本。

慶湖遺老集九卷

宋賀鑄撰。康熙中刊本。昭文張氏有舊抄本，多拾遺一卷，後歸胡心耘。紹興壬子癸丑晉陵胡澄雨跋，謂先得前集九卷鋟木，繼而有傳卷之十于公家者，又得公子廩豫登補遺二十七篇，并程公序，不暇附益改作，姑目曰拾遺而亟刻之，以全其集。又賀廩跋，謂所搜拾爲後集之補遺，是紹熙刊本時即有拾遺、補遺兩卷也〔三七〕。

摛文堂集十五卷附録一卷

宋慕容彦逢撰。抄本。

襄陵集十二卷

宋許翰撰。抄本。

東堂集十卷

宋毛滂撰。抄本。

浮沚集八卷

宋周行己撰。聚珍本。閩覆本九卷。

劉給事集七卷

宋劉安上撰。四庫依抄本。朱彝尊自隸州劉體仁家借抄，僅得其半，後得福州林佶抄本，始足成之。

劉左史集四卷

宋劉安禮撰。四庫依抄本。舊抄本，有黄梨洲藏印。

竹隱畸士集二十卷

宋趙鼎臣撰。抄本。

唐子西集二十四卷〔三八〕

宋唐庚撰。此本乃明崇禎庚辰福州徐𤊹從何楷家抄傳。明嘉靖三年金獻民刊本。雍正乙巳歸安汪亮采刊本，題眉山集。昭文張氏有舊抄本三十卷，題曰眉山唐先生文集。

洪龜父集二卷

宋洪朋撰。抄本。

跨鼇集三十卷

宋李新撰。抄本。

忠愍集三卷

宋李若水撰。乾坤正氣集本。抄本。南宋時蜀中有刊本。

忠肅集三卷

宋傅察撰。四庫依抄本。乾坤正氣集本。

右别集類北宋建隆至靖康

集部四　别集類三

宗忠簡集八卷

宋宗澤撰。明萬曆中刊二卷。崇禎中熊人霖刊。今康熙中王廷曾刊本。乾坤正氣集本。

龜山集四十二卷

宋楊時撰。有宋刊本三十五卷。明弘治壬戌李熙刊本十六卷。後常州東林書院刊本三十六卷。宜興刊本三十五卷。萬曆辛卯林熙春刊本四十二卷。順治庚寅裔孫令聞刊本。康熙丁亥楊氏刊本。

梁谿集一百八十卷附録六卷

宋李綱撰。張月霄抄本。路小洲抄本。并全書。宋刊殘本梁溪文集，半頁九行，行廿字，凡三十八卷，藏黄蕘圃家。明左光先、李嗣立選刊于閩中本，四十八卷。康熙己酉李榮芳重刊。四庫存目〔三九〕。

初寮集八卷

宋王安中撰。抄本。

横塘集二十卷

宋許景衡撰。抄本。

西渡集二卷補遺一卷

宋洪炎撰。月霄有舊抄本一卷〔四〇〕，謂與焦氏經籍志合，宋牧仲鈔自陸其清家，漁洋有跋。

老圃集二卷

宋洪芻撰。玉雨堂叢書本。抄本。

丹陽集二十四卷

宋葛勝仲撰。抄本。

毘陵集十五卷

宋張守撰。聚珍本。閩覆本。

浮溪集三十六卷

宋汪藻撰。聚珍本三十二卷。閩覆本。

浮溪文粹十五卷

明正德元年馬金刊，有附録一卷。嘉靖中王氏刊本。

莊簡集十八卷

宋李光撰。抄本。

忠正德文集十卷

宋趙鼎撰。道光十一年吴傑刊本。

東窗集十六卷

宋張擴撰。抄本。

忠惠集十卷附録一卷

宋翟汝文撰。抄本。

松隱文集三十九卷

宋曹勛撰。四庫依抄本。

石林居士建康集八卷

宋葉夢得撰。咸豐丙辰蘇城裔孫葉運鵬刊本，附兩鎮建康紀年略一卷。昭文張氏有舊抄本。絳雲樓有總集一百卷，火後此書遂絶〔四二〕。

簡齋集十六卷

宋陳與義撰。聚珍本。閩覆本。

增廣箋注簡齋集三十卷無住詞一卷

宋胡穉箋注。阮文達進呈内府。昭文張金吾有宋刊本，前有穉編簡齋年譜一卷，暨續添詩箋正誤。穉字仲孺，以宋人注宋詩，見聞較確，能得作者本意。集中酬贈諸人亦一一考其始末。南宋舊槧，首尾完善，自序題紹熙改元，樓鑰序題紹熙壬子，則三年也。

北山小集四十卷

宋程俱撰。四庫依抄本。昭文張氏有影宋抄本。宋刊本四十卷，半頁十行，行二十字，皆用乾道六年官司簿帳紙背摹印，其印記文可辨者印有歸安、烏程兩縣，記有湖州司理院新朱記、湖州户部贍軍酒庫記、監湖州都商稅務朱記等五六事，意此板刊于吴興官廨也。藏吴門黄氏，又歸藝芸書舍〔四二〕。

檆溪居士集十二卷

宋劉才邵撰。抄本。

筠溪集二十四卷

宋李彌遜撰。抄本。

華陽集四十卷

宋張綱撰。昭文張氏有舊抄本。宋紹熙元年綱之孫釜權知池州刊置郡學本，洪邁序題紹熙二年。

忠穆集八卷

宋吕頤浩撰。抄本(四三)。

紫微集三十六卷

宋張嵲撰。鈔本。

茗溪集五十五卷

宋劉一止撰。四庫依曝書亭抄本。舊抄本。又目録三卷，見張氏志。

東牟集十四卷

宋王洋撰。鈔本。

相山集三十卷

宋王之道撰。鈔本。

三餘集四卷

宋黄彦平撰。依閣抄本。

玉堂類稿二十卷西垣類稿二卷

宋崔敦詩撰。字大雅，本河北人，南渡後遂居溧陽，登紹興進士，官至中書舍人。李心傳朝野雜記吕祖謙文鑑既成，近臣密啓其失命直院，崔大雅更定、增損、去留凡數十篇。朱子語類亦有敦詩删定文鑑之語。敦詩淳熙九年致仕，是編皆孝宗時制誥、口宣等。宋志誤以爲周必大撰，而其文皆必大文集所無。阮氏依日本活字板録以進呈。

龜溪集十二卷

宋沈與求撰。宋紹熙中其孫説刊本。又有淳熙四年泉州刊本。明刊本。昭文張氏有舊鈔。

栟櫚集十六卷

宋鄧肅撰。明正德己卯刊本二十五卷。路小洲抄本廿五卷。張月霄舊抄廿五卷。嘉慶十九年鄧廷楨重刊宋本較庫本完善。附鄧旭林屋詩集四卷。

默成文集八卷

宋潘良貴撰。康熙中潘氏刊。虞山陳氏有舊抄本。

鄱陽集四卷

宋洪皓撰。精抄本。

澹齋集十八卷[四四]

宋李流謙撰。鈔本。千頃堂書目載澹齋集八十一卷。

韋齋集十二卷附玉瀾集一卷

韋齋集宋朱松撰，玉瀾集松弟槔撰。宋淳熙中刊。元至元中刊。明弘治刊本。康熙庚辰裔孫朱昌辰刊本，後附朱昇蜀中草。

陵陽集四卷

宋韓駒撰。抄本。

灊山集三卷

宋朱翌撰。知不足齋本。

雲溪集十二卷

宋郭印撰。抄本。

盧溪集五十卷

宋王廷珪撰。明刊(四五)。

屏山集二十卷

宋劉子翬撰。明刊黑口本。近福建李氏新刊本。天禄目有元刊本。

北海集四十六卷附録三卷

宋綦崇禮撰。抄本。

鴻慶居士集四十二卷

宋孫覿撰。路小洲有抄本孫尚書大全集七十二卷。明刊十四卷本。張金吾有七十卷本，題南蘭孫尚書大全文集，王文恪抄藏之本。葉石君以鴻慶集校，隨類補遺篇于當卷末。識語署順治九年五月〔四六〕。

内簡尺牘編注十卷

宋孫覿撰，其門人李堯祖編併注。成化辛丑其裔孫仁廣西刊本。嘉靖丁巳雲間顧名儒重刊于建陽。萬曆庚辰姚江葉逢春督學淮揚刊本。黄丕烈有宋刊本十六卷，半頁十二行，行大字二十，小字二十五。今乾隆中錫山蔡焯等增訂刊本。

崧庵集六卷

宋李處權撰。抄本。

豫章文集十七卷

宋羅從彦撰。元至正三年許源堂刊本。元刊小字本。明成化七年馮氏刊本。嘉靖甲寅刊本。隆慶五年羅文明刊本。康熙刊本併爲十卷，與許魯齋集合刊。

和靖集八卷

宋尹焞撰。嘉靖庚寅刊本十卷。明隆慶己巳蘇州刊文集三卷，附集一卷。

王著作集八卷

宋王蘋撰。宋寶祐中曾孫思文刊本。明弘治中十一世孫觀編刊本。

郴江百詠一卷

宋阮閱撰。四庫依抄本。韓氏有舊抄本。

雙溪集十五卷

宋蘇籀撰。明刊。粵雅堂刊。

少陽集十卷

宋陳東撰。元大德中刊本。明刊本。康熙中刊本。乾坤正氣集本。

歐陽修撰集七卷

宋歐陽澈撰。明永樂丙申十世孫齊重刊本。萬曆甲寅二十世孫鉞刊本。宋嘉定甲申會稽胡衍刊本。乾坤正氣集本〔四七〕。

東溪集二卷附録一卷

宋高登撰。四庫依抄本，明林希元編。乾坤正氣集本。張金吾有舊鈔。

岳武穆遺文一卷

宋岳飛撰。嘉靖中刊本，五卷。乾隆中黄邦寧校刊岳忠武王集八卷，附一卷。藝海珠塵本。乾坤正氣集本。岳忠武王集十卷，其孫珂編，刊入金陀粹編中，完整無闕。後人欲刊岳集，直據抄附梓可也。直齋所録蓋即其當時抄出別刊者耳。郘叟記〔四八〕。

茶山集八卷〔四九〕

宋曾幾撰。聚珍本。閩覆本。杭縮本〔五〇〕。

雪溪集五卷

宋王銍撰。張金吾有舊抄本。拜經樓藏抄本五卷，卷心題觀稼樓鈔書，有玉峰徐氏家藏及沈芾園晦藥軒諸印。

蘆川歸來集十卷附録一卷

宋張元幹撰。路小洲有抄本十二卷，附録一卷。近時刊本。宋嘉定己卯其孫欽臣刊本。

東萊詩集二十卷

宋吕本中撰。四庫依抄本。明刊本。張金吾有精抄本。乾道元年沈公雅編東萊詩集二十卷，鋟板于吴郡齋。二年四月，曾茶山爲之序，謂幾與公皆生于元豐甲子，有連相好，紹興辛亥，年皆未五十，公詩已獨步海内。幾作書請問句律，教我甚至，幾受而書諸紳。

澹庵文集六卷

宋胡銓撰。乾隆廿二年裔孫澐等刊胡忠簡公集二十二卷，又補遺三卷，附録三卷。道光己酉裔孫文恩刊三十二卷。張氏志有胡忠簡先生文選精抄本九卷。慶元五年己未八月門人楊萬里序云：先生既没後二十年，其子澥與其族子涣、族孫秘輩裒集先生之詩文七十卷，目曰澹庵文集，欲刻板，貧未能。之官中都，舟過池陽，太守蔡侯必勝相見，問家集，慨然請其書刻之，命郡文學周南、董振之、學録何巨源校讎之。未就而蔡侯移官山陽，雷侯孝友、顔侯棫踵成之。據此，則澹庵集七十卷始刊于池州。胡氏裔孫裒集澹庵春秋解十六卷、周禮解六卷、禮記解十四卷，乾隆五十三年合刊以行。別下齋叢書刊澹庵長短句。

五峰集五卷

宋胡宏撰。抄本。

斐然集三十卷

宋胡寅撰。宋端平元年馮邦佐刊本。宋嘉定三年鄭肇之刊本。四庫依宋槧本。抄本。

北山集三十卷

宋鄭剛中撰。康熙乙亥曹定遠刊本。張氏志有抄本。鄭忠愍公自編北山初集曰笈腹編，又自編中集〔五一〕，見紹興甲子自序。其後集則公没後其良嗣所編，合有三十卷，乾道癸巳刊行。外有周易窺餘十五卷，又有經史專音，左氏九六編及他雜著，見良嗣序。窺餘在經部，餘未見。

浮山集十卷

宋仲并撰。抄本。

横浦集二十卷

宋張九成撰。明萬曆中刊本。附新傳、日新二編〔五二〕。

文定集二十四卷

宋汪應辰撰。聚珍本。閩覆本。明嘉靖間夏俊刊本，即别本汪文定集十三卷，程敏政本，入存目。

縉雲文集四卷

宋馮時行撰。明嘉靖癸巳李璽刊本。

嵩山居士集五十四卷

宋晁公遡撰。宋乾道四年刊。抄本。

默堂集二十二卷

宋陳淵撰。舊抄本。

知稼翁集十二卷

宋黄公度撰。明天啓乙丑裔孫崇瀚刊本。韓氏有舊影宋鈔。舊抄本十二卷，足。四庫著録者二卷，謂是殘缺本。

漢濱集十六卷

宋王之望撰。抄本。

歸愚集十卷

宋葛立方撰。四庫依知不足齋抄本。張氏志有舊抄本。宋刊殘本，頁十二行，行廿字。存五至十二，凡九卷，黄蕘圃藏〔五三〕。

香溪集二十二卷

宋范浚撰。字茂明，婺之蘭江人。刊本。近時刊本。元刊本，其族裔孫元璹刊，有吴師道序在至順辛未。後張金吾藏。又有蘭溪令唐尚虞己亥秋刊〔五四〕，有章學懋序，蓋至正十九年或永樂七年，并翻宋本。紹興三十一年猶子元卿先刻其詩賦論議雜著爲二十二卷，見同郡陳巖肖序，蓋即今本。序又述元卿語，謂叔父平昔爲文至多，欲悉出與世共而力有未辨，則此集其要略也。

鄭忠肅奏議遺集二卷

宋鄭興裔撰。明刊本。

拙齋文集二十卷

宋林之奇撰。抄本。宋刊本二十八卷，見季子目〔五五〕。

于湖集四十卷

宋張孝祥撰。明萬曆中刊。韓氏有四庫所據舊抄本。

太倉稊米集七十卷

宋周紫芝撰。張金吾藏舊抄本，格闌外有「浣香居抄本」五字。宋乾道丙辰陳天麟帥襄陽，始鋟諸木，其校勘之不精，刻畫之舛錯，凡三百八十有五，而爲（譌）字千餘〔五六〕。陳公詔赴襄陽學官，道九江，見左司仲子疇，得其家藏善本。比至，重加是正，命工修整，時淳熙癸卯孟夏。見公紹跋。

夾漈遺稿三卷

宋鄭樵撰。函海本。藝海珠塵本。單刻本。

鄮峰真隱漫録五十卷

宋史浩撰。乾隆丙申史氏裔孫重刊史忠定王集五十卷。

燕堂詩稿一卷

宋趙公豫撰。四庫依抄本〔五七〕。

海陵集二十卷〔五八〕

宋周麟之撰。抄本。

竹洲集二十卷附棣華雜著一卷

宋吴儆撰。明萬曆甲辰刊本，題吴文肅公集。又明刊大字本。弘治癸丑刊小字本，程敏政序。又明刊本，十卷。

高峰文集十二卷

宋廖剛撰。提要云久無刊本。

鄂州小集六卷附録二卷

宋羅願撰。明洪武二年趙汸刊本。弘治十一年羅文達刊本。天啓丙寅羅明刊本。康熙癸巳歙七略書堂刊本。

艾軒集九卷附録一卷

宋林光朝撰。明正德辛巳鄭岳刊本。

晦庵集一百卷續集五卷别集七卷

宋朱子撰。明刊大字本。嘉靖壬辰刊本。明萬曆甲辰朱崇沐單刊奏議十五卷。康熙戊辰蔡方炳刊，世謂閩小字本。雍正八年朱玉類編本，補文數篇。入存目。咸豐時徐樹銘提閩學刊中楷字本。天禄後目有宋刊晦庵先生文集前集十一卷，後集十八卷，無編者姓名，亦無序跋，而刊印工整，曾藏汲古閣，有宋本甲字印。晦庵先生大全集一百卷大字本，今在上海郁氏。其續别集有無不記(五九)。

梁溪遺稿一卷

宋尤袤撰。宋尤藻刊于新安之本五十卷，後毁于兵火。康熙中尤氏輯删本二卷。

文忠集二百卷

宋周必大撰。四庫依抄本。宋有開禧刊本。上海郁氏有宋刊周文忠大全集。近年江西刊本大全集二百十五卷，連附録二十九種。張金吾有澹生堂舊抄本〔六〇〕。

雪山集十六卷

宋王質撰。聚珍本。閩覆本。

方舟集二十四卷

宋李石撰。抄本。

網山集八卷

宋林亦之撰。字學可，福清人，一作網川月魚集。四庫依曝書亭抄本〔六一〕。

東萊集四十卷

宋呂祖謙撰。明刊。静持室有元刊東萊呂太史文集十五卷，外集五卷，十行，行廿字〔六二〕。

宋刊大字本。

止齋文集五十一卷附録一卷

宋陳傅良撰。明弘治乙丑張璡刊本。正德元年林長繁刊本。乾隆乙丑愛日廬刊本，不足。道光甲午陳用光刊本。嘉定癸酉永嘉郡博士刊止齋集，其春秋後傳諸書永嘉守施栻先刊置郡齋。

格齋四六一卷

宋王子俊撰。竹垞跋云：鈔得宋本格齋四六，計一百二首。檢此本，數與跋同。

梅溪集五十四卷

宋王十朋撰。明正統五年劉謙刊本。明刊黑口本。雍正六年唐氏刊本。元刊本。宋紹熙壬子其子聞詩、聞禮鋟木于江陵，歸藏于家。廷試策一卷，奏議四卷，前集二十卷，後集二十九卷〔六三〕。

香山集十六卷

宋俞良能撰。抄本。

宫教集十六卷

宋崔敦禮撰。抄本。

倪石陵書一卷

宋倪朴撰。明嘉靖丙戌麻城毛鳳韶刊本。

定庵類稿四卷

宋衛博撰。依閣抄本。

攻媿集一百十二卷

宋樓鑰撰。聚珍本。閩覆本。别本文集三十二卷，詩集十卷，入存目。張金吾有舊抄一百二十卷。宋刊本一百二十卷，許滇生先生有之。查氏亦有宋刊本。

尊白堂集六卷

宋虞儔撰。韓有舊抄本。

東塘集二十卷

宋袁説友撰。抄本。

義豐集一卷

宋王阮撰。四庫依抄本。韓有舊抄本。

涉齋集十八卷

宋許及之撰。抄本。

蠹齋鉛刀編三十二卷

宋周孚撰。淳熙己亥鄖延解百綸刊本。抄本。

乾道稿一卷淳熙稿二十卷章泉稿五卷

宋趙蕃撰。聚珍本。閩覆本。

雙溪集二十七卷

宋王炎撰。萬曆丙申王鏻刊本。康熙中族孫祺刊本，十二卷。

止堂集二十卷

宋彭龜年撰。聚珍本。閩覆本。

緣督集二十卷

宋曾丰撰。明嘉靖中刊十二卷。萬曆癸未刊六十二卷，入存目。抄本。

象山集二十八卷外集四卷附語録四卷

宋陸九淵撰。明正德辛巳李茂元刊本。嘉靖辛酉刊本。康熙中陸氏重刊本。天禄目元板象山先生集二十八卷，外集五卷，前有楊簡、袁燮、吴烋序，共三十三卷。馬端臨通考載外集僅四卷，并録袁燮序，此本及録孔煒、丁端祖所撰謚議爲第五卷，其外集仍四卷也。簡序作于寧宗開禧元年，燮序作于寧宗嘉定五年，稱刊于司倉。烋序作于嘉定十三年。云聞建安狀元陳公子孫喜與人同善，敬送上文集請刊行，以二賢謚議（浮簽）次于後，是馬氏見者袁燮刊，此本爲陳氏刊，而謚議烋所補附也。外集卷五後有「辛巳歲孟冬月安正書堂重刊」木記，則嘉定十四年也。但此書紙墨黝闇，决非宋本，當係元時翻刻〔六四〕。

絜齋集二十四卷

宋袁燮撰。聚珍本。翻本。杭縮本。

舒文靖集二卷

宋舒璘撰。舊抄。

雲莊集十二卷

宋劉爚撰。四庫依祁承㸁澹生堂抄本〔六五〕。明天順中十世孫桓刊。

定齋集二十卷

宋蔡戡撰〔六六〕。抄本。紹定三年其子廙刊本。

九華集二十五卷附録一卷

宋員興宗撰。抄本。宋寶慶三年其孫榮祖刊本五十卷。

野處類稿二卷

宋洪邁撰。錢竹汀疑此稿非文敏所著，見養新録。張金吾有舊抄本。

盤洲集八十卷

宋洪适撰。天禄目有琴川毛氏影宋板抄本，闕序跋及拾遺文四卷之二，即據入四庫之本。吴門黄氏有影宋抄本，張金吾亦有，惠紅豆藏書。道光己酉洪氏刊本。

應齋雜著六卷

宋趙善括撰。抄本。

浪語集三十五卷

宋薛季宣撰。四庫依抄本。抄本。宋寶慶四年姪孫旦刊本於撫州。

石湖詩集三十四卷

宋范成大撰。康熙戊辰顧氏秀野草堂刊本二十卷〔六七〕。乾隆中刊本。

誠齋集一百三十二卷附録一卷

宋楊萬里撰。乾隆乙卯吉安刊本八十五卷，不足。張金吾有舊抄一百二十二卷，朱竹垞藏書。

千慮策二卷

宋楊萬里撰。誠齋集中策一類別行本。宋端平乙未刊本，卷計一百二十有二〔六八〕，字計八十萬七千一百有八，見劉煒叔序。楊氏刊本。

劍南詩稿八十五卷

宋陸游撰。汲古閣刊本。宋嘉定十三年其子虡刊本劍南詩稿八十五卷。宋淳熙十四年殘刊本，半頁十行，行二十字。存一至四，又八至十，又十五至十七〔六九〕，凡十卷，藏黄蕘圃家。

渭南文集五十卷逸稿二卷

宋陸游撰。明華氏活字本。汲古閣本。明正德中王氏刊渭南文集五十二卷，内有詩，不全。宋刊渭南文集五十卷，半頁十行，行十七字。藏黄蕘圃家。

放翁詩選前集十卷後集八卷附别集一卷

宋羅椅選。元大德辛丑其孫慤刊本。明弘治中冉孝隆刊本。明刊須溪評書九種，此不在内〔七〇〕。

金陵百詠一卷

宋曾極撰。四庫依抄本。

頤庵居士集二卷

宋劉應時撰。字良佐，四明人。明刊本。知不足齋本。朱述之有紅豆主人點校本。張金吾有舊抄，謂卷下「西郊」三首鮑刊本缺一首。

水心集二十九卷

宋葉適撰。明正統中黎諒刊本。方娶如選水心文鈔十卷。乾隆乙亥温州刊本。

水心先生别集十六卷

宋葉適撰。水心文集二十八卷，别集十六卷，并見直齋書録，云别集「前九卷爲制科進卷，後六卷號外稿，皆論時事，末卷號後總，專論買田贍兵」，均與此本合。四庫未收别集。昭文張金吾有依舊抄影寫本。

賢良進卷四卷

宋寶文閣學士龍泉葉適撰。萬曆温州志載水心文集外，有制科進卷九卷。張金吾藏外集中有之，阮氏以四卷進呈，猶未見張本也〔七二〕。

南湖集十卷

宋張鎡撰。知不足齋刊。

南澗甲乙稿二十二卷

宋韓元吉撰。聚珍本。閩覆本。

客亭類稿十五卷

宋楊冠卿撰。四庫依知不足齋藏宋刊本。

石屏集十卷

宋戴復古撰。明潘氏刊宋元名家詩集本六卷。台州宋氏新刊本。抄本。羣賢小集内有石屏續集四卷。

蓮峰集十卷

宋史堯弼撰。宋有其孫師道重刊本。抄本。

江湖長翁集四十卷

宋陳造撰。明萬曆戊午刊本。崇禎中李之藻與秦少游集合刊本。

燭湖集二十卷附編二卷

宋孫應時撰。近刊本。

昌谷集二十二卷

宋曹彦約撰。抄本。

南軒集四十四卷

宋張栻撰。宋淳熙甲辰刊本。路小洲有元刊本。康熙中錫山華氏刊本，甚精。道光中蜀中刊本〔七二〕。

勉齋集四十卷

宋黄幹撰。汲古閣舊藏其裔孫若金手抄本。康熙四十三年福建刊本。抄本。

北溪大全集五十卷外集一卷

宋陳淳撰。明弘治庚戌刊本。萬曆十三年刊本。宋淳祐戊辰薛季良刊本。元至元乙亥刊本。

橘山四六二十卷

宋李廷忠撰。明萬曆中丹陽孫雲翼刊本。

韻齋別録詩一卷

宋徐僑撰。僑字崇甫，婺州義烏人，早從學于吕祖謙門人葉邽。淳熙十四年舉進士，調上饒簿，始登朱子之門，稱其明白剛直，命以毅名齋。端平中官至工部侍郎，以寶謨閣待制奉祠，卒謚文清。僑真踐實履，奏對剖析理欲，宏益爲多，乃理宗時名臣。詩頗近江湖派。阮氏以進呈。惜文集十卷無傳。

後樂集二十卷

宋衛涇撰。抄本。别本十卷，入存目。宋刊本七十卷，其子樵所編，紹定壬辰守永州刊之。

竹齋詩集三卷附録一卷

宋裘萬頃撰。宋元名家集本六卷。康熙己丑其裔孫奏刊本。乾隆中裘曰修重刊本。

華亭百詠一卷

宋許尚撰。四庫依抄本。

梅山續稿十七卷

宋姜特立撰。四庫依休寧汪森家抄本。

信天巢遺稿一卷附林湖遺稿一卷江村遺稿一卷疏寮小集一卷

信天巢遺稿，宋高翥撰。江湖遺稿爲翥姪鵬飛之詩。江村遺稿爲翥父選、叔邁之詩，又載高氏先世質齋、遁翁之詩而佚其名。疏寮小集乃高似孫詩也。康熙中高士奇刊本。羣賢小集本有二卷。

性善堂稿十五卷

宋度正撰。抄本。

漫塘文集三十六卷

宋劉宰撰。宋嘉熙四年衡山趙葵刊本漫塘劉先生文集二十二卷。天禄後目有宋刊本二十二卷。天禄書目明本中載漫堂劉先生文集二十二卷，前有宋嘉熙四年衡山趙葵序，劉公自號漫堂病叟，著述不可勝記，散佚不存，姑就所見聞者傳之于世。是葵實始刊是書之人。而此本紙出渲染，蓋以新本冒舊刊。明正德間王臬刊本。

克齋集十七卷

宋陳文蔚撰。乾隆中刊本。

芳蘭軒集一卷

宋徐照撰。羣賢小集本合此下三種作四靈集。

二薇亭詩一卷

宋徐璣撰〔七三〕。

西巖集一卷

宋翁卷撰。

清苑齋集一卷

宋趙師秀撰。

瓜廬詩一卷

宋薛師石撰。羣賢小集本。

洺水集三十卷

宋程珌撰。明嘉靖刊本廿七卷，足，半頁十一行，行廿一字。崇禎戊辰程氏重刊本三十卷。

崇禎己巳裔孫至遠刊本。

龍川文集三十卷

宋陳亮撰。明閩中晉江史朝富刊本，卷首有像。近年粤東活字本。同治八年永康應氏刊本。

龍洲集十四卷附録二卷

宋劉過撰。乾隆中刊本。函海本十卷。羣賢小集本詩一卷。張金吾有舊抄本，附録僅一卷。宋端平元年過弟澥刊本。

鶴山全集一百九卷

宋魏了翁撰。明嘉靖辛亥吴鳳奏刊本。明錫山安國活字板本。黄丕烈有宋刊鶴山全集一百十卷，中缺十二卷，半頁十一行，行廿字。鶴山集二子近思、克愚編百卷本，淳祐末刊之。有姑蘇本，有□陽本〔七四〕。開慶改元五月又增益重編刊于成都〔七五〕。

西山文集五十五卷

宋真德秀撰。四庫依明萬曆中金學曾刊本。又萬曆刊本。康熙四年刊本。浦城遺書本。嘉靖元年常熟張文麟刊于建寧，五十一卷。正德庚辰莆陽黄鞏先爲之序。宋刊本西山文集五十五卷，半頁十行，行十八字。卷八至十一，又二十五至二十八，又五十二至五十五皆抄補，而第五十一全闕。黄蕘圃藏。

方泉集四卷

宋周文璞撰。羣賢小集本三卷〔七六〕。

白石詩集一卷附詩説一卷

宋姜夔撰。康熙中刊本。羣賢小集本。乾隆二十四年厲鳥山房刊本。知不足齋單刻本。

道光中□□姜氏祠堂本。

野谷詩稿六卷

宋趙汝鐩撰。羣賢小集本。

平齋文集三十二卷

宋洪咨夔撰。抄本。

蒙齋集十八卷

宋袁甫撰。聚珍本二十卷。閩覆本。

康範詩集一卷附録三卷

宋汪晫撰。舊本合汪夢斗北游集，題曰西園遺稿。

清獻集二十卷

宋杜範撰。嘉靖二十六年刊本。抄本。同治庚午吴縣孫氏刊本。

鶴林集四十卷

宋吴泳撰。抄本。

東澗集十四卷

宋徐應龍撰。抄本。

方是閑居士小稿二卷

宋劉學基撰。四庫依影元至正辛丑刊抄本。張金吾有舊抄本。宋嘉定中刊本。元至正辛丑從元孫張重刊。

翠微南征録十一卷

宋華岳撰。抄本。有一刊本，作十卷。張金吾有汲古閣舊抄本〔七七〕。

翠微先生北征録十二卷

宋華岳撰。昭文張金吾藏舊抄本，有嘉慶庚申顧廣圻手跋，云翠微先生字子西，在宋史忠義十。其南征、北征録皆不著于藝文志。南征録詩居十九，即其別集。此北征録皆兵家言，近盧召弓志補亦著于別集，從類列也。唯云十一卷者，依此是十二，蓋俗本誤并其一耳。世鮮傳者，得觀于讀未見書齋，楮墨閒古香噴溢，三數百年物也。

浣川集十卷

宋戴栩撰。抄本。

滄州塵缶編十四卷

宋程公許撰。抄本。

平安悔稿十二卷

宋項安世撰。安世有周易玩辭，已著録。宋志載其丙辰悔稿四十七卷，近無傳本。厲鶚宋詩紀事僅從後村詩話、千家詩、方輿勝覽採數首，此則依舊鈔過録，合前後集凡一千二百八十五首，分卷與宋志不合，即后村詩話所録有數篇亦未載。卷六以下乃慶元丙辰謫居江陵後作。缺逸雖多，然就存者觀之，固紹興、嘉泰間一作者也〔七八〕。阮氏進呈。

安晚堂詩集七卷

宋鄭清之撰。四庫依抄本。

四六標準四十卷

宋李劉撰，其門人羅逢吉編，明孫雲翼箋注。明刊。乾隆四十二年陳氏刊。天禄後目有元刊無注本，稱梅亭先生四六標準〔七九〕。

篔窗集十卷

宋陳耆卿撰。抄本。

友林乙稿一卷

宋史彌寧撰。近仿宋刊本。張金吾有舊抄本。宋本舊在吴門黄氏。

雲泉詩集一卷

宋釋永頤撰。羣賢小集本。

方壺存稿八卷

宋汪莘撰。有刊本四卷。

鐵庵集三十七卷

宋方大琮撰。路小洲有抄本廿六卷。張金吾有舊抄三十六卷。

壺山四六一卷

不著撰人。四庫依抄本。明刊本。

默齋遺稿二卷

宋游九言撰。四庫依抄本。

履齋遺集四卷

宋吴潛撰。刊本。羣賢小集本。

南海百詠一卷

宋方信孺撰。信孺字孚若，莆田人，以蔭補官。開禧中假朝奉郎使金，三往返。知真州，至廣西漕。所著有好菴游戲詩境集，未見。是編乃其官番禺尉所作，取南海古蹟各爲七言絶句，注其顛末。阮氏以進呈。

臞軒集十六卷

宋王邁撰。抄本。

東野農歌集五卷

宋戴昺撰。四庫依抄本。明潘氏刊宋元名家詩集本。

清正存稿六卷附録一卷

宋徐鹿卿撰。四庫依小山堂抄本。明萬曆甲寅刊本。

寒松閣集三卷

宋詹初撰。明嘉靖戊午刊本。

滄浪集二卷

宋嚴羽撰。明正德中淮揚胡汝器刊本。明潘訒叔刊宋元名家集本六卷。明正德丁丑李堅刊三卷。胡心耘有元刊滄浪集三卷本，内缺二頁。後得明刊本，其缺處同，而僞加「然唯諾」三字直接下頁。元本半頁十行，行廿字，有黄公紹序。明正德本半頁九行，行廿字，有林俊序。

泠然齋集八卷

宋蘇泂撰。張金吾本亦依閣本抄，而附補遺附録。

可齋雜稿三十四卷續稿八卷續稿後十二卷

宋李曾伯撰。張金吾抄本。可齋雜、續、三稿，其官荆渚時子杓編刊。既而劉甑又刊之武陵。曾伯没後，子杓又刊巾箱本，成于咸淳庚午，則第三刊也。又自識署寶祐甲寅，則初刊續稿之年。

後村集五十卷

宋劉克莊撰。四庫依抄本。康熙五十九年姚培謙刊本十六卷，附二卷。拜經樓有舊抄本五十卷。盧抱經云：毛刻後村題跋四卷，前二卷不見于五十卷内，詩人玉屑内所載三篇亦未收入。天一閣有後村集足本一百九十六卷，昭文張金吾家本即依之影寫者。近見豐順丁禹生藏一部，又見浙肆中一部，亦皆出于天一本〔八〇〕。克莊有前、後、續、新四集二百卷，見墓志銘，此蓋其合編之本也。隱居通議曰：「後村卒，其家盡薈萃其平生所著，别刊本爲大全集。」則是書即出後村家。宋時曾有刊板，天一閣本蓋從之傳録，凡詩、文、詩話、内外制、長短句，合一百九十三卷。其百九十四至百九十六則洪天錫撰行狀，林希逸撰墓志銘，又撰謚議，各爲一卷也。

諸家書目止有林秀發編五十卷本，此本則絶無著録者，惟文淵閣書目中有後村詩二部，俱五十册，殘闕，卷帙繁重，亦即是書。後村自跋續稿云五十卷，起淳祐己酉〔八二〕，至寶祐戊午十年作。

澗泉集二十卷

宋韓淲撰。抄本。

矩山存稿五卷

宋徐經孫撰。四庫依抄本。明萬曆刊本，題徐文惠公存稿四卷。

雪窗集二卷附録一卷

宋孫夢觀撰。明嘉靖中裔孫應奎刊本。

文溪存稿二十卷

宋李昂英撰。明成化中刊。乾隆癸酉刊。康熙戊申刊。元至元中李春叟刊本。

彝齋文編四卷

宋趙孟堅撰。抄本。

靈巖集十卷

宋唐士恥撰。明刊。

玉楮集八卷

宋岳珂撰。四庫依安邱張氏抄本。明刊玉楮詩集八卷。張金吾有舊抄本，後有肅之記，云計百零七版。

楳埜集十二卷

宋徐元杰撰。乾坤正氣集本。宋景定二年其子直諒刊本。

恥堂存稿八卷

宋高斯得撰。聚珍本。閩覆本。

秋崖集四十卷

宋方岳撰。明嘉靖乙酉刊本八十三卷，文四十五卷。宋寶祐五年刊本〔八二〕。

芸隱横舟稿一卷芸隱倦游稿一卷

宋施樞撰。羣賢小集本。

蒙川遺稿四卷

宋劉黼撰。乾坤正氣集本。

菊山清雋集一卷附題畫詩集一卷錦錢集一卷雜文一卷

菊山清雋集宋鄭震撰。題畫詩集、錦錢集及雜文并震子思省撰。知不足齋本，無附。

雪磯叢稿五卷

宋樂雷發撰。羣賢小集本。

北磵集十卷

宋釋居簡撰。四庫依知不足齋抄本。有宋刊本。

西塍集一卷

宋伯仁撰。羣賢小集本，題雪岩吟草。明潘氏刊宋元名家集本三卷，題宋器之集。

梅屋集五卷

宋許棐撰。百川學海本一卷。羣賢小集本。

孝詩一卷

宋林同撰。學海類編。羣賢小集〔八三〕。查初白有依千頃堂鈔本手録之本，并識其後。

巽齋文集二十七卷

宋歐陽守道撰。抄本。

雪坡文集五十卷

宋姚勉撰。抄本。

文山集二十一卷

宋文天祥撰。明嘉靖九年刊本二十卷。嘉靖庚申張元裕重編刊本十六卷。明鍾氏刊本十八卷。崇禎刊本，不全。康熙癸丑吉水曾宏刊本。雍正三年文氏刊本。道光乙巳裔孫文桂刊本，已毀。

文信公集杜詩四卷

宋文天祥撰。文氏刊本。一名文山詩史。

疊山集五卷

宋謝枋得撰。明景泰癸酉刊本十六卷。嘉靖中刊本二卷。萬曆中刊本。康熙中譚瑄刊本三卷。道光己酉江西刊本，附詩説。乾坤正氣集本。

本堂集九十四卷

宋陳著撰。四庫依抄本。抄本。

汶陽端平詩雋四卷

宋周弼撰。四庫依影宋刊本。羣賢小集本。

慮齋續集三十卷

宋林希逸撰。鈔本。宋咸淳庚午刊本。有前集六十卷〔八四〕，已佚。

魯齋集二十卷

宋王柏撰。明正統八年其六世孫迪刊本十二卷。魯齋遺集十二卷，崇禎壬申刊。

須溪集十卷

宋劉辰翁撰。明刊有須溪記抄八卷，入存目，蓋原集百卷中之一類。須溪批點老、莊、列、班、馬、世説、摩詰、子美、長吉、子瞻詩，凡九種。

須溪四景詩四卷

宋劉辰翁撰。刊本。

葦航漫游稿四卷

宋胡仲弓撰。依閣抄本。

蘭皋集三卷

宋吴錫疇撰。四庫依知不足齋抄本〔八五〕。

雲泉詩一卷

宋薛嵎撰。羣賢小集本。

嘉禾百詠一卷〔八六〕

宋張堯同撰。學海類編本。

柳塘外集四卷

宋釋道璨撰。康熙甲寅釋大雷刊本。

碧梧玩芳集二十四卷

宋馬廷鸞撰。抄本。

四明文獻集五卷

宋王應麟撰。道光九年浚儀葉熊輯刊本。抄本〔八七〕。

覆瓿集六卷

宋赵必瑑撰。四庫依抄本。

秋堂集三卷

宋柴望撰。秋堂集未見，惟見鮑廷博手抄柴氏四隱集二卷，一卷爲秋堂詩詞，二卷爲雜文。其詞曰凉州鼓吹、根柢稼軒、石帚、亦南宋名家也。四隱者，國史望之外曰建昌守隨亨，制參元亨，察推元彪。鮑抄無三家作，蓋總集之首二卷耳。劉郡丞履芬藏，是其江山先獻也。

蛟峰文集八卷外集四卷

宋方逢辰撰。明天順七年刊本。嘉靖刊本。近時刊本，不足。

秋聲集六卷

宋衛宗武撰。抄本。

牟氏陵陽集二十四卷

宋牟巘撰。曝書亭舊抄本，曾借讀于京肆。張金吾有舊抄本。至順辛未巘子應復編梓二十四卷，時官浙東道宣慰使司都元帥府都事。

湖山類稿五卷水雲集一卷

宋汪元量撰。知不足齋本。

晞髮集十卷晞髮遺集二卷遺集補一卷附天地間集一卷西臺慟哭記注冬青引注一卷

宋謝翱撰。其西臺慟哭記、冬青引二篇皆明張丁所注。明弘治中儲巏刊本。明隆慶刊本。知不足齋本，浦城遺書本俱不全。萬曆中歙張氏重刊本。康熙壬午平湖陸大業刊本，全。歙程煦刊本。

潛齋文集十一卷附鐵牛翁遺稿一卷

宋何夢桂撰。明成化中刊。又明時其遠孫之論刊。康熙中刊。

梅巖文集十卷

宋胡次焱撰。明嘉靖中族孫璉刊。

四如集五卷

宋黄仲元撰。刊本〔八八〕。

林霽山集五卷

宋林景熙撰。明嘉靖戊子遼藩光釋王刊本。明天順癸未刊本。康熙癸酉汪士鋐刊本。知不足齋本。

勿軒集八卷

宋熊禾撰。明天順中刊本。正誼堂叢書本不全。成化二年刊本。張金吾有澹生堂抄本。

佩韋齋文集十六卷〔八九〕

宋俞德鄰撰。抄本。

西湖百詠二卷

宋董嗣杲撰。明天順癸未刊本。嘉靖丁酉周藩南陵王刊本。

則堂集六卷

宋家鉉翁撰。抄本。

富山遺稿十卷

宋方夔撰。刊本〔九〇〕。

百正集三卷

宋連文鳳撰。知不足齋本。

真山民集一卷

宋真山民撰。明潘氏刊宋元名家集四卷。日本文化九年翻刊元大德本。浦城遺書本。

蕭冰厓詩集三卷

宋蕭立之撰。立之寧都人，字斯立，一名立等，號冰厓。登方逢辰榜進士，仕至通守。歸隱後自放于詩。此三卷乃其族裔訪求得者。原跋稱向有集二十六卷，則逸者多矣。明羅倫稱其納交吴草廬，見知謝叠山。阮氏以進呈。

重編海瓊白玉蟾文集六卷續集二卷

宋葛長庚撰。長庚字白叟，福之閩清人，七歲能詩賦，父亡母嫁，棄家游海上，號海瓊子。至雷州，繼白氏改姓白，名玉蟾，傳以爲仙去。所著詩文凡四十卷。此本乃明正統間南極遐齡老人臞仙重編，序謂玉蟾有上清、玉隆、武夷三集，未入内者皆收之，重定爲八卷云云。臞仙，明太祖第十六子寧獻王朱權之號，前有宋端平時潘枋原序，及嘉熙元年耜所書事實一篇。阮氏以進呈。

月洞吟一卷

宋王鎡撰。明嘉靖壬子族孫端茂刊本。

古逸民先生集三卷

宋汪炎昶撰。字懋遠，婺源人，宋末不仕，自號古逸民學者，稱古逸先生，得年七十八。其門人趙汸爲之狀，宋濂爲之銘，皆極力推重。詩文簡净古穆，具有法度。千頃堂書目載其集五卷，與汸狀合。此本詩文各一卷，附録一卷，蓋後人輯録，非原編也。阮氏以進呈。

伯牙琴一卷

宋鄧牧撰。知不足齋本。

存雅堂遺稿五卷

宋方鳳撰。順治甲午張遂刊本。

吾汶稿十卷

宋王炎午撰。明正德中裔孫偉刊本。萬曆中裔孫伯洪重刊本。丁禹生有舊抄本〔九二〕。

九華詩集一卷

宋陳巖撰。四庫依知不足齋抄本。

寧極齋稿一卷附慎獨叟遺稿一卷

宋陳深撰。四庫依抄本。

仁山集六卷

宋金履祥撰。刊本。雍正乙巳金宏勳刊本，精。

史詠集二卷

宋徐鈞撰。字秉國，蘭谿人，與金履祥友善。履祥嘗延教諸子。許謙、黄溍序并稱鈞取通鑑所載君相事實，人爲一詩，總一千五百三十首。此本所存僅三之一耳。阮氏以進呈。

石堂先生遺集二十二卷

宋陳普撰。明嘉靖中刊本。

右别集類南宋建炎至德祐

【校勘記】

〔一〕藏園本、訂補本此下均增：「近李爰得校刊本。近人刊本。」

〔二〕藏園本、訂補本此下均增：「光緒壬午莫氏仿宋本。」

〔三〕藏園本、訂補本此下均增：「朱孔彰依抱經校刊本。」

〔四〕「順治」之下，訂補本增「馮秋水」三字。

〔五〕「校宋」之下，藏園本、訂補本均衍「刊」字。又，此頁之下，莫繩孫原鈔本有浮簽曰：「唐林遺集國朝王氏刊。韋蘇州集，明嘉靖似是甲申刊，有楊一清跋。初學記明錫山安氏刊。林和靖集正德序，嘉靖元年山跋。」依莫氏朱筆符號，浮簽所云諸書當列入正文此書目之下，「文莊集」之上。

〔六〕訂補本此下增「館鈔本」三字。

〔七〕藏園本、訂補本此下均增：「曾見李心蓮藏初白庵抄本。」

〔八〕藏園本、訂補本此下均增：「成化本多附録一卷。」

〔九〕藏園本、訂補本此下均增：「成化九年邱濬刊，序稱與曲江集舊抄本于館閣。」又，此二本均誤「康熙中刊」爲「康熙中刻本。」

〔一〇〕藏園本失收此條。訂補本收此條，但解題誤曰：「四庫存目，莫氏失收。」

〔一一〕藏園本此下衍：「天曆本文正集二卷，別集四卷，年譜補遺一卷，遺文一卷，半頁十二行，行二十字。」

〔一二〕《持静齋藏書記要》卷上記是書「傳家集八十二卷，宋司馬光撰。明崇禎刊本。」

〔一三〕藏園本、訂補本此句作「可稱此書之祖本」；又，藏園本此下增：「晁志雖云光州有集，而所録亦只有八十卷。」

〔一四〕藏園本此下增：「成化七年馬蒐閣鐸序本。」

〔一五〕藏園本此下增：「案南豐文粹乃明初人編刊本，見正統刊類稿何義門跋。明錫山安氏亦刊文粹，有王遵岩序。」

〔一六〕南陽集：藏園本誤爲「安陽集」。

〔一七〕藏園本、訂補本均誤爲「半頁十五行」。

〔一八〕藏園本、訂補本均誤爲「何迂」。

〔一九〕藏園本、訂補本均誤作「周詵」。

〔二〇〕藏園本、訂補本此下均增：「明成化四年李紹序《東坡集》，云嘗命翻刊歐集、蘇集，而蘇集未畢工。」

〔二一〕「抄本」之後，藏園本、訂補本均增：「許氏有鈔本」；「行狀」之後，藏園本、訂補本均增「芻蕘奥論一卷有單行本。收鳴野山房舊抄本。」

〔二二〕藏園本、訂補本此下均增：「四庫著録即紹興本，疑十五卷誤記。」

〔二三〕藏園本、訂補本此下均增：「元危素刊吴澄序本，嘉靖丙午本即從之。構字注御名，蓋亦宋本也。」

〔二四〕藏園本、訂補本此下均增：「頃收抄本。」

〔二五〕藏園本、訂補本此下均增：「吉州程守本即成化七集本，嘉靖間江西布政司重刊者。程守蓋嘗刊歐集于吉州，即天順本也。」

〔二六〕藏園本、訂補本此下均增：「清波別志：煇堂友人郎曄晦之，杭人，嘗注三蘇文及陸宣公奏議，投進未報。」

〔二七〕藏園本、訂補本此下均增：「相傳怡府宋刊《施注蘇詩》有全本二部，端華誅後乃散佚不知何歸。」

〔二八〕此處「云云」當斷句，藏園本、訂補本均誤連下句作「云必非宋人」。

〔二九〕「缺序目」三字，莫繩孫原鈔本爲雙行注字，故用括號。藏園本、訂補本均脱「目」字。

〔三〇〕藏園本、訂補本均誤「大父」爲「大夫」。

〔三一〕藏園本、訂補本此下均增：「馬刊本亦三十卷，庫本即趙本，恐非二十二卷。」

〔三二〕藏園本、訂補本此句均脱「前」字。

〔三三〕藏園本、訂補本此下均衍：「陸心源有《寶晉山林集拾遺》八卷，景宋抄本，乃嘉泰初刊於筠陽，其孫米憲所輯，四庫未録。」

〔三四〕時刊本：藏園本、訂補本均作「明刊本」。

〔三五〕藏園本此下增：「張氏本壬辰在吴下收得，有季滄葦、王鳴盛諸藏印。又收明抄殘本。崇禎刊本亦有跋，與抄本同，抄本即從刊本出耳。」訂補本謂此爲莫棠語。

〔三六〕藏園本、訂補本均于「學」字之前有一「郡」字。又，「見芾序」三字，原爲雙行注字，故改小字。

〔三七〕藏園本、訂補本此下均增：「頃收所抄，與張本同。」

〔三八〕二十四卷：「四」字原脱，據訂補本補。

〔三九〕藏園本、訂補本此下均增：「明邵武知□□□刊奏議六十八卷。」

〔四〇〕「月霄」之前，藏園本、訂補本均有「張」字。

〔四一〕遂絶：藏園本、訂補本均作「遂佚」。

〔四二〕藏園本此下增：「在邗見舊鈔本，有孫淵翁藏印。」

〔四三〕鈔本：「本」字原脱，據藏園本、訂補本補。

〔四四〕澹齋集：原作「澹陽集」，誤，據藏園本、訂補本改。

〔四五〕「明刊」之下，藏園本、訂補本均增「本」字。

〔四六〕藏園本、訂補本此句末衍「抄」字，此句之下又增：「明刊十四卷乃仿宋本。周益公序亦祇爲十四卷本，或謂序原作四十二卷，明人跋爲十四，未知然否。俟考。」

〔四七〕乾坤：原誤爲「乾隆」，據訂補本改。

〔四八〕藏園本、訂補本此下均增：「卷十至二十卷題鄂王家集。」

〔四九〕藏園本失收此書。

〔五〇〕訂補本脱「聚珍本。閩覆本。杭縮本。」且誤注：「四庫著録，莫氏失收。」

〔五一〕自編：藏園本、訂補本均誤爲「有編」。

〔五二〕藏園本、訂補本此句均增「本」字。

〔五三〕藏：藏園本、訂補本均作「識」。

〔五四〕藏園本、訂補本均脱「秋」字。

〔五五〕季子目：藏園本、訂補本均作「季氏目」。

〔五六〕依上下文意，此「爲」字疑當爲「譌」字殘缺。

〔五七〕藏園本、訂補本均脱「四庫依」三字。

〔五八〕藏園本、訂補本此條均作：「海陵集二十三卷外集一卷。」

〔五九〕藏園本、訂補本此下均增：「壬辰在滬見蕭敬孚宋本大字本。頃見一殘宋本，半頁十行，行十八字。二十七以下缺，詩每卷末有考異。」

〔六〇〕訂補本此句脱「舊」字。

〔六一〕藏園本、訂補本此下均增：「嘉靖安政堂本缺首六卷。」

〔六二〕《持静齋藏書記要》卷上記是書爲「《東萊吕太史文集》十五卷外集五卷」，云：「元刊本。按：《四庫》本尚有《别集》十六卷，《附録》三卷，《拾遺》三卷，合四十卷。此本尚佚其半。」

〔六三〕藏園本、訂補本此下均增：「後集二十九卷，正統刊本。」

〔六四〕藏園本、訂補本此下均增：「收明刊殘本。缺一至五，又外集語録。」

〔六五〕「煠」，藏園本誤爲「燐」。又。訂補本解題增：「收明正統間十世孫穩刊本，有年譜及附録八卷。」

〔六六〕蔡戡：原誤作「蔡勘」，據藏園本、訂補本改。又，藏園本注語增：「收明正德間十世孫穩刊本，有年譜及附録八卷。」

〔六七〕二十卷：藏園本、訂補本均作「三十卷」。又，此二本均增「顧氏云，尚有文集麗書，今乃不傳，何也？」

〔六八〕一百二十有二：訂補本作「一百三十有三」。

〔六九〕訂補本按：「是十四至十六，莫氏誤記卷數。」是也。

〔七〇〕藏園本此下增：「收明刊前集十卷。」訂補本按：「此條爲莫棠題，其書後歸藏園插架。」

〔七一〕藏園本此下增：「辛卯在吴收一舊抄本，乃張芙川家藏。近孫依言刊。」訂補本注此增文爲莫棠語。

〔七二〕藏園本、訂補本此下均增：「明繆補之刊本。」

〔七三〕藏園本失收此條，訂補本有，但注語「此書四庫著録，莫氏失收」有誤。

〔七四〕□陽本：訂補本校補作「温陽本」。

〔七五〕藏園本此下增：「宋本今在諸暨孫廷翰家，丙申在滬見之。」訂補本注爲莫棠語。

〔七六〕三卷：藏園本、訂補本均誤爲「二卷」。

〔七七〕藏園本、訂補本此下均脱「舊」字。

〔七八〕紹興：訂補本作「紹熙」。

〔七九〕藏園本、訂補本此下均增：「明有萬曆丁酉馮夢序，其門人新安黄氏刊本。」

〔八〇〕莫氏《持静齋藏書記要》卷之下即收釋「後村先生大全集一百九十六卷」，可互參。

〔八一〕淳祐：原作「淳熙」，誤，據訂補本改。

〔八二〕藏園本、訂補本此下均增：「又見一本，僅詩三十八卷，似乾、嘉中活字本。」

〔八三〕藏園本、訂補本作：「學海類編本。群賢小集本。」是。

〔八四〕藏園本、訂補本此句均誤「有」爲「又」。

〔八五〕藏園本、訂補本此句均脱「抄」字。

〔八六〕禾：訂補本誤爲「未」字。

〔八七〕鈔本：藏園本、訂補本均脱。

〔八八〕藏園本、訂補本此下均增：「頃收一元刊本六卷。至治癸亥曹惠跋云：其孫喬年出公文若干卷云云，蓋即其子所編本也，惜末二卷失去。」

〔八九〕《持静齋藏書記要》卷下記是書：「《佩韋齋文集》二十卷，《四庫》録此集十六卷。」

〔九〇〕訂補本誤作「抄本」。又，《持静齋藏書記要》卷下記此書名云：「《富山嬾稿》十九卷，……《四庫》載者，夔《富山遺稿》十卷。」

〔九一〕莫氏《持静齋藏書記要》卷之下亦謂舊鈔本「吾汶稿十卷」。

郘亭知見傳本書目卷十四

集部五　别集類四

拙軒集六卷

金王寂撰。聚珍本。杭縮本。閩覆本。

滏水集二十卷

金趙秉文撰。胡心耘有何義門校抄本，當即張月霄物，題閑閑老人滏水文集。

滹南遺老集四十五卷

金王若虚撰。張金吾藏抄本。至元二十年王時舉刊滹南辨惑于江左興賢書院，大德三年又刊，换脱漏差錯字四百餘，見王復翁跋。又王鶚序謂以先生手書四帙付其子予恕，稿成，令董彦明益以所藏，釐爲四十五卷，將鏤諸板，殆即今本。紀年屠維作噩，己酉。

莊靖集十卷

金李俊民撰。明正德戊辰李瀚刊本。

遺山集四十卷附録一卷

金元好問撰。明弘治戊午泌水李瀚刊詩集二十卷於汝州〔二〕。康熙庚寅華氏刊，足。乾隆戊戌南昌萬氏刊詩集。翁方綱撰年譜一卷，與墓圖題詠一卷合刊，道光丁未京師刊本。據平定張石舟所藏，元刊本重校。汲古閣刊詩集二十卷。

元遺山詩注十四卷

國朝施國祁撰。刊于道光壬午年，今其板猶存烏程南潯蔣氏，有年譜一卷，附録一卷。

湛然居士集十四卷

元耶律楚材撰。昭文張氏舊抄本〔二〕。

藏春集六卷

元劉秉忠撰。至元丁亥刊行，閻復序。明天順二年馬偉刊本，多附録一卷。

淮陽集一卷附録詩餘一卷

元張弘範撰〔三〕。明正德中周鉞刊本。

陵川集三十九卷

元郝經撰。明正德己卯李淑淵刊本。今乾隆戊午鳳臺王氏刊本。乾坤正氣集本。

歸田類稿二十四卷

元張養浩撰。字希孟，號雲莊。明季刊二十七卷本。乾隆五十五年周氏刊本。韓小亭有曝書亭抄本，較周氏所刊完善。元刊張文忠公文集二十八卷，昭文張金吾藏，後附倪中撰畫像記，劉耳撰贊，張起巖撰神道碑銘及某祠堂碑銘。元統三年二月魯翀序，謂公所輯歸田類稿三十八卷「三」字疑誤。

白雲集三卷

元釋英撰。元刊本，韓小亭藏。四庫依知不足齋抄本。

稼村類稿三十卷

元王義山撰。正德中刊本。萬曆癸未刊本十卷。

桐江集八卷

元方回撰。阮文達以進呈。抄本。劉燕庭亦有之。張金吾書志有依錢塘何氏藏本傳抄本。

桐江續集三十七卷

元方回撰。劉燕庭家有正續集足本。元刊本四十八卷,路小洲有。

野趣有聲畫二卷

元楊公遠撰。抄本。

月屋漫稿一卷

元黄庚撰。明成化十三年刊本。采集遺書目：月屋漫稿四卷。千頃堂書目作月屋樵吟〔四〕。知不足齋寫本，有泰定丁卯自序。張金吾有舊抄本四卷，與敏求記合。敏求記亦題月屋樵吟。

剡源集三十卷

元戴表元撰。明嘉靖周儀刊本。萬曆中丁戴詢重刊，劣。黄宗羲選刊剡源文抄四卷，四庫存目，蓋似亦據元本重刊。元刊亦有分甲、乙、丙、丁四卷本也。道光庚子郁松年宜稼堂刊本，佳。

剩語二卷

元艾性夫撰。依閣抄本。

養蒙集十卷

元張伯淳撰。四庫依厲鶚抄自繡谷吴氏。又有校正之本。元至順三年子張采刊本，虞集序。抄本。

牆東類稿二十卷

元陸文圭撰。近年陸氏裔孫刊本。

青山集八卷

元趙文撰。抄本。

桂隱文集四卷詩集四卷

元劉詵撰。明嘉靖中族孫志孔刊本。抄本。

水雲村稿十五卷

元刘壎撰。道光十八年山東刊二十卷。江西刊本。

巴西文集一卷

元鄧文原撰。張金吾有明初抄本〔五〕。

玉斗山人集三卷

元王奕撰。嘉靖壬寅陳中州刊本。

竹素山房詩集三卷

元吾丘衍撰。四庫依抄本。

紫山大全集二十六卷〔六〕

元胡祗遹撰。抄本。

松鄉文集十卷

宋任士林撰。抄本。

松雪齋集十卷外集一卷續集一卷

元趙孟頫撰。康熙間曹培廉刊本。明刊本二卷，不全，入存目。天禄後目有元刊本，末附董其昌手跋。元刊黑口本，每頁二十四行，行廿二字。

吴文正集一百卷

元吴澄撰。永樂中五世孫爟刊本。宣德乙卯刊本。乾隆丙子萬氏刊本。季氏目載有刊本，有蒙古字序。

金淵集六卷

元仇遠撰。聚珍本。閩覆本。杭縮本。

山村遺集一卷

元仇遠撰。刊本。

湛淵集一卷

元白珽撰。知不足齋刊本三卷。

牧潛集七卷[七]

元釋圓至撰。汲古刊。元刊本，韓小亭藏。

小亭集六卷

元楊宏道撰。抄本。

還山遺稿二卷附録二卷

元楊奂撰。明嘉靖初刊本。

魯齋遺書八卷附録二卷

元許衡撰。明正德戊寅刊本，十卷。嘉靖乙酉蕭鳴鳳刊本。萬曆中刊本十一卷，附録三卷。乾隆五十五年懷慶刊本，十四卷。中州名賢文表本，六卷。天禄後目有元刊本，六卷，分奏議、雜著、書簡、詩章、樂府、編年歌括。前有大德九年楊學文序。附録謚誥、像贊、神道碑。云現行明郝亞卿、宰廷俊所輯本與此本卷帙全不相同，蓋元時已有成書，而明人蒐輯時未見元刻也。

静修集三十卷

元劉因撰。明弘治乙丑崔景刊黑口本。永樂癸卯刊本。容城刊三賢集本。又明刊二十七卷本。成化己亥肅府刊本。張金吾有舊抄本二十二卷，反多于永樂。三十卷本云：元刊有「至順庚午孟秋宗文堂刻」十字，蓋從元刻影寫者。杜肅撰壙記，云有文集二十二卷，蓋即是本。永樂本載至正九年牒文，則據至正所定，後此本二十年。由未見此本，别爲裒集，故不若此本之完也。後又有補遺二卷，宋賓王從容城兩賢集抄入者。此本亦皆賓王手鈔，在雍正三年。又容城兩賢集本，明萬曆間刊，合楊椒山集。本朝康熙中又合孫夏峰，曰三賢集。元有至正九年刊本三十卷，是永樂本所據。元板劉静修先生文集二十二卷，半頁十三行，行二十字，刻印精雅。豐順丁禹生藏。

青崖集五卷

元魏初撰。抄本。

養吾齋集三十二卷

元劉將孫撰。抄本。

存悔齋稿一卷補遺一卷

元龔璛撰。字子敬。四庫依抄本。張金吾有汲古閣藏舊抄本。

雙溪醉飲集八卷

元耶律鑄撰。抄本。藏書志六卷本。

白雲集四卷

元許謙撰。成化丙戌張瑄刊。正德戊寅陳鋼刊。

畏齋集六卷

元程端禮撰。抄本。

默庵集五卷

元安熙撰。抄本。

雲峰集十卷

元胡炳文撰。正德丁卯林瀚重刊本。正德戊辰裔孫濬重刊本。弘治戊申刊本。

秋澗集一百卷

元王惲撰。明刊本。韓小亭有舊抄本。中州名賢文表刊六卷。張金吾亦有舊抄本。季氏目有元刊本。秋澗先生大全文集一百卷，自延祐時朝命江浙省刊梓，始工于至治辛酉三月，畢于壬戌正月。

牧庵文集三十六卷

元姚燧撰。聚珍本。閩覆本。中州名賢文表刊八卷。

雪樓集三十卷

元程鉅夫撰。鉅夫本名文海，後避武宗御名，以字行。明洪武二十八年曾孫滘刊本，元歐陽玄、李好文兩序并云四十五卷，而明熊釗序則云全集行世者揭文安所校三十卷。

曹文貞詩集十卷後録一卷

元曹伯啓撰。有刊本，作漢泉漫稿。浚儀胡益本作漢泉曹文貞詩集。

觀光稿一卷交州稿一卷玉堂稿一卷附録一卷

元陳孚撰。洪武戊午刊。天順庚辰刊。

蘭軒集十六卷

元王旭撰。抄本。

玉井樵唱三卷

元尹廷高撰。四庫依知不足齋抄本。

清容居士集五十卷

元袁桷撰。郁氏宜稼堂道光中刊本。張金吾有舊抄本。元板清容居士集五十卷，上海郁松年舊藏，極精善。

此山集四卷〔八〕

元周權撰。有刊本。路小洲有抄本十卷。張金吾有舊抄。

申齋集十五卷

元劉岳申撰。抄本。

霞外詩集十卷

元馬臻撰。汲古閣刊本。

西巖集二十卷

元張之翰撰。抄本。

蒲室集十五卷

元釋大訢撰。刊本。胡心耘有蔣廷錫藏舊抄本。

弁山小隱吟録二卷

元黄玠撰。四庫依知不足齋本。明刊本有蓮涇藏印、吴岫藏印，有至正年號。

續軒渠集十卷附録一卷

元洪希文撰。附録一卷其父巖虎詩也。嘉靖癸巳蔡宗兖刊本。

定宇集十六卷附録一卷

元陳櫟撰。康熙中刊本。

艮齋詩集十四卷

元侯克中撰。路小洲有元刊本。

知非堂稿六卷

元何中撰。新刊足本。

雲林集六卷

元貢奎撰。明弘治庚戌刊。乾隆中刊。

梅花字字香前集一卷後集一卷

元郭豫亨撰。四庫依鹽官吳氏抄本。胡心耘琳琅秘室叢書活字本〔九〕。

中庵集二十卷

元劉敏中撰。韓小亭有元刊足本〔一〇〕。

静春堂集四卷

元袁易撰。知不足齋刊。

惟實集四卷外集一卷

元劉鶚撰。乾隆中刊本。乾坤正氣集本。張金吾志有舊抄本八卷〔一一〕，附録一卷。

勤齋集八卷

元蕭𣂏撰。元至正四年刊本。抄本。

石田集十五卷

元馬祖常撰。明弘治中熊騰霄刊本。中州名賢文表刊五卷。元至元刊本，藏昭文張氏。至元五年己卯蘇天爵序，謂請于中臺，刊諸維揚郡學。前有是年九月牒。

榘庵集十五卷

元同恕撰。元至正初潘惟梓等刊本。抄本〔一二〕。

道園學古録五十卷

元虞集撰。明景泰七年刊本。嘉靖中刊本。乾隆丙申崇仁陳氏刊本。汲古閣刊虞伯生詩一卷，補遺一卷。翁覃溪刊虞文靖詩集十卷，撰年譜一卷。元至正六年刊本，半頁十三行，行廿三字，藏花山馬氏〔一三〕。

雍虞先生道園類稿五十卷

張金吾有明鈔本，所載詩文多有出學古録外者。錢氏補志元史藝文載類稿，不著卷數，或未見其書。末有門人吴彤編類，門生重嘉胡式點對〔一四〕，臨川袁明善、戈直重校三行。元至正五年臨郡學刊大字本。後遺稿條下亦及類稿，未知即此編否，存目亦無之。

道園遺稿十六卷

元虞集撰。韓小亭有舊抄本。邊袖石亦有之。元刊道園遺稿六卷，張金吾藏本，缺序目，一、二兩卷抄補。至正乙亥楊椿序，謂克用聞士友間有公詩文集，其所得凡七百餘篇，皆板行。二集所無，分類編次爲六卷，附以樂府。而堪識語云：蒐獵累年，始得詩章七百餘首，類聚成編，以備觀覽，而金君伯祥必用壽諸梓以廣其傳，命其子鏐書以入刻。外有雜文諸賦，尚有俟于他日。黄溍序亦謂堪積累得古律詩七百四十一篇。是此集有詩無文，椿序兼言文者，或衍一字也。堪識署至正十四年五月，蓋即刊板之年，二序又後數年。

楊仲宏集八卷

元楊載撰。明刊本。汲古閣本。浦城遺書本。

范德機詩七卷

元范梈撰。汲古閣刊。抄本。明楊翬選本六卷。元刊本胡心耘藏。

文安集十四卷

元揭傒斯撰。抄本。汲古刊揭曼碩詩三卷，又有遺文一卷。張金吾有菉竹堂舊抄本揭文安集十卷。又有影寫元刊本揭曼碩詩集三卷。元刊本揭曼碩詩集三卷，目録後有「至元庚辰季春日新堂印行」一行。

翠寒集一卷

元宋无撰。汲古閣刊本附啽囈集一卷，四庫存目。敏求記此書六卷，云張習所分。

檜亭集九卷

元丁復撰。抄本。

伊濱集二十四卷

元王沂撰。抄本。

淵穎集十二卷附録一卷

元吴萊撰。洪武中刊本，宋璲所書。嘉靖中祝氏刊本〔一五〕。吴淵穎詩箋十二卷，康熙辛丑錫山王邦采箋刊。

黄文獻集十卷

元黄溍撰。明正統戊午補刊本二十三卷。明仙居張儉删本十卷，不全，即四庫著録本。嘉靖間刊别集本二卷。祠堂本。元刊殘本金華黄先生文集二十三卷，藏昭文張氏，志云臨川危素編次，鄱陽劉耳校正，原四十三卷，今存卷一至十三，卷二十三至三十一，合二十三卷。貢師泰至正十五年十月序云：其初稿三卷未第時作，監察御史危素所編。續稿四十卷皆登第後作，門人王生、宋生所編。比廉問閩南，過金華，得先生集于王生，序而授之三山學官，刊梓以傳。又有明正統補刊本二十三卷，卷一至三四初稿，卷四至十曰續稿，上俱題臨川危素編。卷十一至十六曰續稿，中題門人王褘編。卷十七至二十三曰續稿，下題門人宋濂、傅藻同編。宋濂序云：家藏日損齋稿共二十五卷，縣大夫胡君惟信亟取梓傳，俾爲之序，在先生薨後五年。是正統修補者胡惟信刊本，不知何以少二卷，殆「三」誤「五」。朱修伯曰：此書須四十三卷作金華黄先生集者佳，宋景濂手書也〔一六〕。

圭齋集十五卷附録一卷

元歐陽玄撰。明洪武中刊成化辛卯劉釪校刊本。修德堂本三十卷。道光中湖南刊本。路小洲有元刊本二部。張金吾有舊抄本十六卷，宗孫鏞編集〔一七〕。

待制集二十卷附録一卷

元柳貫撰。明天順癸未刊本。今乾隆中刊本。又活字本。今順治癸巳馮如京重刊。元至正中武威余闕得其文，命刊置浦江學宫。

閑居叢稿二十六卷

元蒲道源撰。韓小亭有舊抄。張金吾亦有抄本，男機類稿，門生薛懿校正，黄溍序。季目有元刊本。

所安遺集一卷

元陳泰撰。明成化丁未陳銓刊。

至正集八十一卷〔一八〕

元許有壬撰。路小洲、韓小亭均有舊抄本。中州名賢文表刊三卷。

圭塘小稿十三卷别集二卷續集一卷附録一卷

元許有壬撰。續集爲志文、祭文及其弟有孚等唱和之作。明成化己酉許容刊。述古堂書目十八卷。

禮部集二十卷

元吳師道撰。張金吾抄本多附録一卷。元刊本，藏吳門黄氏。

積齋集五卷

元程端學撰。韓小亭有舊抄本。

燕石集十五卷

元宋褧撰。抄本。

秋聲集四卷

元黄鎮成撰。明洪武十一年刊本十卷，實詩六卷，文二卷，無卷七、卷八，蓋待續刊，觀其子鈞跋可見。四卷本僅詩無文，見張氏志。嘉靖中刊本。明何望海刊本，四卷，不足。

雁門集三卷集外詩一卷

元薩都拉撰。明成化中刊。弘治癸亥刊。嘉靖十五年刊。汲古閣刊。嘉慶丁卯刊，十四卷，其裔孫薩龍光注，較足。元至正丁丑刊本，八卷，張金吾有汲古閣舊藏。

杏亭摘稿一卷

元洪焱祖撰。四庫依抄本。

安雅堂集十三卷

元陳旅撰。明刊黑口本。抄本。拜經樓藏元刊不全本，首有明沈麟書元史本傳〔一九〕。

傅與礪詩文集二十卷

元傅若金撰。元至正間刊詩集。張金吾舊抄，依明洪武甲子其弟若川重編續以文刊本。

瓢泉吟稿五卷

元朱晞顔撰。抄本。

筠軒集十三卷

元唐元撰。明正德戊寅刊。

俟庵集三十卷

元李存撰。明永樂乙酉刊。

滋溪文稿三十卷

元蘇天爵撰。張金吾有舊抄本。盧抱經校舊抄本〔二〇〕。

青陽集四卷

元余闕撰。道光甲申刊本，六卷。又温陵刊本，五卷。乾坤正氣集本〔二一〕。

鯨背吟集一卷

元朱晞顔撰。有刊本，附海道經之後。

近光集三卷扈從詩一卷

元周伯琦撰。抄本〔二二〕。

經濟文集六卷

元李士瞻撰。明曾孫申編刊本。

純白齋類稿二十卷附録二卷

元胡助撰。正德中胡淮刊本。

圭峰集二卷

元盧琦撰。明萬曆中朱一龍刊本。抄本。

蜕庵集五卷

元張翥撰。明洪武中刊詩四卷。四庫依朱彝尊藏明初釋大杼手抄本，後有來復、宗泐二序。張金吾有蜕庵詩五卷，舊抄，云分卷次序與洪武刊本異，多有洪武本闕載之篇〔一三〕。

五峰集六卷

元李孝光撰。弘治甲子錢杲刊本。

野處集四卷

元邵亨貞撰。明新都汪稷刊本。

夢觀集五卷

元釋大圭撰。刊本。

蟺術詩選八卷詞選四卷

元邵亨貞撰。阮氏曾以進呈。亨字復初，有野處集四卷，已著録。此從舊鈔過録，詩格高雅，絶無元世綺縟之習。汪稷跋野處編云：上海陸郯以授稷刊行，是編及詞選卷首皆有新都汪稷校，是亦郯所授刊之册。跋又合舉三篇云爲十六卷，今合觀之，并屬完善之書，其詞雋永清麗，頗有可觀〔二四〕。

金臺集二卷〔二五〕

元納新撰。汲古閣刊本。天禄目有元刊。元迺賢金臺集二卷，危素編，前歐陽玄、李好文、黄溍三序，後虞集、張起、岩詩、泰不華識語。貢師泰、揭傒斯、危素、程文、楊彜五序，皆至正間所作，當時心折易之，匪特文章，各盡所長，書法亦兼其妙，真、行、篆、隸無體不具，亦無體不精，而摹刻者又能得其精神，不失銖黍，選紙、選墨，印而傳之，豈獨爲元刻之冠。即置之宋板佳本中，又何多讓焉？（易之，迺賢字。）

午溪集十卷

元陳鑑撰。抄本。

藥房樵唱二卷附録一卷

元吴景奎撰。四庫依知不足齋抄本。

栲栳山人集三卷

元岑安卿撰。明初刊本。乾隆庚子張羅山刊本。嘉慶辛未刊本。

梅花道人遺墨二卷

元吴鎮撰。四庫依抄本。

玩齋集十卷拾遺一卷

元貢師泰撰。明天順癸未沈性刊本。明活字本。餘姚史元熙重刊本。海昌桃源朱氏刊本。張金吾有宋賓王手校舊抄本。

羽庭集六卷

元劉仁本撰。抄本。乾坤正氣集本。

不繫舟漁集十五卷附録一卷

元陳高撰。路小洲有張月霄藏舊抄本。

居竹軒集四卷

元成廷珪撰。刊本。

句曲外史集三卷補遺三卷集外詩一卷

元張雨撰。明嘉靖甲午陳應符刊本。汲古閣刊本。

僑吴集十二卷

元鄭元祐撰。明弘治丙辰張習刊本。張金吾有舊抄本。

詠物詩一卷

元謝宗可撰。康熙中刊本，附明瞿祐、國朝張劭二家。

鹿皮子集四卷

元陳樵撰。明刊。

林外野言二卷

元郭翼撰。四庫依知不足齋抄本。

傲軒吟稿一卷

元胡天游撰。四庫依知不足齋抄本〔二六〕。

師山文集八卷

元鄭玉撰。明刊本。原板在藝海樓。乾坤正氣集本。

友石山人遺稿一卷

元王翰撰。明弘治八年刊本。

聞過齋集八卷

元吴海撰。明洪武戊寅刊。正誼堂刊。張金吾有澹生堂舊抄本。

學言詩稿六卷

元吴當撰。明葉良貴刊本，九卷。李穆堂刊本，六卷。

北郭集六卷補遺一卷

元許恕撰。四庫依抄本。

玉笥集

元張憲撰。抄本。粤雅堂刊本。

青村遺稿一卷

元金涓撰。明嘉靖中金江刊本。

丁鶴年集一卷

元丁鶴年撰。藝海珠塵本三卷。明正統重刊本三卷。琳琅秘室叢書本，道光間依元四卷本擺印。昭文張氏有元刊本四卷，分爲四集，顧千里舊物，曾以歸黄蕘圃。卷一曰海巢集，卷二曰哀思集，卷三曰方外集，卷四曰續集。後附其兄吉雅謨丁、愛理沙及其表兄吴惟善三人詩一十三首。蕘圃跋謂正統本分體分卷俱非其舊，得此可證廬山真面目〔二七〕。

貞素齋集八卷附録一卷北莊遺稿一卷

元舒頔撰。明嘉靖中趙春刊本。抄本。

一山文集九卷

元李繼本撰。明景泰中李伸刊本。抄本。

江月松風集十二卷

元錢惟善撰。張金吾藏抄本，乃康熙丙寅金栻依曹溶家手稿本寫校者。拜經樓藏金氏獻邦從思復手抄録，筆札甚精。

龜巢集十七卷

元謝應芳撰。胡心耘有王蓮涇校舊抄本。明洪武十二年刊本。抄本。

石初集十卷

元周霆震撰。抄本。

山窗餘稿一卷

元甘復撰。明成化趙琥刊本。

梧溪集七卷

元王逢撰。洪武中刊本。景泰七年程敏政補刊本。知不足齋刊〔二八〕。

吾吾類稿三卷

元吴臯撰。字舜舉，臨川人。其子均輯遺稿，臨江税課司大使趙師常率郡士刻梓。

樵雲獨唱六卷

元葉顒撰。四庫依鈔本。元至正庚子刊本，張金吾藏。明成化中袁凱刊本。

桐山老農文集四卷

元魯貞撰。四庫依抄本。

静思集十卷

元郭鈺撰。嘉靖中刊本。

九靈山房集三十卷

元戴良撰。明戴彥瞻刊本。康熙中傅旭元刊本。乾隆壬辰戴氏刊本。乾坤正氣集本。胡心耘藏黄蕘圃校舊本〔二九〕。

灤京雜詠一卷

元楊允孚撰。知不足齋刊二卷。

雲陽集十卷

元李祁撰。明刊本。弘治中族孫東陽校本。今康熙中刊本，四卷。

南湖集七卷

元貢性之撰。刊本。

佩玉齋類稿十卷

元楊翮撰。元至正末刊本。竹汀以不分卷之本爲佳。抄本。

清閟閣集十二卷

元倪瓚撰。明天順四年蹇朝陽刊詩六卷。汲古閣刊詩六卷。萬曆中倪珵刊本。康熙癸酉曹培廉刊本。

玉山璞稿一卷

元顧瑛撰。汲古閣刊二卷。讀畫齋刊二卷，逸稿一卷。

玉山璞稿二卷

元顧瑛撰。字仲瑛，崑山人，事蹟附元史陶宗儀傳。是編乃至正壬辰乙未間所作，凡古今體詩二百七十五首，詞一首。書中送董參政鐃歌十章，如克淮西、入昌化、定安吉足補史所未備。卷末有云水戰甚難，蓋舟楫有遲速，風水有逆順，故不能齊其隊伍，則于舟師之法亦略窺，非僅詞語流麗見長。阮氏以進呈。

麟原文集二十四卷

元王禮撰。抄本。

梅花百詠一卷

元韋珪撰。字德珪，山陰人，嘗自署讀書處曰梅雪窩。卷首有楊維楨手書序文。此從元刻影寫，阮氏曾進呈。

來鶴亭詩一卷補遺一卷

元吕誠撰。四庫依抄本。拜經樓藏本作樂志園集八卷，補遺一卷，黄丕烈復以秀野堂抄本互勘，補正脱誤〔三〇〕。

東皋詩集五卷

元馬玉麟撰。玉麟吴陵樊川人，仕至參知政事，嘗自號東皋道人。此編成于至正間，周伯琦、王宗堯爲之序。其詩皆婉麗暢達，有關于名教，有俾于諷諫。末附洪武中王遜所作東皋先生傳。阮氏以進呈〔三一〕。

雲松巢集三卷

元朱希晦撰。正統中朱元諫刊本。

環谷集八卷

元汪克寬撰。康熙中裔孫宗豫刊本。

性情集六卷

元周巽撰。抄本。

貞一齋詩文稿二卷

元朱思本撰。思本字本初，豫章臨川人，常學道于龍虎山中，貞一其號也。顧嗣立元詩四集稱思本嘗從吳全節居都下，博洽文雅，見稱于時。此本乃叢書堂吳寬手抄，上卷雜文，下卷詩。思本好學遠游，以昔人所刻禹迹圖、混一六合郡邑圖皆有乖謬，乃考定今古，校量遠近，計里開方成輿地圖一書，稿中有自序可證。大約其學地理爲長。阮氏以進呈。

花谿集三卷

元沈夢麟撰。抄本。

樗隱集六卷

元胡行簡撰。抄本。

東山存稿七卷附録一卷

元趙汸撰。明嘉靖戊午江陰刊本。

東維子集三十卷附録一卷

元楊維楨撰。明刊。張金吾有元刊鐵崖文集五卷，毗陵朱昱校正。前有鐵崖先生傳，卷首圻城老父射敗將書、上𡃁𡃁平章書二篇東維子集、鐵崖漫稿俱不載。卷末有姑蘇楊鳳書于揚州之正誼書院一條。又有依黄氏舊抄傳録之鐵崖漫稿五卷，有跋云：予幼時以周桐村所録鐵崖文一帙録四十九首，歲戊子，或自雲間來，别以録稿售予，凡文一百五十首，因以鐵崖漫稿目之，而以幼所録附其後。又云：予獲有復古詩。按復古詩至正時章琬編，編漫稿者蓋與同時，則所謂戊子至正八年也。又有依黄氏舊抄傳録之鐵崖先生詩集十卷，以十干分十集。甲至丙曰鐵崖先生詩集，丁戊曰古樂府後集。丁集題「太史金華黄溍晉卿評點」，「門人雲門張琬孟文編注」。戊集有至正丙午張琬跋。己集曰鐵龍詩集，曰鐵笛詩七言絶句。庚集曰鐵笛詩七言律。辛至癸曰草元閣後集。壬集題孫月泉輯録，月泉未詳。述古書目有楊鐵崖集十卷，未審即此否〔三二〕。

鐵崖賦稿二卷

元楊維楨撰。此麗則遺音外之賦四十八篇。洪武三十一年海虞朱燧子新手録本。阮氏以進呈。

鐵崖古樂府十卷樂府補六卷

元楊維楨撰。汲古閣刊。乾隆甲午樓卜瀍注刊本二十六卷〔三〕。

復古詩集六卷

元楊維楨撰。汲古閣刊。

麗則遺音四卷

元楊維楨撰。汲古閣刊。

夷白齋稿三十五卷外集一卷

元陳基撰。字敬初，臨川人。弘治乙卯刊本十二卷。胡心耘收張月霄藏寫本，爲汲古舊物，卷首有毛子晉印記。金華戴良編，序以至正二十四年甲辰。張金吾又有明初人寫本夷白齋稿三十五卷，外集一卷，季滄葦物。

庸庵集十四卷

元宋禧撰。四庫依抄本。餘姚張羅山刊本。

可閒老人集二卷〔三四〕

元張昱撰。正統元年刊本。

石門集七卷

元梁寅撰。明刊本。新喻令暨用刊本。

王徵士詩集八卷

元王沂撰。沂字子與，泰和人，博通經史，學者稱竹亭先生。至正間嘗試有司，不偶，遂不復出。洪武初徵爲諸説書，授福建鹽運司副使，以老辭歸不起。是集乃其門人蕭翬所編，于古體多冲淡瑩潔，近體則典麗鏗鏘。阮氏以進呈。

玉笥集十卷

元鄧雅撰。字伯言，新淦人。張金吾有抄本九卷。洪武二十二年黎季敏刊本。

松雨軒詩集八卷

元平顯撰。顯字仲微，錢塘人，明洪武初官廣西藤縣令。集初刻于滇南。是編乃其裔孫重刊，今依録。暹序稱其足迹半天下，學博而行峻，直道而屈身。今觀其詩，蓋得遠游之助爲多。

右別集類金至元

犨經室外集〔三五〕。

【校勘記】

〔一〕此下原有浮簽注云：「明本全集四十卷附録一卷題遺山先生文集。頤山張德輝類次，首刊有儲太僕巏上河南巡按御史李省齋手簡，蓋即弘治戊午李瀚序謂得儲静夫善本再刊于河南。（此條空一格添『汝州』下。）」

〔二〕藏園本、訂補本此下均增：「繡谷亭載十四卷本。又有九卷本，乃初刻。近袁氏刊本。」

〔三〕張弘範：原作「張洪範」，「洪」字避清諱而改。

〔四〕莫氏《持静齋藏書記要》卷之下云「月屋樵吟二卷」。

〔五〕藏園本、訂補本均誤「抄本」爲「刊本」。

〔六〕紫山：原作「紫仙」，誤，據藏園本、訂補本改。

〔七〕七卷：莫繩孫原鈔本作「七集」，疑筆誤；今據藏園本、訂補本校正爲「七卷」。

〔八〕莫氏《持静齋藏書記要》卷之下録是書，謂：「周此山集八卷，元周權撰。《四庫》本四卷。此舊鈔，頗精善，而卷數倍之。」

〔九〕藏園本、訂補本均脱此句，蓋因莫繩孫原鈔本此句寫在下頁而脱。

〔一〇〕藏園本、訂補本此句脱「足」字。

〔一一〕藏園本、訂補本均于「八卷」之前增「作憲節堂惟實集」七字。

〔一二〕藏園本、訂補本均于「抄本」前增「有」字。

〔一三〕藏園本此下增：「辛卯在吴收元本。」訂補本注此爲莫棠語。

〔一四〕藏園本、訂補本「嘉」均作「喜」。

〔一五〕此下兩句，訂補本逸脱。

〔一六〕藏園本此下增：「收正統二十三卷本，先有王文獻別録一册，蓋從明本抄出，即張儉所删，然文有在二十三卷外者。」訂補本注此爲莫棠語。

〔一七〕藏園本、訂補本均于「宗孫」之後增「銘」字。

〔一八〕莫氏《持静齋藏書記要》卷之下録是書云：「至正集二十三卷。元許有壬撰。《四庫》本八十一卷。此鈔本僅其上一段，然未有刊本。」

〔一九〕藏園本、訂補本此下均增：「收舊鈔本」。

〔二〇〕藏園本、訂補本此句均脱「抄」字；此句之下均增：「元刊本半頁十行，行二十字，存二十六至三十。」

〔二一〕藏園本、訂補本此下均增：「正統十年張誠刊本九卷，附録二卷。明代有重刊本。」

〔二二〕藏園本、訂補本此下均增：「收舊鈔本」。

〔二三〕訂補本誤「篇」爲「編」。

〔二四〕藏園本、訂補本句末均增「也」字。

〔二五〕藏園本失收此條，訂補本收此書，但解題僅「元納新撰」一句，且誤注：「此書四庫著録，莫氏失收。」

〔二六〕藏園本、訂補本此下均增：「收舊抄本」。

〔二七〕藏園本、訂補本此下均增：「收三卷舊抄本」。

〔二八〕藏園本、訂補本此下均增：「收舊抄本，凡鮑本所缺均全。」

〔二九〕藏園本、訂補本此下均增：「頃收舊抄本」。

〔三〇〕藏園本此下增：「收舊抄本，分三集，首來□稿，次稿末冷竹洲，歸田稿，后附鶴亭唱和，末又詩一首。」訂補本注爲莫棠語。又「首來□稿，次稿末冷竹洲」句：訂補本作「首來鶴草堂稿，次既白軒稿，末竹洲」。

〔三一〕藏園本、訂補本此下均增：「收舊抄本，彭文勤藏」。

〔三二〕藏園本此下增：「朱昱，弘治間人，蓋明刊耳。曾收天崇間諸暨陳千京重刊本，有朱序，載其刊書之原委，年月甚詳。諸暨陳千京刊本鐵崖集五卷,史義拾遺二卷,西湖竹枝一卷,香奩集一卷。」訂補本注此爲莫棠語。

〔三三〕藏園本、訂補本此下均增:「萬曆中陳淵正刊古樂府,强半皆吴復編本所有,樓氏删其複而爲注。」

〔三四〕莫氏《持静齋藏書記要》卷之下録箋是書名爲「張光弼詩集二卷。元張昱撰。《四庫》本四卷,題『可閑老人集』。」

〔三五〕訂補本此句首增「見」字。

郘亭知見傳本書目卷十五

集部六　别集類五

明太祖文集二十卷

姚士觀、沈鈇校刊本。洪武七年樂韶鳳編本五卷。嘉靖己丑雲南刊本。萬曆十四年刊本。

宋學士全集三十六卷

明宋濂撰。天順五年刊本，正二十六卷，附録一卷。嘉靖庚戌刊本。正德九年刊本，七十五卷。康熙中裔孫既庭刊本。康熙四十八年兩浙學使南陽彭始摶刊本，三十二卷，原序等一卷，附録一卷。勞舜卿有元刊潛溪集十卷。袁漱六有元刊潛溪後集。張月霄有洪武八年刊本文粹十卷，建文辛巳刊本續文粹十卷，附録一卷。林吉人跋曰：景濂所著潛溪前後集皆刊于元至正間，入明後所作名文粹，爲劉誠意所選定，續文粹爲門人方正學所選定。文粹尤重于世，以正學及同門劉剛、林靜、樓璉手自繕寫，刊于浦江鄭氏義門家塾。嘉慶庚午吴嚴榮知金華府，依原編各集萃合刊本，五十三卷，爲最足本[一]。

宋景濂未刻集二卷

明宋濂撰。康熙初刻本。

誠意伯文集二十卷

明劉基撰。嘉靖丙寅刊本十八卷。隆慶六年刊本。

鳳池吟稿十卷

明王廣洋撰。有刊本八卷。

陶學士集二十卷

明陶安撰。明弘治十二年刊本。

西隱集十卷

明宋訥撰。明劉師魯刊本。

王忠文公集二十四卷

明王禕撰。明劉師魯刊本〔二〕。

翠屏集四卷

明張以寧撰。明宣德三年刊本。成化中刊本。

説學齋稿四卷

明危素撰。危學士全集十四卷，乾隆戊寅刊本。四庫依知不足齋抄本。朱竹垞云，傳抄都非足本。拜經樓有舊抄本，爲吴石倉所藏，有朱墨筆校補處。勞舜卿得葉文莊親筆抄校本一册，乃外集遺文也〔三〕。

雲林集二卷

明危素撰。四庫依知不足齋抄本。元至元三年刊本。

白雲集七卷

明唐桂芳撰。正德戊寅刊本三先生合集。單刻本。竹垞云：誤收任原詩。

登州集二十三卷

明林弼撰。乾隆中刊本。

槎翁詩集八卷

明劉崧撰。明初刊本。萬曆丁酉刊本十二卷[四]。

東皋録三卷

明釋妙聲撰。四庫依汲古閣抄本。洪武七年其徒德瑊刊本。

覆瓿集七卷附録一卷

明朱同撰。抄本。

柘軒集四卷

明凌雲翰撰。四庫依抄本。

白雲稿五卷

明朱右撰。竹垞云：集凡十卷，僅抄得前五卷，其後五卷曾得内閣本一過眼，未抄成足本。

清江詩集十卷文集三十一卷

明貝瓊撰。明洪武本。康熙丁亥桐鄉金檀刊本〔五〕。

蘇平仲集十六卷

明蘇伯衡撰。明初刊本。正統壬戌黎諒刊本〔六〕。

胡仲子集十卷

明胡翰撰。明洪武十四年王懋温刊本。

始豐稿十四卷

明徐一夔撰。明刊本。抄本。

王常宗集四卷補遺一卷續補遺一卷

明王彝撰。四庫依何焯手抄本，今爲袁芳瑛藏。

白石山房逸稿二卷

明張孟兼撰。刊本。

滄螺集六卷

明孫作撰。弘治丙辰刊本。汲古閣刊本。

臨安集六卷

明錢宰撰。有十卷本。

尚絅齋集五卷

明童冀撰。刊本。

考古文集二卷

明趙撝謙撰。順治丁酉刊本。

劉彦昺集九卷

明劉炳撰。明初刊本。

藍山集六卷

明藍仁撰。明洪武中藍山書院刊本。

藍澗集六卷

明藍智撰。竹垞云：藍山、藍澗二集選家互有參錯。明初刊本不誤，前有蔣易、張榘二序。

大全集十卷

明高啓撰。明永樂八年其侄立刊本。景泰中刊本。萬曆中八代孫士宏刊本。

高青邱集箋注十八卷

雍正六年金檀撰。刊于文瑞樓刊最精〔七〕。

凫藻集五卷

明高啓撰。正統九年刊本。雍正戊申金檀刊，附詩箋後本。

眉庵集十二卷

明楊基撰。明成化中張習刊本。四大家集本。下二家同。明有鄭鋼刊本。

静居集四卷

明張羽撰。明萬曆中陳邦瞻、汪汝淳校刊本。

張來儀先生文集一卷

明張羽撰。張金吾藏舊抄本，始山稚賦，終漏月齋記，凡文五十一篇。文瑞樓書目有張羽文集一卷，注「抄」，未知即此本否？

北郭集六卷

明徐賁撰。明萬曆中陳邦瞻、汪汝淳校刊本。

鳴盛集四卷

明林鴻撰。洪武庚申刊本。

白雲樵唱四卷附録一卷

明王恭撰。四庫依抄本。成化癸未黄鎬刊本。又有鳳臺清嘯一集，官翰林以後作。

半軒集十四卷

明王行撰。洪武中刊本二卷，拾遺一卷〔八〕。

西庵集九卷

明孫蕡撰。弘治十六年刊本。

南村詩集四卷

明陶宗儀撰。汲古閣刊。

望雲集五卷

明郭奎撰。嘉靖辛卯吴廷翰刊。

蚓竅集十卷

明管時敏撰。洪武中楚府刊本。

西郊笑端集一卷

明董紀撰。成化中周庠刊本。

草閣集六卷拾遺一卷附筠谷詩一卷

明李曄撰。明初胡伯宏輯，拾遺唐光祖輯，附文四篇〔九〕。

永嘉集十二卷

明張著撰。著字則明，自號永嘉子，世居温之平陽縣。元末避兵常熟，常熟人師之，爲縣訓導，遂家焉。領洪武三年鄉薦，將會試禮部，朝廷急用人，遣敕至其家，授膚施知縣，三年升臨江府同知，皆有善政。尋卒官。所撰易經精義、永嘉集、長安唱和集，今惟永嘉集存，凡詩九卷，文三卷，其子規運生所編也。吴訥序謂其文理明氣昌，動合規矩。王直序謂其詩取法唐人，清遠有思致，見愛日精廬藏書志。未有刊本，猶舊抄傳録〔一〇〕。

範軒集十二卷

明林大同撰。大同字逢吉，號範軒，常熟人，明初官開封府訓導，集未刊。張金吾藏寫本。

樗庵類稿二卷

明鄭潛撰。依閣抄本。

春草齋集十卷附録一卷

明烏斯道撰。斯道又有秋吟稿，附録傳贊一卷，萬曆中八世孫獻明續輯。

强齋集十卷

明殷奎撰。洪武十五年余熂刊本。

海桑集十卷

明陳謨撰。康熙庚申裔孫邦祥刊本。

竹齋集三卷續集一卷附録一卷

明王冕撰。抄本。

海叟集四卷集外詩一卷

明袁凱撰。天順中祥澤張璞刊。竹垞云：在野集即張璞本。弘治中刊本。隆慶中何元之活字印本。萬曆中張所望刊本。正德元年刊本。國朝曹炳曾校刊本。

榮進集四卷

明吳伯宗撰。刊本。

梁園寓稿九卷〔一〕

明王翰撰。依閣抄本。

自怡集一卷

明劉璉撰。四庫依抄本。

斗南老人集六卷

明胡奎撰。明初寧府文英館刊本，傳是樓影抄，分六卷，凡詩一千九百餘首。竹垞云：吾鄉雲東逸史手録稿舊藏項氏天籟閣，繼歸高氏稽古堂，後歸花山馬思贊，止四卷。

希澹園詩三卷

明虞堪撰。刊本題曰鼓枻稿，與此集互勘，多寡悉同，編次小異。

滎陽外史集七十卷

明鄭真撰。抄本。竹垞選明詩綜時尚見百卷本。

全室外集九卷

明釋宗泐撰。四庫依抄本。宗泐有西游集一卷，奉使求經時往還所作。

峴泉集四卷

明張宇初撰。天一閣有抄本十二卷。竹垞稱其集二十卷，詩居其半。此本所作雜文，末附歌行數十首，蓋掇拾重編之本矣。銕樵〔一二〕。

唐愚士詩二卷附會稽懷古詩一卷

明唐之淳撰。又有苹居集〔一三〕。

繼志齋集十二卷附録一卷

明王紳撰。有刊本，作三十卷〔一四〕。

練中丞集二卷

明練子寧撰。又名金川玉屑集，弘治中王佐輯，泰和郭子章重編本。乾坤正氣集本。

遜志齋集二十四卷

明方孝孺撰。正德中顧璘刊本。嘉靖辛酉重刊本。萬曆壬子刊本。康熙戊寅刊本。乾坤正氣集本。原本三十卷，拾遺十卷，宣德間黄孔昭、謝鐸編〔一五〕。

貞白遺稿十卷附顯忠録二卷

明程通撰。嘉靖刊本。天啓刊本。

静學文集一卷

明王叔英撰。成化中謝世修刊本。胡心耘有舊抄本六卷，附録一卷，有蔣廷錫印。

芻蕘集六卷

明周是修撰。乾坤正氣集本〔一六〕。

巽隱集四卷

明程本立撰。嘉靖初南濠吴氏刊本。萬曆乙丑濮陽棐屬李詩校刊本。西虞范氏重刊本。乾坤正氣集本。

易齋集二卷

明劉璟撰。明末楊文驄刊本。乾坤正氣集本。

野古集三卷

明龔詡撰。崇禎乙亥八世孫珽刊。

文毅集十六卷

明解縉撰。天順初黄諫輯本三十卷。嘉靖中刊，又名春雨齋集。康熙戊戌十世孫悦刊本。乾隆丙戌刊本。

虚舟集五卷

明王偁撰。明袁州守王世英重刊本。

王舍人詩集五卷

明王紱撰。其子默編，又名友石山人稿。

泊庵集十六卷

明梁潛撰。明刊本。康熙辛丑裔孫天清續刊本。

毅齋詩文集八卷附録一卷

明王洪撰。明時莫琚刊本。

青城山人集八卷

明王㒜撰。明正統十二卷裔孫鎧刊本〔一七〕。

東里文集九十七卷别集四卷

明楊士奇撰。明嘉靖乙酉黄如桂刊本。康熙戊午刊本，二十五卷，不全。

楊文敏集二十五卷

明楊榮撰。明刊。

省愆集二卷

明黄淮撰。刊本。

金文靖集十卷

明金幼孜撰。成化四年其子昭伯刊本。

夏忠靖集六卷附録一卷

明夏原吉撰。明時其孫廷章刊本，末附遺事一卷。康熙乙酉潘宗洛刊本。

抑庵集十三卷後集三十七卷

明王直撰。明刊本，成化初其子稹所編，次子稙後加校訂，别爲後集。

運甓漫稿七卷

明李昌祺撰。天順三年鄭綱編本。正統元年刊本。

古廉集十一卷附録一卷

明李時勉撰。景泰七年刊本。成化中其孫容刊本。

梧岡集八卷

明唐文鳳撰。唐氏三先生集，正德戊寅刊本。

曹月川集一卷

明曹端撰。正誼堂刊本。

薛文清集二十四卷

明薛瑄撰。弘治己酉楊亨刊本。明張鼎刊本。雍正甲寅薛氏刊本。成化五年刊河汾集詩八卷。

兩溪文集二十四卷

明劉球撰。明刊本，其子鉞所編。乾坤正氣集本。

于忠肅集十三卷

明于謙撰。刊本。嘉靖丁亥河南刊本。乾坤正氣集本。

蘭亭集二卷〔一八〕

明謝晉撰。永樂中刊本〔一九〕。

慎齋集四卷

明蔣主忠撰。主忠字存恕，儀徵人，與兄主孝皆以詩名，時稱景泰十才子者，主忠其一也。是集四卷，計詩一百八十餘首，阮氏以進呈。

古穰集三十卷

明李賢撰。明刊本。

武功集五卷

明徐有貞撰。明刊本。

倪文僖集三十二卷

明倪謙撰。明刊本。

襄毅文集十五卷

明韓雍撰。明刊本。

白沙集九卷

明陳獻章撰。弘治甲子刊本。萬曆中何熊祥重刊本。

類博稿十卷附録二卷

明岳正撰。刊本。

平橋稿十八卷

明鄭文康撰。天順辛巳刊本。康熙癸酉裔孫起泓重刊本。

竹巖詩集一卷文集一卷補遺一卷

明柯潛撰。嘉靖中刊本。

彭惠安集十卷附録一卷

明彭韶撰。嘉靖中刊本。

清風亭稿七卷

明童軒撰。有刊本八卷。

方洲集二十六卷附讀史録四卷

明張寧撰。明弘治四年刊本四十卷。

重編瓊臺會稿二十四卷

明邱濬撰。吟稿門人蔣冕刊。類稿□□刊〔二〇〕。嘉靖中鄭廷鵠合二編益以寫本逸篇爲十二卷，名爲會稿刊之。天啓中裔孫爾穀刊本。康熙戊子邱文莊公集十卷。

謙齋文録四卷

明徐溥撰。刊本。

椒邱文集四十卷

明何喬新撰。明婺源余瑩編刊本。

石田詩選十卷

明沈周撰。明弘治中華汝德刊本。

東園文集十三卷續編一卷

明鄭紀撰。康熙中九世孫梁英刊本。

懷麓堂集一百卷

明李東陽撰。明嘉靖中刊本。康熙壬戌廖方達刊本。嘉慶八年茶陵刊本。

清谿漫稿二十四卷

明倪岳撰。刊本。

康齋文集十二卷

明吳與弼撰。崇禎壬申陳維新刊本〔二〕。

一峰集十卷

明羅倫撰。乾隆戊寅羅氏活字本。道光中劉繹刊本。

篁墩集九十三卷

明程敏政撰。明刊本〔一二〕。

楓山集四卷附録一卷

明章懋撰。刊本〔一三〕。

莊定山集十卷

明莊昶撰。刊本。

未軒文集十二卷

明黄仲昭撰。明刊本。

醫閭集九卷

明賀欽撰。刊本。

翠渠摘稿一卷補遺一卷

明周瑛撰。刊本。

家藏集七十七卷

明吴寬撰。明刊本，其子奭菟輯。

歸田稿八卷

明謝遷撰。明刊。康熙中七世孫鍾和刊本。

震澤集三十六卷

明王鏊撰。明刊本。明董其昌校刊本，寫刻俱精，題王文恪集。

鬱洲遺稿十卷

明梁儲撰。刊本。

見素文集二十八卷奏疏七卷續集十二卷附録二卷

明林俊撰。正德中刊本。其孫則祖跋，稱重梓是書而詩集尚闕。

虚齋集七卷

明蔡清撰。正德中葛忠貞刊本。族孫廷魁刊本，十三卷。

容春堂前集二十卷後集十四卷續集十八卷别集九卷

明邵寶撰。明正德中刊，前集顔體字，最精雅，後三集字體稍遜〔二四〕。

羅圭峰文集三十卷

明羅玘撰。明刊本三十五卷。康熙庚午羅美材刊本，編次頗無體例。拜經樓藏有三十七卷本，錢湘舲評。圭峰集一刻于盱眙，再刻于南國子監，又有刻武進孫氏本，今皆未見。據此本所叙，則初刻于常州，再刻于荆州，板皆逸。嘉靖五年陳洪謨得荆州本六卷，又得續集二卷，奏議一卷，彙而重刻。後其鄉人黄端伯又于圭峰曾孫寬得逸稿，合原集編爲三十卷。

吴文肅公摘稿四卷

明吴儼撰。萬曆甲申其孫士遇刊本。

熊峰集十卷

明石珤撰。明刊本。皇甫汸删定本。康熙中孫光㬙刊本。

立齋遺文五卷

明邵智撰。天啓乙丑李芳麓刊本。乾坤正氣集本。吴廷舉編次立齋集刊本。

西村集八卷附録一卷

明史鑑撰。嘉靖中其孫周刊本。國初刊本。

胡文敬公集三卷

明胡居仁撰。明刊本。

小鳴稿十卷

明秦王朱誠泳撰。刊本。

方簡肅文集十卷

明方良永撰。隆慶庚午其孫攸刊本。

懷星堂集三十卷

明祝允明撰。明刊本，又名祝氏集略，三十卷。

整庵存稿二十卷

明羅欽順撰。刊本。

東江家藏集四十二卷

明雇清撰。刊本。其子孫所續集有留都稿四卷，存稿十卷。

空同集六十六卷

明李夢陽撰。明初刊本，其甥曹嘉選吴下善書者繕寫刊行，六十三卷。

山齋集二十四卷

明鄭岳撰。萬曆中其曾孫炫刊本。

浮湘集四卷山中集四卷憑几集五卷續集二卷息園存稿詩十四卷文九卷緩慟集一卷

明顧璘撰。竹垞稱其上有歸田集。嘉靖戊戌刊本。

華泉集十四卷

明邊貢撰。明嘉靖戊戌劉天民刊本。文集魏允孚續刻。

劉清惠集十二卷

明劉麟撰。萬曆丙午陳幼學刊本。

東田遺稿二卷

明張羽撰。國初刊本。

沙溪集二十三卷

明孫緒撰。康熙四十六年賈棠與馬東田集合刊本。馬集入存目。

王文成全書三十八卷

明王守仁撰。隆慶壬申新建謝廷傑刊本。康熙癸丑俞氏刊本。

雙溪集八卷

明杭淮撰。刊本。曝書亭本乃其弟洵所編刊，卷末手題兩行云：「康熙辛巳九月十九日竹垞老人讀一過。」

對山集十卷

明康海撰。康熙中馬氏刊本。乾隆辛巳孫景烈刊本。

柏齋集十一卷

明何瑭撰。嘉靖己酉鄭王府刊本。

竹澗集八卷竹澗奏議四卷

明潘希曾撰。嘉靖末黄省曾校本。

大復集三十八卷

明何景明撰。嘉靖十年刊本，三十七卷。五世侄孫洙源等刊本〔二五〕。

洹詞十二卷

明崔銑撰。明趙王府味經堂刊本。又明刊本〔二六〕。

莊渠遺書十二卷

明魏校撰。魏氏原刊本，甚精。

儼山集一百卷續集十卷

明陸深撰。有刊本，并外集四十卷。

迪功集六卷附談藝録一卷

明徐禎卿撰。正德庚辰刊本。嘉靖戊子刊本。

鄭少谷集二十五卷

明鄭善夫撰。明刊本。道光甲申刊本。

太白山人漫稿八卷

明孫一元撰。崇禎中周伯仁刊本，蓋據吴興張氏本及陽湖本合輯〔二七〕。

苑洛集二十二卷

明韓邦奇撰。嘉靖末刊本。

東洲初稿十四卷

明夏良勝撰。正德十五年刊本。

升庵集八十一卷

明楊慎撰。明萬曆中張士佩刊本。

東巖集六卷

明夏尚樸撰。刊本。

瀼谿草堂稿五十八卷

明孫永恩撰。明刊本。是集爲其門人楊豫孫等編。

方齋詩集文集十卷

明林文俊撰。此本乃其家藏舊抄，凡文九卷，詩一卷。明北監廿二史皆所校刊。

考功集十卷

明薛蕙撰。明刊本，有附録一卷。道光八年亳州劉氏刊〔二八〕。

雲村文集十四卷

明許相卿撰。刊本。

小山類稿二十卷

明張岳撰。萬曆中刊本〔二九〕。

夢澤集二十三卷

明王廷陳撰。嘉靖辛亥刊本。其集一刻于淮安，再刻于蘇州，此本乃其從孫道淳刻，乃第三本也。近年刊本。

泰泉集十卷

明黄佐撰。明嘉靖壬寅門人李時行刊本。

甫田集三十五卷附録一卷

明文徵明撰。明刊本。康熙間文氏重刊本。

西村集詩二卷補遺一卷

明朱朴撰。刊本，其孫綵所編刊。

天馬山房遺集八卷

明朱淛撰。刊本。

蘇門集八卷

明高叔嗣撰。嘉靖中刊本，半頁十行，行十六字。

愚谷集十卷

明李舜臣撰。刊本。

遵巖集二十五卷

明王慎中撰。隆慶辛未其子同康及其婿莊國楨校刊本。明〔嘉靖〕庚戌蔡道卿刊玩芳堂摘稿四卷。

陸子餘集八卷

明陸粲撰。明□□刊本。

念庵集二十二卷

明羅洪先撰。明時其集初刊于撫州，再刊于應天，最後諸門人編爲此本。雍正癸卯六世孫繼洪刊本。

皇甫司勳集六十卷

明皇甫汸撰。刊本。

楊忠介集十三卷附録三卷

明楊爵撰。刊本。

荆川集十二卷

明唐順之撰。嘉靖乙卯刊本，其集爲無錫安如石所編。康熙中唐氏刊本，十八卷。

皇甫少元集二十六卷外集十卷

明皇甫涍撰。明刊本。

瑤石山人稿十六卷

明黎民表撰。萬曆中刊本。鍾江鍾太守初刻其詩，其子華再刻，冠以賦三首。

南行集四卷東游集二卷北觀集四卷山中集十卷

明邱雲霄撰。據邱氏門人李獻忠跋，尚有西居集，官柳城時作，今闕是集，或藏弆者偶佚歟？

張莊僖文集六卷

明張永明撰。刊本。

具茨集五卷補遺一卷文集八卷補遺一卷附録一卷遺稿一卷

明王立道撰。萬曆間刊本。

青霞集十一卷年譜一卷

明沈鍊撰。近年有刊本。鍊子襄刊本。乾坤正氣集本。

滄溟集三十卷附録一卷

明李攀龍撰。隆慶壬申王元美刊本。又明刊本。道光中刊本。

山海漫談三卷附録二卷

明任環撰。乾隆丁丑庚興刊本。

楊忠愍集二卷附録一卷

明楊繼盛撰。康熙中張鈺編刊本。道光癸卯刊本。容城刊三賢集本。乾坤正氣集本。

弇州山人四部稿一百七十四卷續稿二百七卷

明王世貞撰。崇禎刊本。天禄書目明本有四部稿，云據汪道昆序後世貞自記，則此稿世貞所自刊也。橅刻本不工〔三〇〕，明印尚清朗，未載續稿。

讀書後八卷

明王世貞撰。萬曆中刊本，其姪得殘本于賣錫者，乃録而刊之，名曰附集，所謂原本四卷也。許恭乃增刊爲八卷。

方麓集十六卷

明王樵撰。刊本。

存家詩稿八卷

明楊巍撰。明嘉靖鄒觀光刊本。有國初刊本，名夢山集。又王漁洋屬謝重輝刊本三卷。

伐檀齋集十二卷

明張元凱撰。明張氏刊本，佳。

備忘集十卷

明海瑞撰。康熙中刊本，作海忠介集六卷。又，康熙中海廷芳刊本。

石洞集十八卷

明葉春及撰。康熙三十三年葉氏刊本。

宗子相集十五卷

明宗臣撰。明刊本。

衡廬精舍藏稿三十卷續稿十一卷

明胡直撰。明郭子章刊本。

薜荔園詩集四卷

明余翔撰。四庫依抄本。

郭鯤溟集四卷

明郭諫臣撰。明刊本，其子元望所編〔三二〕。

亦玉堂稿十卷

明沈鯉撰。康熙庚午劉榛重刊本。明刊本。

温恭毅公集三十卷

明温純撰。明刊本。

震川文集三十卷別集十卷

明歸有光撰。萬曆中王執禮校三十二卷本。此依康熙中歸莊刊本。嘉慶中刊大全集五十八卷。文集舊本其族弟道傳所刻，凡二十卷，爲常熟本。其子子祐、子寧所刻，凡三十二卷，爲崑山本。

四溟集十卷

明謝榛撰。明刊本，二十四卷。明萬曆壬子盛以進得趙邸舊本重爲補訂，詩説二卷附卷首。

蠛蠓集六卷

明盧柟撰。明嘉靖癸卯刊本。

少室山房類稿一百二十卷

明胡應麟撰。明萬曆戊午江湛然刊本。

穀城山館詩集二十卷

明于慎行撰。明刊本。

宗伯集十卷

明孫繼皋撰〔三二〕。有刊本，一名柏潭集。

澹然軒集八卷

明余繼登撰。明馮琦刊本。

涇皋藏稿二十二卷

明顧憲成撰。刊本。

高子遺書十二卷附録一卷

明高攀龍撰。崇禎壬申門人陳龍正刊本。康熙乙巳高氏刊本。乾坤正氣集本。

馮少墟集二十二卷

明馮從吾撰。萬曆壬子刊本，附續集四卷。天啓辛酉刊本〔三三〕。

石隱園藏稿八卷

明畢自嚴撰。有奏議一百三十六卷，今未見。

仰節堂集十四卷

明曹子汴撰。康熙癸卯門人吕崇烈刊本。

願學集八卷

明鄒元標撰。萬曆己未龍遇奇刊本。又有明刊本。此集外又有存真集、太乙山房疏草。

劉蕺山集十七卷

明劉宗周撰。乾隆十六年雷鋐刊本廿四卷，附人譜等書。道光間蕭山刊本四十卷，題劉子遺書。乾坤正氣集本。

學古緒言二十五卷

明婁堅撰。明刊本。又，明謝三賓合唐時升、程嘉燧、李流芳所著刊爲嘉定四先生集。

檀園集十二卷

明李流芳撰。有刊本。

代囊子詩類六卷文類十卷

明賀逢聖撰。天禄書目云：此書前後無序跋而雕刻精良，紙色墨香，絶類宋槧，明末文人刻集之最工者。明史：逢聖字克繇，江夏人，萬曆四十四年廷試第二。天啓間爲洗馬，忤魏忠賢，削籍。崇禎時官至大學士，致政歸。張獻忠陷武昌，投墩子湖〔三四〕，一家殉之。福王時贈少傅，謚文忠。四庫未收。

忠介燼餘集三卷

明周順昌撰。康熙中刊本。借月山房本。乾坤正氣集本。

范文忠公集十二卷

明范景文撰。刊本，其子毓秀編。乾坤正氣集本。

孫白谷集六卷

明孫傳庭撰。刊本。乾坤正氣集本。

孫白谷詩鈔二卷

明孫傳庭撰。刊本。

集玉山房稿十卷

明葛昕撰。其子如龍等編。

宋布衣集三卷

明宋登春撰。康熙乙丑王培益刊。

忠肅集三卷

明盧象昇撰。康熙戊辰刊本。盧忠肅奏議十卷，道光九年刊。又嘉慶中活字本。乾坤正氣集本。奏疏凡六集，其姪孫豪然刊行〔三五〕。

倪文貞集十七卷續編三卷奏疏十二卷講編四卷詩集四卷

明倪元璐撰。明刊本。乾隆壬辰元孫安世重刊本。乾坤正氣集本。

藏密齋稿二十四卷

明魏大中撰。蓋即明史所收之二十五卷本也。自譜一卷，奏議八卷，詩一卷，雜著三卷，書牘十卷，啓一卷，僅二十四。前所收尺牘蓋即其全。己巳八月乃收一崇禎中刊本〔三六〕。

魏忠節公尺牘四册

明魏大中撰。大中著有藏密齋稿二十五卷，見明史藝文志，今已無傳。此舊鈔四册，是吴騫拜經樓物，同治丁卯冬收之滬上。

凌忠介集六卷

明凌義渠撰。四庫依抄本，乃其友徐研〔三七〕、門人姜垓校定。

茅簷集八卷

明魏學洢撰。其弟學濂刊本。大中門人錢棻刊本。乾坤正氣集本。

申忠愍詩集六卷

明申佳允撰。其子涵光所編刊〔三八〕。

陶庵全集二十二卷

明黄淳耀撰。康熙中陸元輔刊本，先刊其詩，後刊其文。

右别集類明洪武至崇禎

集部七　别集類六

聖祖仁皇帝御製初集四十卷二集五十卷三集五十卷四集三十六卷

内府刊本。

世宗憲皇帝御製文集三十卷

内府刊本。

高宗純皇帝御製樂善堂全集定本三十卷

内府刊本。

高宗純皇帝御製文初集三十卷二集四十四卷

內府刊本。

高宗純皇帝御製文三集

高宗純皇帝御製文餘集

謹按：兩之目見文宗閣簿，合一函。

高宗純皇帝御製詩初集四十四卷目録四卷二集九十四卷目録六卷三集一百卷目録十二卷四集一百卷目録十二卷

內府刊本。

高宗純皇帝御製詩五集

十二函，見文宗閣簿。

高宗純皇帝御製詩餘集

二函，見文宗閣簿。

高宗純皇帝御製詩文十全集五十四卷

聚珍板本。乾隆五十九年大功十次告成，彭元瑞等恭編。謹按：上三部尚未恭載總目中。

梅村集四十卷

國朝吴偉業撰。康熙中刊本。

吴詩集覽二十卷

靳榮藩注。乾隆四十年刊本。

吴梅村詩箋注二十卷

吴翌鳳注。嚴榮刊本。

湯子遺書十卷

國朝湯斌撰。有新舊兩刊本。

兼濟堂文集二十卷

國朝魏裔介撰。詹明章合刊本。

學餘堂文集二十八卷詩集五十卷外集二卷

國朝施閏章撰。康熙戊子刊本。乾隆己未刊本。

忠貞集十卷

國朝范承謨撰。康熙中刊本。

林蕙堂集二十六卷

國朝吴綺撰。刊本又有巾箱本，楷字。

精華録十卷

國朝王士禎撰。康熙中林佶寫刊本，佳。惠棟訓纂二十卷。金榮箋注十二卷，補遺一卷。

堯峰文鈔五十卷

國朝汪琬撰。康熙癸酉刊林佶寫本，密行，尤精善。

午亭文編五十卷

國朝陳廷敬撰。乾隆中林佶寫刊本，佳。

讀書齋偶存稿四卷

國朝葉方藹撰。刊本。

松桂堂全集三十七卷延露詞三卷南淮集三卷

國朝彭孫遹撰。乾隆八年子景曾孫載奕刊。

曝書亭集八十卷附録一卷

國朝朱彝尊撰。四庫本删去風懷二百韻及静志居琴趣一卷。此集□□□張星寫刊〔三九〕，字體絶似褚臨樂毅論，其初印本極爲世重。江浩然撰曝書亭詩鈔箋注十二卷。楊謙又注詩二十二卷。孫銀槎注賦詩二十三卷。

于清端政書八卷

國朝于成龍撰。康熙廿二年癸亥，清端撫蘇，三韓劉鼎刊本，黄州李中素編。康熙四十三年甲申，孫準撫貴州，刊本不佳。康熙丁亥，其孫準撫江蘇，屬蔡方炳重編，最備，即今行八卷本，前載御賜文、詩、聯匾七件及遺像，曰首編，末附碑志等十九件，曰外集一卷〔四〇〕。

愚庵小集十五卷

國朝朱鶴齡撰。康熙中刊本。

抱犢山房集六卷

國朝嵇永仁撰。雍正中其子曾筠刊本。

文端集四十六卷

國朝張英撰。康熙末刊本，附雜著六種。

西河集一百八十九卷

國朝毛奇齡撰。康熙庚子門人蔣樞編，書留草堂刊本。

陳檢討四六二十卷

國朝陳維崧撰。康熙癸酉刊本。又翻刊。

蓮洋詩鈔十卷

國朝吴雯撰。乾隆辛未汾陽劉組刊本。乾隆甲申山東孫鍔重刊本。嘉慶中翁方綱校刊漁洋評點二十二卷，最足。

完玉堂詩集十卷

國朝釋光璟撰。刊本。

張文貞集十二卷

國朝張玉書撰。乾隆五十七年刊。

西陂類稿三十九卷

國朝宋犖撰。乾隆中刊。

鐵爐集三卷外集二卷附録一卷

國朝潘天成撰。其門人許仲炎編，冠以小傳、年譜。

湛園集八卷

國朝姜宸英撰。黄叔琳重編本，末附札記二卷〔四一〕。

古懽堂集三十六卷附黔書二卷長河志籍考十卷

國朝田雯撰。德州刊本。其黔書二卷又有貴筑刊本。

榕村集四十卷

國朝李光地撰。乾隆丙辰其孫清植刊。

三魚堂文集十二卷外集六卷附録二卷

國朝陸隴其撰。康熙辛巳從子禮徵刊本。乾隆中刊本。

因園集十三卷

國朝趙執信撰。刊本。此本曾經落水，紙墨渝敝，有乾隆辛酉其門人丁際隆跋。又，因園刊飴山詩集二十卷本，末卷爲詩餘。

懷清堂集二十卷

國朝湯右曾撰。乾隆乙丑刊本。

二希堂文集十二卷

國朝蔡世遠撰〔四二〕。乾隆乙丑刊本。

敬業堂集五十卷

國朝查慎行撰。乾隆中刊本，又附續集。

望溪集八卷

國朝方苞撰。乾隆初年刊本不分卷，至嘉慶初附刊集外文。咸豐元年桐城戴鈞衡重刊本。

存硯樓集十六卷

國朝儲大文撰。儲氏刊本。

香屑集十八卷

國朝黄之雋撰。乾隆中刊本。嘉慶癸酉重刊本。海昌陳氏刊本。

鹿洲初集二十卷

國朝藍鼎元撰。雍正壬子刊本。

樊榭山房集二十卷

國朝厲鶚撰。乾隆中刊本。

果堂集十二卷

國朝沈彤撰。乾隆中刊本。

惜抱軒詩文集三十六卷

國朝姚鼐撰。嘉慶戊午刊。

松泉文集二十卷詩集二十六卷

國朝汪由敦撰。

右別集類國朝

【校勘記】

〔一〕藏園本、訂補本此下均增：「正德本當即《戒庵漫筆》所記之太原張縉得景濂自定宋燧寫本付刊稍展大者。林吉人僅見《續文粹》，故云《續文粹》尤重于世，其實《文粹》亦正學諸人手書也。張月霄藏本《文粹》、《續文粹》，辛卯在吴下收得。」訂補本注云：「原稿無，諸印本入正文，審其文意，當即莫棠本上莫棠批語也。」

〔二〕藏園本此下衍：「刊本當即正統刊也。收殘萬曆刊本二十六卷，二十四卷以下附其子紳之作。紳有《繼志齋集》者，未必全也。」訂補本注云：「原稿無，諸印本入正文。」

〔三〕藏園本此下增「四庫存目又録危學士全集十四卷、詩一卷、文十三卷，云是後人重編，故不録。」訂補本注云：「原稿無，諸印本入正文。」又，莫氏《持静齋藏書記要》録明危素「危太樸雲林詩集二卷附文不分卷」，解題曰：「文四卷，題説學齋稿四卷」。

〔四〕藏園本、訂補本均脱此句。

〔五〕金檀：藏園本、訂補本均作「金氏」。

〔六〕藏園本此下增：「黄蕘圃藏明初刊。」

〔七〕藏園本、訂補本無「刊于」二字，此句之下均增：「有翻本，版心無文瑞樓字。」

〔八〕藏園本、訂補本此下均增：「有舊抄殘本四卷。又有楮園草二卷，乃摘抄本也。」

〔九〕李曄：藏園本誤爲「李昱」。附文四篇：藏園本誤「篇」爲「卷」；訂補本則誤爲「附雜文四卷。」

〔一〇〕此末二句，藏園本、訂補本均誤作：「本有舊本，從舊抄傳録。」

〔一一〕藏園本失收此條。

〔一二〕莫繩孫原鈔本「銕樵」二字爲小注字，藏園本、訂補本此句末脱「矣銕樵」三字。

〔一三〕藏園本此下增：「頃見丹崖集，讀書堂抄本，其唐南著，四庫未收。」

〔一四〕藏園本此下增：「萬曆刊本附忠文集後，祇二卷，當不全。」

〔一五〕藏園本此下增：「頃收正德本。」

〔一六〕藏園本此下增：「文瑞樓刊本與青丘集相似。」

〔一七〕藏園本此下增：「收舊抄本，文瑞樓主人校。」訂補本注：「當是莫棠補者。」

〔一八〕蘭亭：藏園本、訂補本均爲「蘭庭」。

〔一九〕藏園本訂補本後增：「有沈椒園家抄本數頁，恐未完。」

〔二〇〕藏園本、訂補本均脱此句。

〔二一〕藏園本、訂補本此句均脱句末「本」字。

〔二二〕藏園本、訂補本此下均增：「天一目有篁墩文粹五十二卷（訂補本爲『二十五卷』），頃收一部。」

〔二三〕藏園本此下增：「弘治乙丑戴銑編。後序外三山林瀚序。」

〔二四〕藏園本此下增：「只收外集。」

〔二五〕藏園本此下增：「頃收嘉靖三年唐龍序野竹齋刊本二十六卷，又見嘉靖十年義陽書院刊本，亦二十六卷，板式相同，有唐序、王廷相序。」訂補本注曰：「原稿無。」

〔二六〕藏園本、訂補本均脱此句。

〔二七〕藏園本此下增：「嘉靖甲戌凌鳴喈刊本，附録一卷。」訂補本注：「原稿無，印本入正文。」

〔二八〕藏園本此下增：「收舊抄殘本考功詩一册，疑與十卷不同。」訂補本作爲附録收此衍文。

〔二九〕藏園本、訂補本此下均增：「今板尚存，見有印本。」

〔三〇〕橅刻本不工：藏園本、訂補本誤爲「橅刊本工」。

〔三一〕藏園本、訂補本均脱「明刊本，其子元望所編」九字，增「康熙庚午（訂補本作『戊午』）劉臻重刊本」九字。

〔三二〕孫繼皋：原作「楊繼皋」，誤，據藏園本、訂補本改。

〔三三〕藏園本、訂補本此句首有「明」字。

〔三四〕訂補本此句末增「死」字。

〔三五〕藏園本、訂補本「行」均作「本」。

〔三六〕莫氏所收此本有其批校，今藏于上海圖書館。

〔三七〕徐研：藏園本、訂補本均作「徐沂」。

〔三八〕訂補本于「涵光」前增一「申」字。

〔三九〕藏園本、訂補本此句作「此集爲張星寫刊。」

〔四〇〕藏園本脱「十九件曰外集一卷」八字。

〔四一〕藏園本、訂補本于句末均誤「卷」爲「記」。

〔四二〕蔡世遠：原作「湯右曾」，誤，據藏園本、訂補本改。

郘亭知見傳本書目卷十六

集部八　總集類

文選注六十卷

梁昭明太子蕭統編，唐李善注。宋尤本、元張本并十行，行二十一字，或多少不等。明唐藩本亦十行，行改二十二字，皆均齊如一，而古色減矣。明唐藩成化丁未重刻元張伯顏本者莊王芝址，其元孫端王碩熿襲封，又以隆慶辛亥重刊于養正書院。汲古閣本字小。翻汲古閣本字稍大，且字句不同，亦不止一本，以錢士謐爲差勝。明唐府本。晉藩養德書院本〔一〕。嘉靖癸未金臺汪諒刊元本。萬曆辛丑閩鄧原岳刊。乾隆三十七年葉樹藩刊朱墨本，用何義門評點，注多不完，後數有翻刻。宋淳熙本有二，一胡果泉本，一阮相國本，阮云與晉府及汲古本多異。胡果泉仿宋重刊顧千里爲考異十卷附之，即依淳熙辛丑尤延之貴池刊本。近世通行以此本爲最善，刊以嘉慶十四年。近萬氏翻刊胡本。元張伯顏貴池重刊，即翻尤本，然遠不及。明晉藩及汪諒并翻刻張本。

六臣注文選六十卷

明嘉靖己酉袁褧仿宋蜀大字本。嘉靖二十八年洪楩仿宋茶陵本,半頁十行,行十八字,注行二十三字。前有諸儒議論一卷,則陳仁子舊輯也。萬曆二年新都汪氏仿宋本,半頁九行,行十八字。宋刊五臣本三十卷,錢曾有之。又潘維時本三十卷。明王象乾删注本十二卷,摘六臣注上方,行左右、音釋列下方,不間本文,以便記誦,寫刻極精。宋六臣本有四:一、題六家文選,見天禄書目。明嘉靖間袁褧精摹重刊,始甲午,迄己酉,凡十六年乃成,其初印、中印皆工善,藏家寶之如宋本。序後稱此集精加校正,絶無舛誤,見在廣都縣北門裴宅印賣,則宋本舊標題也。廣都晉蜀中舊縣。袁本依者,即世所稱蜀大字本也。一、茶陵陳仁子校刊本,曾見于許滇生先生所。嘉靖二十八年錢塘洪楩氏仿刊、萬曆三年新都崔氏仿刊,皆依陳本。蜀本五臣居前,善注在後;茶陵崔、徐本均善注在前。一、紹興二十八年修北宋本,見昭文張氏志。一、天禄目載趙子昂藏者,不著刻書年月,有明州司法參軍盧欽跋,云直閣趙公來鎮是邦,首加修正。字用顔體,于整齊之中寓流動之致,紙質如玉,墨光如漆,不知與張志同板否?

文選顔鮑謝詩評四卷

元方回撰。有明刊本。

玉臺新詠十卷

陳徐陵編。明正德中翻宋本，每頁三十行，行三十字。最佳，他刻皆不足道。汲古閣刊本。蘭雪堂活字本亦佳。又，五雲溪館活字本。馮舒校刊本。許滇生師得徐星伯家宋本，有翁覃溪跋。張金吾有影宋刊本。康熙丁亥，孟璟以萬曆丁丑張嗣修手録袖珍本上板，嗣修跋云：一以其家藏宋本爲正，諸本有互見處間爲考注。萬曆中華亭楊鑰刊本。歸安茅氏重刊本。吴江吴兆宜注，長洲程琰刪補刊本。

高氏三宴詩集三卷附香山九老詩一卷

唐高正臣編。有宋刊，丁禹生有舊抄本。

文館詞林四卷〔二〕

唐許敬宗等奉敕撰。宋王溥唐會要云：顯慶三年十月二日，許敬宗修文館詞林一千卷上之。唐藝文志總集類卷數同。志又云：崔元暐注文館詞林策二十卷，又雜傳類載文館詞林文人傳一百卷，宋志載此書詩一卷，崇文總目載彈事四卷，皆全書中之一類。是編僅存六百六十二及六十四、六十八、九十五四卷，皆漢魏以來之詔令，日本人用活字擺印者。會要又云：垂拱二年二月十四日，新羅王金政明遣使請唐禮并雜文章。令所司寫吉凶要禮并于文館詞林內，采其詞涉規戒者勒成五十卷賜之。是當時頒賜本非足册。此雖殘斷，而詔令皆甚古，多逸篇，且全書體例亦可見其一斑。阮氏以進呈。粵雅堂刊本〔三〕。

篋中集一卷

唐元結撰。汲古閣本。

河岳英靈集三卷

唐殷璠編。汲古閣刊本。郘亭有南宋本二卷，闕筆至廓字。字句與毛本小有異同〔四〕。

國秀集三卷

唐芮挺章編。汲古閣刊本。陳解元刊本。

御覽詩一卷

唐令狐楚編。汲古閣刊。

中興間氣集二卷

唐高仲武編。汲古閣刊本。述古堂影抄宋本〔五〕。

極玄集二卷

唐姚合編。汲古閣刊本。張氏志有秦酉巖手抄本，題云唐詩極玄。間氣、極玄二種義門評本，從述古影抄宋本精校〔六〕。

松陵集十卷

唐陸龜蒙編。汲古閣刊。崇禎丙寅刊。弘治中劉濟民刊，都元敬爲之校，古色可愛，惜非宋本行次耳。

二皇甫集七卷

明劉潤之編〔七〕。正德中刊。

唐四僧詩六卷

不著編輯人名氏。百家唐詩刊。

薛濤李冶詩集二卷

不著編輯人名氏。薛濤詩新翻明刊本，與魚玄機集合行〔八〕。

竇氏聯珠集五卷

唐褚藏言編。汲古閣刊。淳熙五年本作一卷。義門云：以汲古校宋本，毛脱詩一首，誤五十餘字。

才調集十卷

蜀韋縠編。汲古閣刊本。陳起刊本。隆慶間沈若雨刊本。萬曆刊本，最劣。遵王有宋本一、影宋一、舊抄一〔九〕。

搜玉小集一卷

不著編輯人名氏。汲古刊本。

古文苑二十一卷

不著編輯人名氏。成化壬寅刊〔一〇〕。惜陰、墨海、守山諸刊均有注。孫伯淵得宋淳熙本、無注，以爲勝章樵本，仿刊之，佳。成化壬寅，張世用按閩刊〔一一〕。

文苑英華一千卷

宋李昉等奉敕編。明隆慶中刊本。明會通館活字本〔一二〕。平津館有影宋嘉泰間刊本。勞平甫有影宋本，謂明刊不足道。編全唐文時亦據一影宋全本。此書中有宋白目録五十卷，已佚，顧千里有編本。張氏志亦有舊抄據嘉泰本千卷，每卷末俱有「登仕郎胡柯、鄉貢進士彭叔夏校正」一條。末有「成忠郎新差充筠州臨江巡轄馬遞鋪王思恭點對兼督工」一條。

文苑英華纂要八十四卷

分甲乙丙丁四集，宋諱不闕筆，定爲元刊，見張氏志。天一閣亦有此書。邵亭曾于滬上見舊刊，蓋即張氏所謂元板者，據高似孫序，則似孫所摘録，嘉定十六年刊之矣。張志謂不著撰人者疏也。

文苑英華辨證十卷

宋彭叔夏撰。明嘉靖間活字本。知不足齋據宋本刊。學海刊節本，才九十六頁。聚珍本。閩覆本。

西漢文類殘本五卷

宋陶叔獻編。昭文張氏藏宋紹興本，志云：唐柳宗直有西漢文類二十卷，宋時已失傳。叔獻重加編纂，見郡齋志。原四十卷，今存三十六至末五卷。後有「紹興十年四月臨安府雕印」一條。每頁紙面俱有清遠堂印記，字朗紙瑩，蓋宋刊宋印本。

唐文粹一百卷

宋姚鉉編。嘉靖十三年甲申吳門徐焴刊，每頁二十八行，行二十四字，頗佳，亦宋本之次也。萬曆重修不足觀矣。嘉靖八年晉藩刊本。黄目有紹興九年刊本，何義門以校明本，朱墨爛然。胡克家亦有之，欲刊而未果。天禄書目有宋仁宗寶元二年刊本，爲文粹第一刻，刻者臨安孟琪，施昌言爲後序。昭文張氏有元刊本，但題「文粹」。宋刊唐文粹五十卷本，每頁二十六行，行二十五字。前有目録上下兩卷，卷末題識有「古本」之稱，其分卷編次與百卷本不同，詩文則有少無多。崇文總目載姚鉉文粹五十卷，郡齋志亦謂鉉編唐文初爲五十卷，此或即姚氏初本歟？張氏志云〔一三〕。

西崑酬唱集二卷

宋楊億編。康熙中刊注本。徐乾學刊本。浦城遺書本。天禄後目有宋寶元二年刊本二部，元本二部〔一四〕。天禄目無此書，亦無元本，恐是後目。且寶元恐是文粹也。粤雅堂刊本。

同文館唱和詩一卷

宋鄧忠臣等選。張文潛柯山集全載之。有舊抄本。

三謝詩一卷

宋唐庚集。宋刊本。每半頁十二行，行二十二字。卷中有譙郡令憲嘉泰甲子郡守重修云云〔一五〕，所謂宣城本者是也。又有明刊。

唐百家詩選二十卷

宋王安石編。乾道中倪仲傳刊，有仲傳序。康熙癸未宋牧仲刊，據一殘本，一全本，又據臨川集補序。黄氏有宋殘本，多楊蟠序一篇，字句亦有異同。

三蘇先生文粹七十卷〔一六〕

張氏志載有宋本。提要入之存目，以爲明人編者，誤也。明有數刊，皆翻宋本，每頁二十八行，行二十六字。陸粲謫都鎮驛丞，曾刊于平越衛。郘亭在皖所收有此本。天禄目有明板二部〔一七〕。

會稽掇英總集二十卷

宋孔延之編。澹生堂餘苑本。近刊本。抄本。

清江三孔集四十卷

宋王蓬編。路氏有舊抄本。

二程文集十三卷附録二卷

宋胡安國編。吕氏刊全書本。河南祠堂本。寶誥堂本。元至治二年壬戌臨川譚善心元之刊本，半頁十行，行二十字。

新雕聖宋文海一百二十卷

宋江鈿撰。李心傳朝野雜記云：孝宗得此書，命本府刊板。周益公以編無倫次，請命吕東萊編文鑑一書。張氏志有殘宋淳熙四年刊本六卷。

西漢文鑑二十一卷東漢文鑑二十卷

宋陳鑑撰。天禄目有元刊本。張氏志有明刊本。邵位西有慎獨齋刊本。鑑建安人，自序在端平甲午，自稱石壁野人及南宋遺民。二書皆有宋刊巾箱本，阮氏先後獲以進呈。

兩漢策要十二卷

張氏志云抄本。宋陶叔獻原本，金常彦修之孫增補。據大定乙巳王大鈞序云：先是常同知彦修刊行錯缺，嘗欲增廣，不幸早世，二孫乃承意再爲編補鋟本。汲古閣秘本書目云：是趙文敏真迹，此則從之傳抄者。此書有新刊仿元之本，宛然趙書。

觀瀾集注三十卷

宋林之奇編，吕祖謙集注。之奇尚書全解、祖謙古周易并已著録。是編宋志載七十三卷，此從宋本影抄，僅及其半。甲集二十五卷自屈平下六十五人；乙集五卷自揚雄下十九人，分類編輯。注多依舊注爲之，捃拾精核。阮氏以進呈。

宋文選三十二卷

不著編輯人名氏。路氏有抄本。天禄書目有宋巾箱本，小楷書，筆法森嚴，行中自見清朗，未載刊年〔一八〕。

坡門酬唱集二十三卷

宋邵浩編。天禄後目有影宋本，邵浩作邵詣〔一九〕，字叔義，金華人，隆興癸未進士。

樂府詩集一百卷

宋郭茂倩編。明刊。汲古閣刊。張氏志有至正初元彭萬元刊本，毛子晉以宋本校過，有文學掾周慧孫序，毛刊本遺之〔三〇〕。

古今歲時雜詠四十六卷

宋蒲積中編。天一閣、汲古閣均有舊抄。彭文勤有萬曆乙未影宋本。昭文張氏有葉石君舊抄本。

分門類纂唐宋時賢千家詩選二十二卷

宋劉克莊撰。克莊後村集已著録，是書著録家未及，唯兩淮鹽課御史曹寅刊楝亭叢書十三種中有之，前後無序跋。按：後村大全集有唐五言七言絶句選及本朝五七言絶句選、中興五七言絶句選三序，或鋟板于泉、于建陽、于臨安，則克莊在宋時固有選詩之目，此則疑當時展轉傳刻，致失其緣起耳。分時令至人品十四門，阮氏曾進呈。

嚴陵集九卷

宋董棻編。天一閣刊。

南嶽倡酬集一卷附録一卷

明祝完刊。

萬首唐人絶句九十一卷

宋洪邁編。嘉靖辛丑陳敬學仿宋刊本，佳；刊作一百一卷。敏求記作一百三卷。原本七言七十五卷，目録三卷，五言二十五卷，六言一卷。趙宧光刊統合爲一。竹垞詩話云：鄭端簡名曉，刊唐萬選絶句，疑即此書。陳敬學本，卷數與汪綱跋及焦氏經籍志合。容齋跋云：越府所刻七言至二十六，五言至二十卷，而奉祠歸鄱陽，乃雇婺工刻之。汪綱跋云：凡一百卷，半刻會稽，半刻鄱陽。嘉定癸未，綱守越，遂搨鄱陽本併刻之，合而爲一。

聲畫集八卷

宋孫紹遠編。曹楝亭刊〔二二〕。

宋文鑑一百五十卷

宋吕祖謙奉敕編。嘉靖五年晉至道堂刊本。弘治間修舊本，慎獨齋刊。嘉泰甲子沈有南刊板〔二三〕，序云：諸處未見刊板，惟建陽書坊有之，而文字多誤。端平元年劉炳跋曰：鎸木之始，一付之刀筆吏，欠補亡刊正之功，後雖更定，訛缺猶多。近于東來家塾得正誤續本，命劉崇卿以他集訂正之，凡删改三千有奇。與刓改不可讀者，百餘板併新之。宋刊有大小字兩本，黄蕘圃有殘本五部，合爲百衲本。張氏志有菉竹堂傳録宋本，題端平重修皇朝文鑑，吴立峰嘗取校明刊，謬誤不可枚舉，至有脱去一二頁者。天順間張邵鄰刊宋本。嘉靖八年晉藩養德書院刊，十三行。宋大字本皇朝文鑑，每半頁十行，行十九字。

古文關鍵二卷

宋吕祖謙編。嘉靖刊。徐氏冠山堂新刊[二三]。

回文類聚四卷補遺一卷

宋桑世昌編。刊本。康熙中刊本四卷，續編一卷。

五百家播芳大全文粹一百十卷

宋魏齊賢、葉棻同編。路氏有抄本。昭文張氏有舊抄本。竹垞云：于徐仲章處見宋本，首有南徐許開紹熙庚戌序[二四]。

崇古文訣三十五卷

宋樓昉編。明大宗刊本。黄蕘圃有宋本。

成都文類五十卷

宋程遇孫等同編。舊刊本作袁氏撰。曝書亭藏刊本。

文章正宗二十卷續集二十卷

宋真德秀編。嚴相有元本續正宗十六册。明嘉靖甲辰孔天胤刊〔二五〕。又胡楷刊續集。又明末刊。又，近日江西刊本，不佳〔二六〕。

天台前集三卷前集别編一卷續集三卷續集别編六卷

明初刊。

赤城集十八卷

宋林表民撰。弘治中刊。台州新刊。

妙絶古今四卷

宋湯漢編。明刊大字本。天禄後目有宋刊。

唐僧宏秀集十卷

宋李龔編。刊本。有元刊本。汲古詩詞雜組刊剪綃集一卷。嚴相有宋本五册。

衆妙集一卷

宋趙師秀撰。詩詞雜組刊。

江湖小集九十五卷

宋陳起編。讀畫齋刊南宋群賢小集一百七十二卷，多館本十二家。又刊補遺二卷〔二七〕。

江湖後集二十四卷

宋陳起編。讀畫齋刊。

宋刊詩苑衆芳一卷

凡詩二十四家，首長樂□章〔二八〕，終古汴吴起龍，署云：「吴郡梅溪劉瑄伯玉敬編」。各家書目所未載，見黄氏書目。阮氏進呈，提要亦有之，謂一人之詩多不過十首，少或一二首，計僅八十二首，近體較多而抉擇精當，似取法于唐人之選唐詩，出于影元抄本〔二九〕。

三體唐詩六卷

宋周弼撰，元釋圓至注。國朝高士奇補注。明刊本二十卷，稱箋注唐賢三體詩法。

論學繩尺十卷

宋魏天應編。明福建提學游明校刊。

吴都文粹九卷〔三〇〕

宋鄭虎臣編。康熙中施氏活字本。昭文張氏有鎮洋七十三叟錢枚乾隆十九年手抄本。宋本十卷。

古文集成前集七十八卷

宋王霆震編。湘潭袁漱六家有宋本，甲六卷，乙八卷，丙七卷，丁九卷，戊八卷，己八卷，庚八卷，辛七卷，壬八卷，癸九卷〔三二〕。

章泉澗泉兩先生選唐人絶句五卷

趙蕃、韓淲同編，謝叠山注，胡次焱箋。明宣德甲寅刊。近有重刊本。嘉慶末阮氏曾進呈。

文章軌範七卷

宋謝枋得編。明刊。王伯安在龍場刊。康熙戊戌刊。

月泉吟社詩一卷

宋吴渭編。詩詞雜俎刊。續藝圃刊。

分類唐歌詩殘本十一卷

宋趙孟奎編。孟奎字文耀，宋太祖十一世孫，寶祐丙辰文天祥榜進士，官至秘閣修撰。是編原書凡一百卷，自序云得一千三百五十三家，四萬七百九十一首。此本依絳雲樓舊藏過録，僅存天地山川類五卷，草木蟲魚類六卷。據毛扆跋稱，葉文莊集謂從雷侍講録殘本，完者僅二十七卷，前此兩百年尚止乎此云云。缺佚雖多，然全書體例由是可推。且唐人僻姓，如扆所記文丙、詳大諸人，未嘗不藉是以存也。阮氏進呈。粤雅堂刊本。

分類唐詩十二卷

宋趙孟堅撰。原本八十卷，今逸。嚴久能有殘宋本。此條邵位西所記，疑與前孟奎書爲一書，此堅字誤歟？

文選補遺四十卷

宋陳仁子編。明茶陵東山書院刊本。今乾隆二年刊。道光乙巳湖南刊。

蘇門六君子文粹七十卷

不著編輯人名氏。或題陳亮，無所據也。刻本甚精。

三國文類六十卷

不著編輯人名氏。張金吾有抄本〔三二〕。

增注唐策十卷

不著編輯人名氏。正德丁丑刊[三三]。

十先生奧論四十卷

不著編輯人名氏。麻沙刊本。

八唐人詩十册

季目：宋本杜審言、馬戴、司馬札、許棠、于鵠、儲嗣宗、唐求、鄭谷。

唐三十家詩

劉燕庭有宋本，季目亦有之，曹鄴、劉駕、姚鵠、儲嗣宗、劉威、鄭巢、李建勳、張喬、許棠、司馬札、孟貫、韓君平、殷文珪、于鵠、羅虬、劉兼、劉滄、周賀、章孝標、皇甫曾、顧非熊、薛能、嚴維、包佶、秦隱君、項斯、李山甫、曹松〔三四〕、楊凝、李嘉祐。

詩家鼎臠二卷

不著編輯人名氏。麻沙刊本。

兩宋名賢小集三百八十卷

宋陳思編，元陳世龍補。讀畫齋刊〔三五〕。

柴氏四隱集三卷

明柴復貞編。萬曆中刊。

洞霄宫集十四卷

宋末道士孟宗寶撰。宗寶字集虚，與鄧牧相友善。牧爲洞霄宫圖志，宗孟有裒大滌唐宋及元初名公題詠刊之。阮氏曾進呈〔三六〕。

中州集十卷附中州樂府一卷

金元好問編。汲古刊。九峰書院單刊樂府。嘉靖十五年刊樂府。弘治時沁水李瀚刊于西安。郘亭丙寅秋在滬肆見中州集元至大刊本，半頁十五行，行二十八字，最精善。張氏目又有中州樂府一卷，影元刊本，謂末有至大庚戌良月平水進德齋刊木印。又謂有小傳三篇，是中州詩中未載之人，毛氏誤删之，詳録在詞曲總集上端樂府。又載中州集，行款同前，云與影元抄本中州樂府款式相同，知亦至大刊也。

唐詩鼓吹十卷

金元好問編。舊本少見，明廖文炳及國初陸貽典藏本俱不佳〔三七〕。

二妙集八卷

金段成己、段克己兄弟詩集也。詩詞雜俎刊。敏求記八卷，元時刊。成化辛丑賈定補刊。張氏目載舊抄，亦八卷，據賈定補刊本。

谷音二卷

元杜本編。詩詞雜俎刊。明蜀都張𣗳刊。粵雅堂刊。

河汾諸老詩集八卷

元房祺編。詩詞雜俎刊。弘治十一年謝景星刊。粤雅堂刊。

瀛奎律髓四十九卷

元方回編。至元癸未刊，其板至明天順間始廢。成化丁亥新安刊本。黄葉邨莊刊。康熙辛卯荆州陳士東刊。道光間紀文達刊誤本。

梅花百詠一卷

元馮子振、釋明本唱和詩。夏洪基校刊。

策學統宗前編五卷

此書標題「新刊精選諸儒奥論策學統宗」。其下列名「心易談巽中剛校正，存理譚金孫叔金選次，桂山譚正叔孫端訂定」，三譚皆冠以「古雲後學」，人地俱不可知。書中采輯劉子翬、吕祖謙、陳傅良、楊萬里諸家之文，議論二帝、三王、伊、周、孔、曾、顔、孟、老、韓者共三十三篇。四庫提要載元譚金孫所編之策學統宗後集八卷、續集七卷、别集五卷，共二十卷入存目，而闕其前集。今從元板影録，以成完書。阮氏進呈提要〔三八〕。

天下同文集四十四卷

元周南瑞編。元麻沙刊，目録後有「隨所傳録陸續刊行」八字。張氏志有舊抄，大德甲辰廬陵劉將孫序，爲南瑞刻書作。

古賦辨體八卷外集二卷

元祝堯編。明成化二年金宗潤刊。

圭塘欸乃集二卷

元許有壬及其弟有孚其子桂唱和詩也。藝海珠塵本。平津館有影宋本一卷〔三九〕。

忠義集七卷

元趙景良編。汲古閣刊本。張氏志有陸敕先據顧修遠家抄本校，作昭忠詠逸六卷，補十忠詩一卷。敕先云：此是原書，忠義集後人所加名也。丁禹生有舊抄，同張本。

元文類七十卷目録三卷

元蘇天爵編。元時西湖書院刊。翠岩精舍刊。修德堂刊。明萬曆中刊。錢謍石有精校本。昭文張氏志載元刊國朝文類，首有至正二年下杭州路西湖書院刊補改正指揮，則西湖書院本也。有元統二年王理、陳旅兩序，元統三年王守誠序。

皇元風雅三十卷

元蔣易編。始劉孟吉，終陳梓卿，凡一百五十五家。中如熊勿軒宋人，元遺山金人，列之元代未免不倫。若文文山、謝疊山誓死不屈者，乃亦編入，更爲失于斷限。然元人無專集者，藉此略見梗概，未可以體例不善而廢之也。焦氏經籍志、傳是樓書目俱著録。昭文張氏藏元至元三年刊本，阮氏録此進呈。

元風雅前集十二卷後集十二卷

前集元傅習輯，孫存吾編，後集孫存吾編輯。天禄後目亦有皇元風雅十四卷，題蔣易撰。計劉因以下三十五家。補元藝文志于蔣易元風雅三十卷後又別出元風雅八卷，云無撰人名，或云宋褧。又載元詩前集六卷，後集六卷，題傅習、孫存吾撰。

唐音十四卷

元楊士宏編。明汪諒刊。一本五卷，一本十卷。平津館有李氏藏本，元刊十四卷。

中州啓札四卷

元吴宏道編。四庫存目録自大典。張氏志有影元本。又有明成化三年刊本。成化刊更佳。

古樂府十卷

元左克明編。元至正間刊，平津有之。國初吴門刊，不甚佳。

玉山名勝集八卷外集一卷

元顧瑛編。明刊本作二卷。張氏志有明初舊抄二卷，黄鑑跋以爲顧氏元編本自玉山草堂至金粟影五題爲上卷，自書畫舫至漁莊三十二題爲下卷，謂後來傳録分合失真。又有外集抄本二卷。

復齋郭公敏行録一卷

元徐東編。是書與言行録合刊。言行録紀郭公事迹，此則當時投贈詩詞、序引、書啓及諸碑記也。張金吾藏元刊本，至順辛未黄文仲序。阮氏以進呈。

澮游集三卷

元釋來復編。至正間刊。來復有詩名，集所與游，自公卿至韋布、道流、釋子往來酬贈之作暨碑銘序記合編之。昭文張氏有舊抄本〔四〇〕。

元賦青雲梯三卷

無編纂名氏。從元人墨蹟影寫，凡百十一篇，蓋應試選作程式者。其二十三篇已載欽定歷代賦彙，賦彙未采者尚八十餘篇。阮氏以進呈。

草堂雅集十三卷

元顧瑛編。張氏志有文震孟家元刊。顧俠君云是書首册欠缺，竹垞從毛氏抄本補全〔四一〕。

玉山紀游八卷

明袁華編。抄本。

大雅集八卷

元賴良編。至正壬寅刊。張氏志有舊抄。

元音遺響十卷

不著編輯人名氏。刊本。

風雅翼十四卷

元劉履編。嘉靖壬子刊，板式狹小。又續編四卷〔四二〕。

荆南唱和集一卷

元周砥與明馬治唱和詩也。成化中刊。

乾坤清氣集十四卷

明偶桓編。抄本。

元音十二卷

明孫原理編。明初刊。

雅頌正音五卷

明劉仔肩編。明初刊。

唐詩品彙九十卷拾遺十卷

明高棅撰。明有兩刊本。

廣州四先生詩四卷

不著編輯人名氏。明刊。

三華集十八卷

明錢公善編。正統中刊。

閩中十子詩三十卷

明袁表、馬熒同編〔四三〕。萬曆中刊。

二曹詩三卷

謝在杭刊唐曹鄴、曹唐詩于桂林。

唐十子詩十四卷

明嘉靖中王準刊。序稱余友周水部得宋本吴下〔四四〕，以授準刊行。常建、郎士元、嚴維、劉義、于鵠、于濆、于武陵、邵謁、伍喬、魚玄機。

元詩體要十卷

明宋緒編。正德己卯遼府重刊。宣德癸丑初刊〔四五〕。

滄海遺珠四卷

不著編人。

中州名賢文表三十卷

明劉昌編。嘉靖中刊。宋牧仲重刊。

明文衡九十八卷

明程敏政編。明張鵬、李文會及晉府凡三刊。

新安文獻志一百卷

明程敏政編。弘治中刊。

海岱會集十二卷

明馮琦編。萬曆中刊。

經義模範一卷

不著編輯人名氏。王廷表序稱得之楊慎，似即慎所輯也。嘉靖中刊。

文編六十四卷

明唐順之編。明天啓時刊。

詩紀一百五十六卷

明馮惟訥編。明原刊最善。又吴琯刊兩本，一陜一金陵也。

詩紀匡謬一卷

國朝馮舒撰。馮氏原刊。知不足齋刊。

全蜀藝文志六十四卷

明周復俊編。明刊大字本。嘉慶中譚言藹刊小字本。

古今詩删三十四卷

明李攀龍編。嘉靖中刊。

唐宋元明表四卷

明胡松編。嘉靖中刊。

宋藝圃集二十二卷

明李蓘編。萬曆中刊〔四六〕。

元藝圃集四卷

明李蓘編。萬曆中刊。

唐宋八家文鈔一百六十四卷

明茅坤編。明茅氏刊本。又朱墨本。今坊間有兩翻本。

吴都文粹續集五十四卷補遺一卷

明錢穀編。抄本。

石倉歷代詩選五百六卷

明曹學佺編。曹氏原刊(四七)。

四六法海十二卷

明王志堅編。明原刊。

古樂苑五十二卷

明梅鼎祚編。明刊。

皇霸文紀十三卷

明梅鼎祚編。明原刊。

西漢文紀二十四卷

明梅鼎祚編。明刊。

東漢文紀三十二卷〔四八〕

明梅鼎祚編。明刊。

西晉文紀二十卷

明梅鼎祚編。明刊。前有三國文紀。

宋文紀十八卷

明梅鼎祚編。明刊。

南齊文紀十卷

明梅鼎祚編。明刊。

梁文紀十四卷

明梅鼎祚編。明刊。

陳文紀八卷

明梅鼎祚編。明刊。

北齊文紀三卷

明梅鼎祚編。明刊。

後周文紀八卷

明梅鼎祚編。明刊。

隋文紀八卷

明梅鼎祚編。明刊。

釋文紀四十五卷

明梅鼎祚編。明刊。

文章辨體彙選七百八十卷

明賀復徵編。提要云：只有抄本，傳世甚稀。晉江黄氏有抄本。同治初在皖中見刊本，楷字，亦非近刊。

古詩鏡三十六卷唐詩鏡五十四卷

明陸時雍編。明刊。

漢魏六朝一百三家集一百十八卷

明張溥編。明張氏原刊。近翻刊者不佳。

古今禪藻集二十八卷

明釋正勉、性涵同編。刊本。

三家宮詞三卷

明毛晉編。詩詞雜組刊。黃省曾有四家宮詞。朱竹垞有十家宮詞。

二家宮詞二卷

明毛晉編。詩詞雜俎刊。

御選古文淵鑑六十四卷

康熙二十四年聖祖仁皇帝御選，内閣學士徐乾學等奉敕編。古香齋刊五色套印本。外翻本。

御定歷代賦彙一百四十卷外集二十卷逸句二卷補遺二十二卷

康熙四十五年詹事陳元龍奉敕編。内刊本。外翻本(四九)。

御定全唐詩九百卷

康熙四十六年奉敕編。局刊原本進内府。外間翻刊本。

御定佩文齋詠物詩選四百八十六卷

康熙四十五年奉敕編。内刊。

御定歷代題畫詩類一百二十卷

康熙四十六年編修陳邦彦奉敕編。内刊。

御選四朝詩三百十二卷

康熙四十八年石庶子張豫章等奉敕編。内刊。

御定全金詩七十四卷

康熙五十年奉敕編。刊本。

御選唐詩三十二卷附録三卷

康熙五十二年聖祖仁皇帝御選。内刊朱套印。

御定千叟宴詩四卷

康熙六十年奉敕編。首爲聖製，次爲諸臣和章，次則豫宴諸臣之詩。化成文道甲子，重週四海臣民，咸登仁壽，賡歌颺拜，鳴盛和聲，爲自古未有之曠典。

御選唐宋文醇五十二卷

乾隆三年御定。内刊五色套本。外翻本縮本凡數刊。又有擺字套印本〔五〇〕。

御選唐宋詩醇四十七卷

乾隆十五年御定。内刊五色套印本。外翻本縮本凡數刊。又有擺字套印本。

皇清文穎一百二十四卷

乾隆十二年御定。内刊本。

欽定千叟宴詩三十六卷

乾隆五十五年奉敕編。內刊本。

明文海四百八十二卷

國朝黄宗羲編。無刊本，四庫據者其手稿也〔五一〕。

唐賢三昧集三卷

國朝王士禎編。漁洋全書本。又再三翻刻本。又注本。

二家詩選二卷

國朝王士禎編。漁洋全書本。

唐人萬首絶句選七卷

國朝王士禛編。康熙時洪氏松花屋刊本，同治庚午，歸金陵書局。

明詩綜一百卷〔五二〕

國朝朱彝尊編。刊本絶佳，近在烏津鮑氏。

宋詩鈔一百六卷

國朝吴之振編。刊本。

宋元詩會一百卷

國朝陳焯編。刊本。

粤西詩載二十五卷粤西文載七十五卷粤西叢載三十卷

國朝汪森編。休□汪氏刊本〔五三〕，康熙四十四年自序。

元詩選卷首一卷初集六十八卷二集二十六卷三集十六卷

國朝顧嗣立編。刊本，精〔五四〕。

全唐詩録一百卷

國朝徐倬編。刊本。

甬上耆舊詩三十卷

國朝胡文學編。康熙四十九年金南锳刊本。

檇李詩繫四十二卷

國朝沈季友編。刊本〔五五〕。

古文雅正十四卷

國朝蔡世遠編。乾隆中刊。道光丙戌，許滇生刊于貴州。

鄱陽五家集十五卷

國朝史簡編。刊本。

南宋雜事詩七卷

國朝沈嘉轍等同撰。刊本。翻本。一刊本注字亦單行大書者便觀〔五六〕。

宋百家詩存二十八卷

國朝曹廷棟編。刊本。

右總集類

集部九　詩文評類

文心雕龍十卷

梁劉勰撰。錢功甫云：至正乙未刊于嘉禾，弘治甲子刊于吴門，嘉靖庚子刊于新安，辛卯又刊于建安，癸卯又刊于新安，萬曆己酉刊于南昌。至隱秀一篇均缺，予從阮華山宋本補足。兩京遺編附刊〔五七〕。

文心雕龍輯注十卷

國朝黄叔琳撰。刊本。翻刊本。

詩品三卷

梁鍾嶸撰。四十家小説本。續百川本。再續百川本。文房秘笈本。歷代詩話本。津逮本。

文章緣起一卷

梁任昉撰。夷門本。學海本四十六頁。藝圃本。心齋十種本，題云文章始。此書宋有邱中刊本〔五八〕。

本事詩一卷

唐孟棨撰。文房四十家小説本。古今逸史本。再續百川本。津逮本。

詩品一卷

唐司空圖撰。續百川本。藝圃本。夷門本。歷代詩話本。津逮本。學津本〔五九〕。

六一詩話一卷

宋歐陽修撰。百川本。歷代詩話本。津逮本。歐集各本。

續詩話一卷

宋司馬光撰。歷代詩話本。津逮本。

中山詩話一卷

宋劉攽撰。明刊本。歷代詩話本。津逮本。

後山詩話一卷

宋陳師道撰。百川本。稗海本。歷代詩話本。津逮本。

臨漢隱居詩話一卷

宋魏泰撰。奇晉齋本。歷代詩話本，十一頁。知不足齋本完。

優古堂詩話一卷

宋吴幵撰。讀畫齋本。張氏志有舊抄本。

詩話總龜前集四十八卷後集五十卷

宋阮閲撰。嘉靖甲辰宗室月窗道人刊，甚精。

彦周詩話一卷

宋許顗撰。百川本。稗海本。歷代詩話本。津逮本。明刊本。

紫微詩話一卷

宋吕本中撰。百川本〔六〇〕。歷代詩話本。津逮本。

四六話二卷

宋王銍撰。百川本。學津本。

珊瑚鉤詩話三卷

宋張表臣撰。百川本。歷代詩話作三卷〔六一〕。

石林詩話一卷

宋葉夢得撰。百川本。歷代詩話作三卷〔六二〕。津逮本。

藏海詩話一卷

宋吴可撰。知不足齋本。函海本。

風月堂詩話二卷

宋朱弁撰。廣秘笈本。

歲寒堂詩話二卷

宋張戒撰。聚珍本。閩覆本。杭縮本。學海本，才五頁。

庚溪詩話二卷

宋陳巖肖撰。百川本。藝圃本。學海本。

韻語陽秋二十卷

宋葛立方撰。藝圃本。歷代詩話本。學海本百四十二頁。勞平甫有校宋本。

砦溪詩話十卷

宋黄徹撰。聚珍本。閩覆本。知不足齋本。學海本七十四頁。有嘉泰癸亥其孫熹刊本〔六三〕。

唐詩紀事八十一卷

宋計有功撰。明嘉靖中杭州刊。汲古閣刊。

觀林詩話一卷

宋吴聿撰。學海本。墨海本。守山本。

四六談塵一卷

宋謝伋撰。百川本。學津本。學海本，十二頁。

環溪詩話一卷

不著撰人。學海本，四十五頁。

竹坡詩話一卷

宋周紫芝撰。百川本二卷。歷代詩話本。津逮本。

苕溪漁隱叢話前集六十卷後集四十卷

宋胡仔撰。耘經樓重刊宋本，頗精。又見舊本小字者，古雅似元刊。餘苑刊〔六四〕。

文則二卷

宋陳騤撰。唐宋本。秘笈本。格致本。關中趙瀛刊。四明屠本畯刊。新刊〔六五〕。

二老堂詩話一卷

宋周必大撰。歷代詩話本。津逮本。

雲莊四六餘話一卷

宋楊囦道撰。囦道字深仲，里居未詳，此依宋刊本過録〔六六〕，凡宋人説部中言四六者皆搜採。其論四六多以剪裁爲工。阮氏進呈。

誠齋詩話一卷

宋楊萬里撰。誠齋集本。

餘師録四卷

宋王正德撰。守山本。

滄浪詩話一卷

宋嚴羽撰。澹生堂本。寶顔堂本。歷代詩話本。津逮本。

詩人玉屑二十卷

宋魏慶之編。嘉靖六年重刊元本。格致本。近仿宋刊，甚精〔六七〕。

娱書堂詩話一卷

宋趙與虤撰。讀畫本。

後村詩話前集二卷後集二卷續集四卷新集六卷

宋劉克莊撰。路氏有抄本。

荆溪林下偶談四卷

宋吴子良撰。唐宋本。秘笈本。

梅磵詩話三卷

元韋居安撰。吴興人，宋景定間進士。是編所論多南宋時人之作，采掇謹嚴，卷末云「余丙子歲司糾三衢，二月十一〔六八〕，宋太后詔諭諸郡歸附，郡將而下奉詔依應，吏民安堵如故云云」。是居安以宋臣而入于元者也。阮氏以進呈。

草堂詩話二卷

宋蔡夢弼撰。新刊惠棟藏本，稱爲秘笈。

聲律關鍵八卷

宋鄭起潛撰。起潛字子升，吴縣人，舉進士，官至直學士，權兵部尚書。是編乃其爲吉州州學教授時所上，前有淳祐元年正月六日尚書省劄子，云總以五訣，分爲八韻，至于一句，亦各有法，是專爲場屋設，存之以見當時所業。阮氏以進呈。

竹莊詩話二十四卷

宋何谿汶撰。路氏有抄本。

浩然齋雅談三卷

宋周密撰。聚珍本。閩覆本。杭縮本。

對床夜話五卷

宋范晞文撰。知不足齋本。學海本。

艇齋詩話一卷

宋南豐曾李貍裘甫撰。四庫未收。張氏志有舊抄本，楊夢羽萬卷樓藏書。

詩林廣記前集十卷後集十卷

宋蔡正孫撰。曾見舊刊小字本，似宋元本〔六九〕。

修詞鑑衡二卷

元王構編。指海本。

蓮堂詩話二卷

元祝成撰。張子謙有舊抄本，見張氏志，云上卷載金海陵王哀宋姚將軍詩，爲全金詩所未收。

金石例十卷

元潘昂霄撰。至正五年其子詡刊于饒，又刊于鄱陽。澹生堂本。雅雨堂本。嘉慶辛未郝懿行又刊雅雨本。元至正五年刊本金石例季滄葦藏，後歸張月霄，見張氏志〔七〇〕。

作義要訣一卷

元倪士毅撰。大典本〔七一〕。

墓銘舉例四卷

明王行撰。雅雨本。郝氏重刊本。乾隆丙子金匱王氏穎銳刊附金石要例，係從程魚門得抄本，與盧氏同時刊行。

懷麓堂詩話一卷

明李東陽撰。澹生本。再續百川本。知不足齋本。

頤山詩話一卷

明安磐撰。刊本。

詩話補遺三卷

明楊慎撰。函海本。

藝圃擷餘一卷

明王世懋撰。歷代詩話本。學海本。

唐音癸籤三十三卷

明胡震亨撰。康熙戊戌江陰書肆刊〔七二〕。

金石要例一卷

國朝黄宗羲撰。雅雨堂刊。郝氏重刊。藝圃刊。王氏刊。

歷代詩話八十卷

國朝吴景旭撰。嘉慶中刊。

漁洋詩話三卷

國朝王士禎撰。刊本。

師友詩傳録一卷續録一卷

國朝郎廷槐編，續録劉大勤編。劉氏原刊。學海刊〔七三〕。

聲調譜一卷

國朝趙執信撰。貸園本。藝海本。

談龍録一卷

國朝趙執信撰。貸園本。藝海本。

宋詩紀事一百卷

國朝厲鶚撰。乾隆十一年刊。

全閩詩話十二卷

國朝鄭方坤編。刊本。

五代詩話十卷

國朝鄭方坤撰。養素堂刊。粤雅堂刊。

右詩文評類

集部十　詞曲類

汲古閣刊六十家詞六集，此所不收者十家。今于汲古刊者旁注第幾集，以便檢尋。其不收者，三集周必大近體樂府、石孝友金谷遺音、劉克莊後村別調，四集程珌洺水詞，五集洪瑹空同詞、李公昂文溪詞、張榘雲窗詞，六集杜安世壽域詞、陳師道後山詞、盧炳烘堂詞各一卷，并入存目，又白石詞一卷，亦入存目，以著録全本也。存目又載宋名家詞，無卷數，毛晉編，即六十家詞也。

南唐二主詞一卷

中主、後主。

陽春集一卷

南唐馮延巳撰。均康熙中錫山侯文燦刊名家詞本〔七四〕。又，何夢華藏單本舊抄，凡一百十八闋，有宋嘉祐戊戌陳世修序，蓋世修掇拾所編也。直齋書録解題作陽春録。焦氏經籍志著録，見張氏志。

珠玉詞一卷

宋晏殊撰。汲古閣一集本。

樂章集一卷

宋柳永撰。汲古一集〔七五〕。

安陸集一卷附録一卷

宋張先撰。葛鳴陽刊。侯文燦刊。知不足齋本。

六一詞一卷

宋歐陽修撰。汲古一集。歐集中本三卷。

東坡詞一卷

宋蘇軾撰。汲古一集。蘇集中本二卷。有延祐庚申刊本。

東山詞一卷

宋山陰賀鑄方回撰。昭文張氏藏汲古舊藏宋刊本，云原上下二卷，今存卷上一卷，凡一百九闋。直齋書録云：東山樂府張文潛序之，當即此本。六十家詞未刊，蓋以得書稍遲耳。邵亭丁卯中秋于杭肆見一册，二卷，上卷蓋依此本，下卷又别據舊抄益諸選本中輯出者，惜未購致。

山谷詞一卷

宋黄庭堅撰。汲古一集。明嘉靖刊黄集本别編一卷。

淮海詞一卷

宋秦觀撰。詞苑英華本。淮海集本三卷〔七六〕。汲古一集。

書舟詞一卷

宋程垓撰。汲古二集。

小山詞一卷

宋晏幾道撰。汲古一集。

晁无咎詞六卷

宋晁補之撰。汲古六集題云琴趣外篇。

姑溪詞一卷

宋李之儀撰。汲古四集。

東堂詞一卷

宋毛滂撰。汲古一集。

溪堂詞一卷

宋謝逸撰。汲古二集。

片玉詞二卷補遺一卷

宋周邦彦撰。汲古二集。

詳注周美成片玉集十卷

宋陳元龍注釋。元龍字少章，廬陵人。是書分春夏秋冬四景及單題雜賦諸體爲十卷，以美成詞借字用意，言言俱有來歷，乃廣爲考證，詳加箋注。阮氏以進呈。

初寮詞一卷

宋王安中撰。汲古四集。

友古詞一卷

宋蔡伸撰。汲古四集。

和清真詞一卷

宋方千里撰。汲古三集。

聖求詞一卷

宋呂濱老撰。汲古六集〔七七〕。

樵歌三卷

宋朱敦儒希真撰。昭文張氏從照曠閣藏本傳鈔。至元嘉禾志云：敦儒本中原人，以詞章擅名，天資曠遠，有神仙風致。高宗南渡初寓此，嘗爲樵歌云云。直齋著録。阮氏則依汲古閣舊抄録以進呈。提要云：敦儒洛陽人，紹興乙卯以薦起，賜進士出身，累官兩浙東路提點刑獄。上疏乞歸，居嘉禾。

王周士詞一卷

宋王以凝撰。字周士，湘潭人，由太學生仕鼎澧帥幕。靖康初，徵天下兵，以凝走鼎州，乞解太原圍。建炎中，以宣撫司參謀制置襄鄧。是編依汲古閣舊抄過録，凡三十一首，句法精壯，無南宋浮艷虚薄之習。阮氏以進呈。

石林詞一卷

宋葉夢得撰。汲古二集。

筠谿樂府一卷

宋李彌遜撰。知不足齋刊。路氏有抄本。舊本附集内。

丹陽詞一卷

宋葛勝仲撰。汲古五集。

坦庵詞一卷

宋趙師使撰。汲古二集。

酒邊詞二卷

宋向子諲撰。汲古二集。

無住詞一卷

宋陳與義撰。汲古六集。

竹坡詞三卷

宋周紫芝撰。汲古六集。

漱玉詞一卷

宋李清照撰。詩詞雜俎刊。

蘆川詞一卷

宋張元幹撰。汲古四集。

東浦詞一卷

宋韓玉撰。汲古六集。

渭川居士詞一卷

宋吕勝已季克撰。昭文張氏載舊抄本，志云：勝已仕履未詳，是書亦絶無著録者。滿江紅注云：辛丑年假守沅州，又云登長沙定王臺和南軒張先生韻。鷓鴣天注云：城南書院餞别張南軒赴闕奏事，蓋南軒同時人也。辛丑當孝宗淳熙八年。

嬾窟詞一卷

宋侯寘撰。汲古五集。

逃禪詞一卷

宋楊无咎撰。汲古五集。

于湖詞三卷

宋張孝祥撰。汲古四集四卷。昭文張氏影宋本五卷，拾遺一卷。

于湖先生長短句五卷拾遺一卷

宋張孝祥撰。張金吾藏影宋刊本，有乾道辛卯陳應行、湯衡兩序。張氏志云，是書毛氏初刊一卷，繼得全集，續刊兩卷，篇次均經移易，并删去目録内所注宫調，此則猶是宋時原本。

海野詞一卷

宋曾覿撰。汲古五集。

審齋詞一卷

宋王千秋撰。汲古六集。

介庵詞一卷

宋趙彦端撰。汲古五集。

歸愚詞一卷

宋葛立方撰。汲古四集。

省齋詩餘一卷

宋衡陽廖行之天民撰。昭文張氏有舊抄本。丁禹生亦有舊抄，是汲古閣藏者。是書直齋著録。

和石湖詞一卷

宋吴郡范成大至能詞，東吴陳三聘夢弼和。昭文張氏有舊抄本，云是書知不足齋梓入叢書，猶有脱字闕頁，而此較善。

克齋詞一卷

宋沈端節撰。汲古五集。

稼軒詞四卷

宋辛棄疾撰。汲古一集。嘉慶十六年族裔啓泰刊集本，詞四卷，校毛本多卅四首。明歷城王詔校刊。嘉靖丙申李濂序十二卷本，蓋是舊編，毛刊合三卷爲一卷。元刊大字行書本，半頁九行，行十六字〔七八〕。

龍川詞一卷補遺一卷

宋陳亮撰。汲古四集。

西樵語業一卷

宋楊炎正撰。汲古三集。

放翁詞一卷

宋陸游撰。汲古一集。

樵隱詞一卷

宋毛幵撰。陳振孫書録解題載樵隱詞一卷，此刻計四十二首，不知即振孫所見否？幵他作不甚著而小詞最工，王叔木題詞有病其詩文視樂府頗不逮之語，則當時已定論矣。汲古六集。

知稼翁詞一卷

宋黄公度撰。汲古二集〔七九〕。

蒲江詞一卷

宋盧祖皋撰。汲古六集。

平齋詞一卷

宋洪咨夔撰。汲古五集。

白石道人歌曲四卷別集一卷

宋姜夔撰。汲古二集。白石詞一卷，乃從下諸選本録出，甚不備。竹垞選詞綜，亦未見全本。嘉定壬戌刊于雲間。乾隆八年江都陸鍾輝詩集刻本，最佳。知不足齋重刻陸本，亦可。羣賢小集本，不佳。道光中祠堂刻本，于自製曲削去工尺，亦與詩集同刊。道光辛丑，烏程范鍇、全椒金望華單刊詞三卷于漢口，亦無工尺，與碧山、叔夏爲三家。

夢窗稿四卷補遺一卷

宋吴文英撰。汲古三集。咸豐辛酉曼陀羅花閣刊。

花外集一卷

宋會稽王沂孫聖與撰。知不足齋刊，附補遺。道光辛丑金望華、范鍇同校刊三家詞本。

惜香樂府十卷

宋趙長卿撰。汲古三集。

龍州詞一卷

宋劉過撰。汲古四集。

竹屋癡語一卷

宋高觀國撰。汲古三集。

竹齋詩餘一卷

宋黄機撰。汲古三集。

梅溪詞一卷

宋史達祖撰。汲古二集。

日湖漁唱一卷

宋陳允平撰。允平字君衡，鄞縣人，德祐時授沿海制置司參議官。其詩詞與吴文英、翁元龍齊名，千頃堂書目載日湖漁唱二卷，此或後人合併歟？阮氏以進呈。江都秦氏刊入詞學叢書〔八〇〕。

蘋洲漁笛譜二卷

宋周密撰。密詞，朱彝尊以爲草窗詞，一名蘋洲漁笛譜，今考草窗詞比斯譜實多數闋，則知笛譜是當日原定，草窗詞或後人掇拾所成，特以此爲藍本耳。阮氏以進呈。知不足齋刊本。

石屏詞一卷

宋戴復古撰。汲古四集。

散花庵詞一卷

宋黄昇撰。汲古三集。

斷腸詞一卷

宋朱淑真撰。詩詞雜俎本。

燕喜詞一卷

宋曹冠撰。冠字宗臣，號雙溪居士，東陽人。此本淳熙丁未刊于宣城，于文集中析而名之。

阮氏依汲古閣藏本，録出進呈。

蕭閒老人明秀集注三卷

金蔡松年撰，雷溪子魏道明元道注解。張金吾依陳子凖藏金刊本影寫，原六卷，存一至三，目録全。卷一、二曰賡雅，卷三、四曰宵雅，卷五、六曰時風。松年、道明俱見中州集，明秀者湖山名。金源樂府推松年與吴彦高，號吴蔡體。直齋録蕭閒集六卷，蔡伯堅撰。靖之子陷金者。

遺山先生新樂府五卷

金元好問撰。張金吾藏舊抄本，謂文淵閣書目著録。張炎稱其詞深于用事，精于練句，風流藴藉，不減周秦。阮氏以舊抄本進呈。

山中白雲詞八卷

宋張炎撰。曹刻最佳。康熙中龔翔麟玉玲瓏閣刊附六家詞後者校最詳。杭州項氏新刊。

竹垞云：予于張鹿徵案頭見手抄叔夏詩一卷。道光辛丑金望華、范鍇同刊三家本，頗有校正龔本處。

竹山詞一卷

宋蔣捷撰。汲古二集。

天籟集二卷

金白樸撰。字太素，舊字仁甫，號蘭谷。康熙中六安楊希洛刊。

新刊張小山北曲聯樂府三卷外集一卷

張金吾藏汲古閣精抄本，云毛氏從元刻本傳録，當即秘木書目所載精抄張小山樂府也。元慶元張可久撰。刊者題記云：時賢張小山樂府前集、今樂府後集、蘇堤漁唱續集、吴鹽別集，新樂府元分四集，今類一編〔八二〕，外集近間所作。毛扆跋云：李中麓最愛張小山詞，謂其超出塵俗，獨不得其全，僅從詞選八書輯成二卷。余購得元刻，標目云元分四集，今類一編。每調下仍以四集爲次。較李刻多百餘首。

蜕巖詞二卷

元張翥撰。知不足齋刊。

珂雪詞二卷

國朝曹貞吉撰。與詩合刊，有補遺一卷，每篇備載同時交游評語。

右詞曲類詞集之屬

花間集十卷

蜀趙崇祚編。詞苑英華刊。竹垞跋云：坊本訛字最多，舊刊稍善。紹興十八年晁謙之刊，宋刊之最善者。郘亭有舊本，避宋諱，有句讀者，似明初翻宋，當即竹垞所謂舊刊也。明有湯若士評點本，合十卷爲四卷，朱墨套印〔八二〕。

尊前集二卷

萬曆中顧芳梧刊。詞苑英華刊。

梅苑十卷

宋黄大輿編。楝亭刊。

樂府雅詞三卷補遺一卷

宋曾慥編。直齋云十二卷，拾遺二卷。竹垞所藏分上、中、下三卷，拾遺二卷，竹垞謂與序合，定爲足本。嘉慶庚午秦氏詞學叢書本。粵雅堂刊本。

花庵詞選二十卷

宋黄昇編。萬曆四年舒納明刊。詞苑英華刊。

類編草堂詩餘四卷

不著編輯人名氏。嘉靖庚戌刊。萬曆甲寅刊。詞苑英華刊。有宋刊。有元刊。

陽春白雪八卷外集一卷

宋趙聞禮編。聞禮字立之，臨濮人。此從舊抄仿寫，所選凡二百餘家，宋代不傳之作多萃于是，去取亦復謹嚴。所著有釣月軒詞，周密絶妙好詞常采其作，是編亦自録一二，字煉句琢，非專以柔媚爲工。阮氏以進呈。道光中江都秦氏刊。粤雅堂刊。

絶妙好詞箋七卷

宋周密撰，國朝查爲仁、厲鶚同箋。乾隆庚午查善長刊于宛平，即四庫著録本。康熙戊寅柯煜南陔刊朱箋。道光八年錢塘徐楙重刊，附余集續鈔一卷，楙續鈔一卷，并採密説部、詩話所録。

樂府補題一卷

不著編輯人名氏。知不足齋刊。宜興蔣京少據常熟吴氏抄本刊。漱六編刊。

花草粹編二十四卷附録一卷

明陳耀文編。刊本。

中州樂府一卷

張金吾藏毛氏影寫元至大本，云宗室文卿從郁、張信甫中孚、王元佐澮三人俱有小傳，毛本删去，此本小傳只有三篇，其人俱中州所未載，故以補其闕。而子晉跋云，小叙已見前詩集中，兹不便更贅，殆偶未詳考也。後有「至大庚戌良月平水進德齋刊」木印。

樂府新編陽春白雪前集五卷後集五卷

元青城澹齋楊朝英選集。張金吾藏陸敕先抄校元本〔八三〕。元刻本每頁二十二行〔八四〕，行二十七字。

唐宋名賢百家詞九十册

明吴訥編。見天一閣書目。

名儒草堂詩餘三卷

元廬陵鳳林書院輯本，未詳選人。自劉藏以下，凡六十家，皆南宋遺老，選録精允。厲鶚跋稱弁陽老人絶妙好詞外寡匹。阮氏以進呈。秦氏刊。

御定歷代詩餘一百二十卷

康熙四十六年翰林院侍讀學士沈辰垣等奉敕撰〔八五〕。内刊。

詞綜三十四卷

國朝朱彝尊編。刊本。

十五家詞三十七卷

國朝孫默編。刊本。

名家詞十卷

國朝侯文燦編輯。南唐二主詞、馮延巳陽春集，宋張先子野詞、賀鑄東山詞、葛剡信齋詞、吴儆竹州詞、趙以夫虚齋樂府，元趙孟頫松雪詞、薩都剌天錫詞、張野古山樂府。自序謂汲古刊六十家外見者絶少，孫星遠有唐宋以來百家詞鈔本，訪之，僅存數種，合之篋中所藏，共得四十餘家，兹先集十家付梓。是編録子野詞一百三十首，較四庫所收之安陸集才六十八首者爲完善，末附東坡題跋。其餘所選亦簡擇不苟。阮氏以進呈。

右詞曲類詞選之屬

碧雞漫志一卷

宋王灼撰。敏求記云五卷。唐宋本。學海本，三十六頁。知不足齋本。

沈氏樂府指迷一卷

宋沈義父撰。近附刊花草粹編後。

渚山堂詞話三卷

明陳霆撰(八六)。與詩話合刊。

詞藻四卷

國朝彭孫遹撰。學海本。

西河詞話二卷

國朝毛奇齡撰。西河全書本。

詞源二卷

宋張炎撰。炎有山中白雲詞，已著録。是編依元人舊抄影寫，上卷詳論音律，及宫調管色諸事，間系以圖，與白石九歌琴曲所記略同；下卷歷論製曲、句法、字面、虚字、清空、意趣、用事等十四篇。自明陳繼儒改竄入續秘笈而襲用沈伯時樂府指迷之名，遂失其真，微此幾無以辨其非也。阮氏以進呈。江都秦氏刊。守山閣刊。粤雅堂刊。

詞林要韻一卷〔八七〕

此書不分卷，不知撰人。目録標題「新增詞林要韻」，書中標題則曰「詞林韻釋」，書縫有「菉斐軒」三字。其分部一曰東紅，二曰邦陽，凡十九部，而以上去二部依列平聲之後，而入聲不獨爲部。凡入聲之作平上去聲者，各依分隸于後，皆以平聲十九部統之。自來詞家未嘗不以入聲押韻而此以入分隸三聲〔八八〕，蓋後來曲韻之嚆矢。書録解題有五十大曲十六卷，萬類曲編十卷。則宋時未始無曲也。阮氏依影宋鈔本録以進呈。江都秦氏刊。粤雅堂刊。

詞苑叢談十二卷

國朝徐釚撰。刊本。

右詞曲類詞話之屬

欽定詞譜四十卷

康熙五十四年詹事王奕清等奉敕撰。内刊朱墨套印。

詞律二十卷

國朝萬樹撰。刊本。

右詞曲類詞譜詞韻之屬

顧曲雜言一卷

明沈德符撰。秀水金淳刊于硯雲，甲乙編。學海刊十八頁(八九)。

御定曲譜十四卷

康熙五十四年詹事王奕清等奉敕撰。内刊。

中原音韻二卷

元周德清撰。明刊。

右詞曲類南北曲之屬〔九〇〕

【校勘記】

〔一〕養德書院：原作「養德正書院」，「正」字衍，據《中國古籍善本書目》删。藏園本、訂補本均作「養正書院」，誤。

〔二〕《持静齋藏書記要》卷上記是書名爲「文館詞林殘本四卷」，且記云：「原一千卷，今下存卷六百六十二詔征伐下；六百六十四詔撫邊一；六百六十八詔赦宥四；六百九十五令下移都等十一事。嘉慶初日本人活字印本。」

〔三〕藏園本此下增：「近黎氏刊一卷本，十三卷半。」訂補本亦增兩句，前句同，後句作「十三行卷半」，并注「原稿無，印本入正文」。

〔四〕藏園本、訂補本此下均增：「光緒中，遼陽賴氏仿刊之。」

〔五〕藏園本、訂補本此下均增：「近人仿宋刊本。」

〔六〕藏園本、訂補本此下均增：「張本實元本出。頃收元刊本。」

〔七〕劉潤之：原作「劉之」，脱「潤」字，據藏園本、訂補本補。

〔八〕訂補本于「集」與「合」之間增「楊后宫詞」。

〔九〕「遵王」之前，訂補本增「錢」字；又于「影宋」和「舊抄」之後增「本」字。

〔一〇〕訂補本此句末作「局刊」。

〔一一〕藏園本此下增：「近有覆本。」訂補本注：「抄本、田中本均另起。」

〔一二〕今查明會通館所刻之書，有《文苑英華纂要》和《文苑英華辨正》二書，但未見莫繩孫原鈔本此「明會通館活字本」之「文苑英華一千卷」。

〔一三〕訂補本正文脱此末句。藏園本此下增：「李□堂亦有寶元刊本，經藏趙子昂、邵二泉、季振宜諸家。」

〔一四〕元本二部：本，原作「年」，據《增訂四庫簡明目録標注》改。按，「天禄後目」以下諸句應爲上條《唐文粹》之解題，後云「且寶元恐是《文粹》也」，可知莫氏存疑。

〔一五〕藏園本、訂補本此句均脱「譙郡令」三字。

〔一六〕《持静齋藏書記要》上卷宋刊本書目之下收是書，書名少「先生」二字，且記云：「宋人編録宋蘇洵及二子軾、轍之文。……實宋刊也。」

〔一七〕藏園本此下增：「頃收明本。」訂補本注：「原稿無，印本入正文，疑即莫棠所批也。」

〔一八〕刊年：藏園本作「刊本」。

〔一九〕邵浩作邵詣：原作「鄒浩作鄒詣」，誤，據訂補本改。

〔二〇〕藏園本此下增：「毛本每半頁十一行，曾見明印本，有嘉靖三十年補版。」訂補本注：「原稿無，印本入正文。」

〔二一〕藏園本、訂補本此下均增：「收竹垞舊寫本，有『漁洋借觀』題語。」

〔二二〕沈有南刊板：藏園本、訂補本均作「沈有南開板」。
〔二三〕藏園本、訂補本均脱此末句。
〔二四〕藏園本此下增：「見宋刊本兩册。」訂補本注：「原稿無，印本入正文。」
〔二五〕胤：原作「允」，避清雍正諱，據訂補本改。
〔二六〕藏園本此下增：「收嘉靖丙申刊本二十四卷，前有崔銑序。明初鄭柏亦選《續正宗》。」訂補本注：「原稿無，印本入正文。」
〔二七〕訂補本此句首增「嘉慶六年」四字。
〔二八〕藏園本、訂補本此句作：「首長樂潘牥」。
〔二九〕藏園本此下增：「陸心源刊本。」訂補本附録有此句。
〔三〇〕吴都：藏園本作「吴郡」。
〔三一〕藏園本此下增：「頃見江編修收宋本，即袁氏物。」
〔三二〕藏園本、訂補本均無「張金吾有抄本」此句，又均增：「正德丁丑刊。」蓋因下書目解題而衍。
〔三三〕正德丁丑刊：藏園本、訂補本均作「麻沙刊本」，亦蓋因下書目解題而誤。
〔三四〕曹松：原作「習楷」，誤，據藏園本、訂補本改。
〔三五〕藏園本此下增：「舊抄本宋人小集與此不同。」
〔三六〕藏園本、訂補本均無「曾」字。
〔三七〕藏園本、訂補本此下均增：「明有經廠本，見《酌中志》。」

〔三八〕藏園本、訂補本均脱「提要」二字。
〔三九〕訂補本無「一卷」二字。訂補本按：「此元人著作，何來宋本，莫氏屬筆誤。」此按語是也。
〔四〇〕藏園本、訂補本均脱「本」字。
〔四一〕藏園本此下增：「收舊抄本，汪啓淑藏。」
〔四二〕四卷：藏園本、訂補本作「五卷」，誤。
〔四三〕馬熒：原作「張燮」，誤，據藏園本、訂補本改。
〔四四〕「友」原誤作「文」，「吴」原誤作「亥」，據清光緒三十三年陶氏涉園影抄本改。
〔四五〕藏園本此下增：「舊抄元詩正號，述古舊藏。」
〔四六〕藏園本、訂補本此句均作「萬曆刊本」。
〔四七〕藏園本、訂補本此下均增：「收殘本六十册。」
〔四八〕三十二：原作「三十三」，誤，據訂補本改。
〔四九〕藏園本、訂補本此句均無「外」字。
〔五〇〕藏園本、訂補本均脱此末句。
〔五一〕藏園本、訂補本此句作「四庫據手稿録」。
〔五二〕一百卷：原作「一首卷」，誤，據藏園本、訂補本改。
〔五三〕藏園本、訂補本均脱：「休□」。
〔五四〕藏園本、訂補本此下均衍：「癸集近亦刊行。」

〔五五〕藏園本、訂補本均作「乾隆中刊」。
〔五六〕一刊本：藏園本、訂補本均作「原刊本」。
〔五七〕兩京：原作「西京」，誤，據藏園本、訂補本改。
〔五八〕訂補本此句作：「此書宋牧仲有刊本。」
〔五九〕藏園本、訂補本此句作「學海本」。
〔六〇〕藏園本此脱「川」字。
〔六一〕藏園本、訂補本「作」作「本」。
〔六二〕訂補本「作」字之前有「本」字。
〔六三〕燾：原作「壽」，誤，據訂補本改。藏園本誤爲「壽孫」。
〔六四〕藏園本、訂補本「刊」均作「本」。
〔六五〕訂補本此下增：「台州叢書本。」
〔六六〕藏園本、訂補本「依」均作「以」。
〔六七〕藏園本、訂補本此下均增：「明天順間只十卷，《玉屑》辛卯在上海收一本葉石君舊藏，不甚精而印本明潔，末題字云：『瑞昌龍沙識』，據《天禄目》知爲元刊本也。」
〔六八〕藏園本、訂補本末均增「日」字。
〔六九〕藏園本、訂補本此下均增：「明仿宋本，又明刊本。」
〔七〇〕藏園本此下增：「合下舉例、要例，南海吴氏有刊本。」訂補本注：「原稿本無，諸印本入正文。」

〔七一〕藏園本此下增：「陸心源刊本。」訂補本注：「原稿無，諸印本入正文。」

〔七二〕藏園本、訂補本「刊」均作「本」。

〔七三〕藏園本、訂補本「刊」均作「本」。

〔七四〕藏園本、訂補本句首皆脱「均」字。錫山，原誤作「鍋山」，據訂補本改。

〔七五〕「汲古」之後，藏園本、訂補本均增「閣」字。

〔七六〕三卷：藏園本誤作「三十卷」。

〔七七〕六集：原作「二集」，誤，據藏園本、訂補本改。

〔七八〕「明歷城王詔校刊。嘉靖丙申李濂序」、「元刊大字行書本，半頁九行，行十六字」諸句爲莫繩孫朱筆增入。

〔七九〕原誤將「樵隱詞一卷」與其下「知稼翁詞一卷」之解題錯換，今徑改正。

〔八〇〕江都：藏園本誤作「江氏」。

〔八一〕藏園本此誤「編」爲「篇」。

〔八二〕藏園本、訂補本均脱「套」字；藏園本又下增：「新刊景宋本。」訂補本注：「原稿無，印本入正文。」

〔八三〕抄校元本：藏園本、訂補本均作「抄元刊本」。

〔八四〕元刻本：藏園本、訂補本均脱此三字。

〔八五〕藏園本、訂補本均誤「辰」爲「良」。

〔八六〕陳震：藏園本、訂補本均誤爲「鄭霆」。

〔八七〕訂補本此書名爲「新增詞林要韻一卷」，多「新增」二字。

〔八八〕未嘗不：藏園本、訂補本此均脱「不」字。

〔八九〕藏園本、訂補本此句均作：「學海本刊大字。」

〔九〇〕末頁原有旁注：「集部《四庫》已著録未見傳本者六十五種，存目者一種，《四庫》未收者百二十一種，約共三百七十五頁。」

附録

郘亭知見傳本書目序

我朝校讎簿録之學絶勝於前代，近賢治之尤勤，故書雅記，賴以不墜。其版刻之同異，鈔校之源流，散見於諸家録目，獨未有攟摭薈萃，都爲一編者。道、咸間，仁和邵户部懿辰官京師，案頭長置《四庫目》，遇善本輒疏記其上，是爲《半巖廬書目》。同治初，軍事甫平，曾文正督兩江，獨山莫徵君友芝領書局，承檄搜訪文宗、文匯、文瀾三閣遺籍，往來江浙間。收藏家恒出舊本相質證，又盡見上海郁氏、豐順丁氏之書，考論詳覈。公子繩孫既寫刊《宋元舊本書經眼録》書衣筆識，又綴輯箋記諸條，凡十六卷，是爲《郘亭知見傳本書目》。兩家遺帙，世競傳鈔，通儒博識，互益增附，其主名已不可悉辨。莫氏晚出，於邵説采録略具。顧距今又四十載，佚編秘笈，多老輩所未及見。乾、嘉以來，名鈔善校，一字之存，率資掌故。乃若明代刻書，昔人不甚厝意。然流弊極於晚季，嘉靖以前，風尚近古，往往有佳本可徵，閲歲寖久，遺存蓋寡，固當與宋元并重。康夙抱願，欲盡取各家書目，參斠撰定，牽於人事，卒卒未暇。日本田中慶太郎劬書耆古，雅有同志，從南中獲《郘亭目》，就所經見，散標簡端，謂宜先付印行，更俟補輯。始事於戊申之冬，經三月告成，請爲之序。康維遂初尤氏多存别本，寶文晁氏兼詳某刻，例自古開。邵、莫二先生記問淹貫，别擇精宷，蔚爲盛業。惜此本屢更迻寫，訛奪頗甚。儻能一一勘正，無使後來致疑，則田中君有功古籍尤非尠已。

宣統紀元歲在己酉正月，武進董康。

（轉録自清宣統元年正月田中慶太郎北京德興堂印字局排印本卷前序）

郘亭知見傳本書目跋

伯父郘亭徵君生平於所見所知四部書籍傳本，輒隨時箋記於《四庫簡明目録》之欄外上下端，間及《存目》。又采取仁和邵位西先生《經籍筆記》入焉。伯父既没，先從兄仲武觀察繩孫乃依手蹟寫爲四册，分十六卷。以當日特爲便省覽，非欲勒書行世，故無畫一體例。光緒辛卯，棠向兄迻録，爲言如此。

棠得本後，偶遇所得，亦稍稍補記。湖州坊客吴申甫曾假以浙中勞季言格所批《簡目》，竭半日力擇録還之。字極草率，亦未及標明孰爲勞氏語。

時蘇州書友侯駝子念椿者，年七十餘，再四乞過録一部。言業書六十載，遠見黄蕘圃，近見袁漱六。咸、同兵燹，古籍日堙，不圖垂暮睹此鈔刻板本薈萃之書，倘能朝守一編，夕死可也。余鑒其誠，閔其老，允之。無何而侯死，其本遂爲都中收書估人所得，互相傳鈔，以售重價。余方流滯嶺南，不及知也。

戊申歲，廣東提學沈子封廉訪曾桐忽視余以日本人排印本，審之，即從余本出，余所添注者亦亂而爲一，謬誤滿紙。蓋余書有未真之字，遞經轉寫，遂至不可解釋。高雷道王雪澂觀察秉恩亦有新本，因假余本校正。未幾，余重管廣雅書局，擬以付刊。提學贊從，因更假原本，爲審定刻例，用是余本留提學許。辛亥正月，余渡瓊臺。二月，提學遷雲南提法。余啓賀索書，迄未得報。其年冬，余遣提學滬上，言書櫝悉致京師，不及檢還。迨余甲寅入都，則謂粵裝倉卒，既而遍求不可得。從此余本絶歸來之望，所幸者，誤本正有流傳，雪澂先生所校猶無恙也。

當書局議刊之初，余寓書仲武兄，求所編初本。兄鄭重致粵，故今尚謹藏篋中。日本排印本余亦有之，爲楊星吾廣文守敬借觀未還。此本上海某氏據以重印，其中補案云云，即其人所加，而奪誤終不能改。癸丑，傅沅叔太史增湘借余初本以校所得新鈔，後以鉛本印行，字體較大，視此爲勝矣。

從來大亂之世，毀棄典籍有如糞土，今則反是，舊書之值遠倍承平時。光、宣之際，古書出世已有在乾隆朝求書之外者，如敦煌之石室，内閣之大庫，海東之流入，比比皆是。辛亥以後，宫府之藏，故家之守，流落散見者，更不可以勝計。奇編秘籍，日益有聞。兼以舟輿利通，豪强競取，因利聞風者無間於偏鄉僻壤。上海、京師實爲聚處，而估客之分道搜集者，復窮其所往，計取巧偷。寧波之天一閣、抱經樓且以構訟。故凡家有尺書而欲售者，但見紙墨渝敝，無論爲何，即索千百，視昔所詠「宣綾包角藏經箋，不敵當時裝訂錢」者，固敻乎異矣。溯其稱貴之由，殆緣日本之購皕宋樓書，法人之囊括石室古本，其他東西求書之使更交錯都邑，國人乃憬悟譁趨，翔貴遂至於今日。

然而三綱則墮敗，五禮則銷亡，亘古以來未有甚於此時者，抑又何也？豈天心未厭，知喪亂之未可遽終，而又不忍聖人之道、文化之原絶於中國，特聳亂世人心之所好，假强有力者以保守之，不必其人之能述能作也。不然，辛、壬之交，横流放决，挾其凶梟猛悍之性，佐之以兵革，禍有烈於秦火者，充其所至，安能使人間尚有充棟列架之事哉！顧收書之人正不一類，讀者之與賞鑑論久著矣。夫昔之賞鑑家固文采焕然也，今乃有識字不必多而不吝數萬金收宋槧書將百本者，豈非鬼神誘之作典守乎？

十餘年中，訪書者視此《目》爲津梁，售書者挾此《目》爲軒輊，而新見之書，溢於此者，正復未已。余嘗爲雪澂先生、沅叔太史言，宜本此編增廣附益，著明續録，不相淆雜，校訂刊木以傳。合之葉鞠裳太史《藏書紀事詩》、葉奂彬吏部《書林清話》，頃以印樣見示，則古今典册流轉之緒，刊鈔存佚之源，皆可貫穿而得，在目録一家之足稱淵藪。而由此求之，數千年名教學術不至絶滅於變亂之餘，留以待景祚昌明之會者，所關繫甚鉅也。獨余窮老，無能爲役，先代世學，遂以失墜，記此書第覺愧戾增重爾。

己未九月十二日，獨山莫棠。

（轉録自民國二年適園主人吴興張鈞衡西泠印社《郘亭知見傳本書目》印本）

郘亭知見傳本書目跋

弱冠時治目録版片之學，讀張文襄《書目答問》，苦其疏漏，未能愜意。旋於坊肆得《郘亭知見傳本書目》，讀之，真如山海珍錯，取之無盡，始壹意致力此書。惜通行本魯魚亥豕，殊拂人意。聞是書傳刻頻繁，有宣統間日本田中（玉）［慶］太郎活字本，又有南潯張氏細字排印本，最後則有江安傅氏大字排印本。予求之數年，盡有其本，於是參稽同異，彙成一帙，便省覽焉。

丁、戊之際，莫氏書散，此稿本四册流入飛鳧人之手，斥二百金得之〔一〕。全書雖非郘亭先生手筆，而朱墨爍然，審爲先生父子羣從遞校之稿。書用皮紙，版心有「通鑑索隱」及「文選」等字，疑先生於兩書容有撰述，故繕寫時偶用其紙耳。取校各本，時有出入，洵乎原稿之可貴。予雖彙校各本，得此，所謂千羊之裘不如一狐之腋矣。稿附南陽葉焕彬氏手跋，詳及此書源流，然此稿莫氏實未付梓耳。

十年前考論版片之學者，咸奉先生此書及邵位西先生《四庫簡目標注》爲金科玉律。竊謂兩書悉遵《四庫》體例，庫本以外，屏而不録。方今海舶珍本日出無已，而深山窮谷奇書屢見，禁毁絶滅之餘，不減天水、蒙古之珍，求之前録，書闕有間。然繼述之業，闃焉無人〔二〕。安得好事者廣爲搜輯，拾遺補闕，蔚爲盛業，庶先生椎輪大輅之功爲不負矣。

戊寅六月十四日，病起偶識於滬濱斜橋寓廬，吴縣潘承弼。

（轉録自國家圖書館所藏莫友芝《郘亭知見傳本書目》莫繩孫原鈔本之後潘承弼題跋）

【校勘記】

〔一〕斥二百金：潘景鄭《著硯樓讀書記》（《遼寧教育出版社 2002 年 7 月版》）誤作「斥百金」，脱「二」字。

〔二〕然繼述之業，闃焉無人：傅湘訂補、傅熹年整理之《藏園訂補郘亭知見傳本書目》（中華書局 2009 年版）作「然繼述之書，闃然無人」。

郘亭知見傳本書目題詩

春來病榻紛愁緒，旅魂輾斷鄉關路。廿載辛勤付水流，劫夢絳雲同今古。伊余弱冠嗜秘文，窮搜僻羅多相遇。插架長誇擁百城，丹黄雜沓燦緗素。忘年縞紵契彦宿，賞析雞鳴幾風雨，明眼毫釐敢自豪，會神應心啓黄顧。煙雲滄桑瞬夢華，榼樽風流驚霜露。聚散何常愴山陽，繽紛市廛看飛絮。零星檢點弃阮囊，敝帚心珍在片羽。戰雲瀰漫動地來，麋鹿蘇臺今處處。江干羈旅最窮愁，斗室容身作投鼠。啼飢號寒乞誰憐，藥爐伴我幽吟苦。檢笈忽逢郘亭稿，開卷何啻對芳杜。屠門快嚼一霽顔，春花秋月盈眉嫵。推枕呼兒磨墨濃，放歌濺淚爲題句。浮生寄迹覺蒼茫，萬卷經營知自誤。此書護持亦惆悵，銅井文房久塵土。

己卯上巳後一日，病榻偶檢此書，枕上口吟長歌，傖荒筆札，不計工拙也。盉宀記。

（轉録自國家圖書館所藏莫友芝《郘亭知見傳本書目》莫繩孫原鈔本之後潘承弼題詩）

郘亭知見傳本書目序

三十年前官京曹時，同朝如常熟翁師相同龢、吴縣潘文勤公祖蔭、順德李若農侍郎文田、宗室伯羲祭酒盛昱、福山王文敏公懿榮、貴筑黄再同編修國瑾，皆好藏書，講求板本之學。其衆推爲領袖者則江陰繆筱珊學丞荃孫。然其秘以爲枕中鴻寶者，則人各抄仁和邵位西先生詳注《四庫全書簡明目録》一書，日夕置之案頭而已。於時聊城楊氏海源閣、常熟瞿氏鐵琴銅劍樓、歸安陸氏皕宋樓、仁和丁氏善本書室諸家書目或未刊出，或未通行，邵注《簡目》外，則獨山莫郘亭先生《宋元舊本書經眼録》亦家有一編，與邵書相驂駟，顧皆不知先生尚有《知見傳本書目》也。

先生與位西先生生同時，同爲曾文正講學之友，其平生好書之癖亦正相同。是時文正之女舅袁漱六太守芳瑛以收藏書籍著稱，余得其散出之書，中有錢牧齋《絳雲樓書目》兩巨帙，行間太守手書朱校，或曰「此書今在余所」，或曰「余有此書」，其搜訪又與諸先生同志而異趨。要其流風餘韻之傳聞，遂爲目録家别開一蹊徑。故在今日道喪文敝之世，讀書者日見其少，好書者猶見其多，則數先生提倡之功爲不小矣。

此《目》向無刻本。宣統初元，有日本田中（玉）〔慶〕太郎以活字排印，按其語句，間有先生身後事，因知爲他人參校，印者未敢擅删。然數百部之書，一時售之罄盡。旋有南潯張氏以小字排印於上海，其本甚劣，而亦風行。最後則吾友傅沅叔同年亦以活字印行，字大悦目，視田、張二本爲精，然其孰爲正文，孰爲他人語，亦不能分别釐剔也。即如書中每云「静持室」，此揭陽丁禹生中丞書齋名，其後刻書目乃名「持静齋」。今各卷「静持」均改「持静」，又改「室」爲「齋」，是知其一不知其二也。中丞喜藏書，每得一書，必請先生鑒别，故《經眼録》中所載大半丁氏所藏書。

余方詫先生既刻《經眼録》，何不并刻此書。近年寓蘇，獲交先生從子楚生觀察，出示原稿，乃知參附之語出自觀察隨時標注者爲多。當時先生不急急以此《目》付刊，亦有深意。蓋先生以爲宋元舊刻傳世日稀，既已見已知，不妨詳示後人，俾他日展轉流傳，得者益知珍襲寶貴。若宋元以外之刻本，日新月異，即竭畢生搜訪之力，終恐有所漏遺，故此《目》存稿未刻者，意蓋有所待也。余因詢及此《目》傳之由，則一侯姓書估從觀察借鈔藏之，久之物故，其書散失，流入京師，於是好事者争相迻抄，亦如當日之抄邵注《簡目》者。然田中(玉)〔慶〕太郎乃以活字印行，其中訛誤甚多，彼固不知原稿具在，可以取校也。

先生是《目》雖與邵《注》同時，而見聞各别。蓋邵官樞曹，居恒在北，先生則往來蘇、揚、滬瀆，值粤匪亂後，江浙間藏書散出，先生寓目頗多。南北收藏，各以地限，兩《目》所載，正可互證參稽。今邵《注》已經其嗣孫伯絅太史刊行，而此《目》真本人尚未見，余亟慫恿觀察付之手民，庶與邵《注》并轡而馳，同爲津逮來學之盛舉。觀察曰諾，請爲之序。余不敢辭，謹述此《目》晚出因由，以告世之談版本者，而余得附名簡端，尤有榮幸矣。

壬戌雨水節，後學南陽葉德輝謹序。

（轉録自中華書局二〇〇九年版傅增湘訂補、傅熹年整理之《藏園訂補郘亭知見傳本書目》）